Das Unbewusste im Rechtsstreit

Psychotherapiewissenschaft in Forschung, Profession und Kultur

Schriftenreihe der
Sigmund-Freud-Privatuniversität Wien

Herausgegeben von Bernd Rieken

Band 38

Die Sigmund-Freud-Privatuniversität in Wien ist die erste akademische Lehrstätte, an der die Ausbildung zum Psychotherapeuten integraler Bestandteil eines eigenen wissenschaftlichen Studiums ist. Durch das Studium der Psychotherapiewissenschaft (PTW) wird dem Umstand Rechnung getragen, dass Psychotherapie eine hoch professionelle Tätigkeit ist, die – wie andere hoch professionelle Tätigkeiten auch – neben einer praktischen Ausbildung eines eigenen akademischen Studiums bedarf. Das hat zur Konsequenz, dass die wissenschaftliche Beschäftigung mit ihr nicht mehr ausschließlich den Nachbardisziplinen Psychiatrie und Klinische Psychologie mit ihrer nomologischen Orientierung obliegt, sodass die PTW als eigene Disziplin an Konturen gewinnen kann.

Vor diesem Hintergrund wird die Titelwahl der wissenschaftlichen Reihe transparent: Es soll nicht nur die Kluft, welche zwischen Psychotherapieforschung und Profession besteht, verringert, sondern auch berücksichtigt werden, dass man der Komplexität des Gegenstands am ehesten dann gerecht wird, wenn neben den üblichen Zugängen der Human- und Naturwissenschaften auch Methoden und/oder Fragestellungen aus dem Bereich der Kultur-, Sozial- und Geisteswissenschaften Berücksichtigung finden.

Alexander Schall

Das Unbewusste im Rechtsstreit

Ein Plädoyer
für psychojuristisches Konfliktmanagement

Waxmann 2023
Münster • New York

Diese Arbeit wurde 2021 von der Fakultät für Psychotherapiewissenschaft der Sigmund-Freud-Privatuniversität Wien als Dissertation angenommen.

Bibliografische Informationen der Deutschen Nationalbibliothek
Die Deutsche Nationalbibliothek verzeichnet diese Publikation in der Deutschen Nationalbibliografie; detaillierte bibliografische Daten sind im Internet über http://dnb.dnb.de abrufbar.

Psychotherapiewissenschaft in Forschung, Profession und Kultur, Band 38

ISSN 2192–2233
Print-ISBN 978-3-8309-4705-9
E-Book-ISBN 978-3-8309-9705-4

© Waxmann Verlag GmbH, Münster 2023
Steinfurter Straße 555, 48159 Münster

www.waxmann.com
info@waxmann.com

Umschlaggestaltung: Anne Breitenbach, Münster
Umschlagabbildung: Alina Kunitsyna, I Wanna B a Plant with Fantasy, I Wanna Be a Plant with You, 2022, 105 x 76 cm, Tusche und Papier
Autorenfoto: Valerie Marie Voithofer
Satz: MTS. Satz & Layout, Münster
Druck: CPI Books GmbH, Leck

Gedruckt auf alterungsbeständigem Papier, säurefrei gemäß ISO 9706

Dieses Buch wurde klimaneutral produziert

Printed in Germany

Alle Rechte vorbehalten. Nachdruck, auch auszugsweise, verboten.
Kein Teil dieses Werkes darf ohne schriftliche Genehmigung des Verlages in irgendeiner Form reproduziert oder unter Verwendung elektronischer Systeme verarbeitet, vervielfältigt oder verbreitet werden.

Vorwort

„I wanna be a plant with fantasy. I wanna be a plant with you", lautet der Titel des Werkes der Künstlerin Alina Kunitsyna, das das Cover dieses Buches schmückt. Wir betrachten ein mit Tusche gemaltes Bild, das in seiner formalen Aufteilung zweigeteilt ist. In jeder der beiden Hälften ist eine längliche Figuration zu erkennen. Es handelt sich sowohl bei der linken als auch bei der rechten Figur um zwei Tücher, die senkrecht im Bildzentrum stehen: Textilobjekte, die aufgrund ihrer Gestik an die Skulpturen Giacomettis erinnern und in phallischer Manier in einem grau gehaltenen, klinisch-sterilen Raum thronen. Es sind Tücher, auf denen in beiden Fällen organische Formen wahrnehmbar sind. Das linke Tuch wirkt insgesamt heller und geometrischer als das rechte Tuch, das von einem floralen Muster übersät zu sein scheint. Die oberen Tuchenden sind jeweils in sich verknotet, sodass der Eindruck entsteht, als könnten die Enden Köpfe oder gar menschliche Gesichter darstellen.

Zwei Gesichter, die sich jeweils in ihrer Bildhälfte befinden und sich gleichzeitig durch den zugewandten Blick über die offensichtliche Aufteilung des Bildes hinwegsetzen. Der Stoff fällt in einer fließenden Bewegung auf den Boden. Die beiden figurativen Objekte scheinen im Raum zu stehen. Zwei Objekte, die einerseits in sich verhüllt und in zwei getrennten Positionen wahrzunehmen sind und die andererseits durch ihre Zugewandtheit in Beziehung stehen. Sie blicken einander an. Gerade aufgrund dieser beidseitigen Zentrierung transformieren sie sich von bloßen Objekten zu Subjekten. Eine augenscheinliche Wahrnehmung, die sich darüber hinaus in dem Titel des Werkes wiederfindet. Ein Ich, das spricht und gleichzeitig (s)ein Begehren äußert. Ein Begehren, das ganz und gar dem Imaginären verhaftet ist und eine Beziehungsdimension eröffnet. *With fantasy* oder *With you* beschreibt diese Dimension des anderen, den Wunsch nach Beziehung, den Wunsch nach Nähe.

Alexander Schalls Buch ist von diesem Ich und Du sowie zwei (symbolischen) Figurationen durchzogen. Beleuchtet der Autor doch zwei Disziplinen, die auf den ersten Blick getrennt voneinander erscheinen und erst durch das Buch, seinen Autor und das *With you* in Beziehung zueinander gebracht werden. Rechtswissenschaft und Psychoanalyse – zwei Disziplinen, die sich beide gewissermaßen mit Gesetzen auseinandersetzen. Auf der einen Seite Freud, der stets der Frage nachging, nach welchen Gesetzmäßigkeiten die Psyche sowohl des einzelnen Individuums als auch der Masse funktioniert, und andererseits die Juristerei, die dem gesellschaftlichen Zusammenleben seit jeher einen Rahmen gibt.

Durch seine praktische wie auch wissenschaftliche Tätigkeit in beiden Bereichen gelingt es Alexander Schall, die Disziplinen in Beziehung zueinander zu setzen und die daraus resultierenden Synergien aufzuzeigen. Er führt den Leser*innen vor Augen, wie die angewandte Psychoanalyse die Jurisprudenz sowohl in praktischer als auch theoretischer Hinsicht bereichern kann und wie daraus neue Wege sowie Mittel innerhalb des juristischen Gebiets entstehen können. Dabei hebt er in Analogie zu dem auf dem Cover dargestellten Bild besonders die Bedeutung der Beziehungsebene hervor. Eine Beziehung, die auf dem Boden der Gesetze, der Psyche und der Kultur wie eine Pflanze wächst.

Wien, im Februar 2023
Marie-Theres Haas

Danksagung

Auf dem Weg zu diesem Buch haben mich viele Menschen begleitet; vielen möchte ich danken, ohne dass ich sie explizit anführe, bei einigen möchte ich mich explizit bedanken:

Meine Frau Nieves, die mich auf meiner beruflichen Findungsreise und auch auf meinen Irrwegen immer begleitet hat. Sie hat mir gezeigt, dass man sehr wohl mit sich im Reinen sein kann, wenn man entsprechend dafür kämpft.

Meine beiden Kinder: Egon, der mir durch seinen eigenen Weg gezeigt hat, dass es auch dann weitergeht, wenn man es gar nicht mehr für möglich hält. Estrella, die in ihrer Kindheit auf vieles verzichten musste und schon früh zu einem besonders feinfühligen Menschen gereift ist.

Meine Eltern: Sie stehen für den von mir eingeschlagenen, durchaus ambivalenten Lebensweg. Mein Vater hat als Jurist und Unternehmer gearbeitet, war aber stets ein Familienmensch und hat alles für seine Familie und seine Mitarbeiter getan. Meine Mutter hat mir schon früh den Humanismus und die Bedeutung des Seelenlebens nahegebracht.

Meine Geschwister: Harald, der mir als großer Bruder viel Raum gegeben hat und jetzt ein toller Arzt ist. Vielleicht übt er den Beruf aus, den ich insgeheim suche. Christiane, die sich für Familie, Patienten und Tiere aufopfert, ein Herz aus Gold hat und der ich wünsche, dass sie mehr auf sich selbst schaut.

Von meinem Freund Martin Depisch habe ich viel gelernt, und ich bin mit ihm gewachsen; er ist mir bei vielen Dummheiten beigestanden und hat mich immer unterstützt. Mit ihm habe ich eine Welt kennengelernt, die gerade beim Älterwerden ein Anker ist, um nicht im Meer der Verirrungen verloren zu gehen. Christof Domenig, der mir in vielen Gesprächen und bei vielen lustvollen Abenden Mut zugesprochen hat. Rene Zisterer, der als Künstler die Welt aus einer anderen Perspektive betrachtet, mir aber immer beigestanden ist. Erika Freeman, die mich mit ihrer positiven Einstellung, ihrem Witz, Geist und Verstand neugierig gemacht hat, was denn die Psychoanalyse alles kann. Aage Hansen-Löve, Christian Heftberger und Philipp Mosetter haben nicht nur bei der Titelauswahl wesentliche Akzente gesetzt.

Ich danke der Sigmund-Freud-Privatuniversität SFU, vor allem ihrem Gründer Alfred Pritz, der mich ermutigt hat, die Ausbildung im fortgeschrittenen Alter zu beginnen und dabei keine Kompromisse einzugehen; Bernd Rieken mit seiner offenen und kritischen Art und seiner Bereitschaft, mich bei der Waxmann-Publikation zu unterstützen; Martin Poltrum, der diese Arbeit in der Frühphase regelrecht zerpflückt hat, damit aber wesentlich zum Gelingen beigetragen hat.

In der Welt der Psychoanalyse möchte ich besonders meiner Lehranalytikerin Christa Luger danken. Die Arbeit mit ihr und die vielen Stunden auf ihrer Couch haben mich verstehen lassen, wie wichtig es ist, Patienten in liebevoller Art zu begegnen. Viele psychoanalytische Kolleg*innen haben mir neue Aspekte meines Lebens nahegebracht, darunter Helga Klug, Jeanne Wolff Bernstein, Marion Harmer, Mariia Lenherr, Desiree Prosquill und Vera Molnar. Sie alle haben diese Liebe, Aufmerksamkeit und Neugierde für den einzelnen Menschen und Patienten. Margot und Michael Schmitz haben mich in ihrer Praxis als Analytiker aufgenommen und dort kann ich praktizieren. Besonderer Dank gilt meinem Ausbildner Christoph Fischer, dem Leiter des PSI: Er ist für mich ein Vertreter der „zeitgemäßen Schule der Psychoanalyse", er stellt den einzelnen Menschen und seine Bedürfnisse, egal ob Patient oder Analytiker, schon während der Ausbildung in den Vordergrund. Markus Hummel lebt psychoanalytischen Respekt vor und zeigt dies jedem seiner Patienten und Mitarbeiter. Manfred Kets de Vries hat Psychoanalyse und Leadership unter einen Hut gebracht, er hat mir immer wieder vermittelt, was wir mit unserem Know-how für Menschen in der Arbeitswelt alles verändern und verbessern können.

Meinem Arbeitgeber, der UniCredit, und vor allem Robert Zadrazil, CEO der Bank Austria, und Gianpaolo Alessandro, General Counsel der UniCredit: Beide haben mich als praktizierenden Psychoanalytiker zurück in die Corporate-Welt geholt und mir vieles ermöglicht. In der juristischen Welt möchte ich besonders Markus Fellner danken; er lebt und arbeitet so, wie ich es mir von einem idealen Anwalt erwarte. Auch von Gabriel Lansky habe ich gelernt, wie viel von dem, was gelehrt wird, oft intuitiv geschieht, wenn man die Menschen mag.

Besondere Erwähnung verdienen meine engsten beruflichen Mitstreiter und Freunde Janine Wukovits und Peter Hagen. Sie beide sind großartige Menschen, Jurist*innen und Führungskräfte. Gemeinsam haben wir Change in der Organisation vorgelebt und gezeigt, dass modernes Leadership von persönlichem Engagement, von Beziehungen und Einsatz lebt.

Spezieller Dank gebührt Alfred Autischer; er ist ein Vorreiter, wenn es um die Bedeutung von Texten und Worten im Zusammenhang mit Krisen-PR geht. Ebenso sei Alexander Frühmann gedankt; mit ihm habe ich mich intensiv ausgetauscht, wenn es um das Spannungsfeld zwischen Psychodynamik und Recht ging.

Last but not least seien Marie Theres Haas und Alina Kunitsyna Guzman erwähnt: Theres hat erst kürzlich ein hervorragendes Buch über Kunsttherapie publiziert, in dem sie erfolgreich ihre beiden Leidenschaften Psychoanalyse und Kunst vereint.[1] Alinas Bilder begleiten mich seit Jahren und regen meine Gefühlswelt an.

---

1   Haas, 2022, S. 7.

Inhalt

1.	**Einleitung**	13
1.1	Einleitende Bemerkungen	14
1.2	Der interdisziplinäre Forschungsstand steht noch am Beginn	17
1.3	Forschungslücke bei rechtlichen und intrapsychischen Konflikten	23
1.4	Beeinflusst das Unbewusste den Rechtsstreit?	26
2.	**Sprache und Hermeneutik in Psychoanalyse und Recht**	29
2.1	Das gemeinsame Dilemma von Psychoanalyse und Recht	29
2.2	Die Bedeutung der Sprache	30
2.2.1	Gibt es „sprachlose" Juristen?	31
2.2.2	Verborgenes in der Sprache der Psychoanalyse	32
2.2.3	Konflikte werden symbolisiert und benannt	34
2.3	Recht und Psychoanalyse arbeiten mit Fallgeschichten	36
2.3.1	Erkenntnisgewinn aus lebensnahen Fällen	40
2.3.2	Analyse praxisnaher Besonderheiten	40
2.4	Die Prinzipien der Hermeneutik	41
2.4.1	Juristische Hermeneutik	44
2.4.2	Tiefenhermeneutik und szenisches Verstehen	46
2.4.3	Psychojuristische Hermeneutik	48
3.	**Wie beeinflusst das Unbewusste die juristische Arbeit?**	51
3.1	Was bedeutet angewandte Psychoanalyse?	52
3.2	Psychoanalyse will das Seelenleben begreifbar machen	54
3.2.1	Freuds Trieblehre	55
3.2.2	Der Zugang zum Unbewussten durch Überwindung von Widerstand	57
3.2.3	Freuds Traumdeutung	59
3.2.4	Gleichschwebende Aufmerksamkeit und freie Assoziation	61
3.2.5	Übertragungsphänomene – auch im beruflichen Alltag?	64
3.3	Die Psychodynamik umfasst unterschiedliche Schulen und Zugänge	65
3.4	Vorherrschende Persönlichkeitsanteile bei Juristen?	67
3.5	Paranoia in juristischen Berufen	68
3.6	Narzissmus im juristischen Alltag	69
3.7	Die selbstzerstörerische Kraft der Sucht	73
3.8	Zwänge können Geborgenheit vermitteln	75
4.	**Juristische Arbeit zwischen Gerechtigkeit und Gericht**	77
4.1	Rechtstheorie	77
4.1.1	Rechtliche Grundlagen von Platon bis Hegel	79
4.1.2	Kelsen und die „Reine Rechtslehre"	80

4.1.3	Der Stufenbau der Rechtsordnung	82
4.1.4	Die Methoden der Rechtsgewinnung	83
4.1.5	Tatsachenarbeit und Feststellung des Sachverhaltes	83
4.2	Das bewegliche System der Auslegungsmethoden	84
4.2.1	Die Auslegungsmethoden im Einzelnen	85
4.2.2	Analogie, Reduktion und Gesetzeslücke	86
4.3	Ist das Recht ein Friedensphänomen?	87
4.3.1	Die Gerechtigkeitsdebatte von „juristischen Psychosophen"	88
4.3.2	Das Gerechtigkeitsdilemma	90
4.4	Eine Eingrenzung auf Rechtsstreitigkeiten zwischen Unternehme(r)n	91
4.4.1	Streit auf gleicher Augenhöhe und Waffengleichheit	92
4.4.2	Unterliegen Organisationen psychodynamischen Prozessen?	93
4.5	Organisatorisch-rechtliche Aspekte eines Konflikts	93
4.6	Präventive Maßnahmen	94
4.7	Der außergerichtliche Vergleich	95
4.8	Fallbeispiel – „Die goldene Füllfeder"	96
4.8.1	Mitverpackte Destruktivität und narzisstische Kränkung	97
4.8.2	Der Wunsch des Managers, geliebt zu werden	98
4.9	Der vor dem Richter ausgetragene Konflikt	99
5.	**Konfliktmanagement trifft auf Psychoanalyse und Recht**	**102**
5.1	Konfliktbewältigung und Kulturentwicklung	102
5.1.1	Der Konflikt – Definitionen und verwandte Begriffe	104
5.1.2	„Zum Streiten gehören immer zwei" – der abgespaltene Konflikt	107
5.2	Die Geburt des Konflikts	108
5.3	Der Ödipuskomplex als Paradefall eines Konflikts	109
5.4	Konflikte aus gemeinsamer Sicht von Psychoanalyse und Recht	112
5.4.1	Die Dauer eines Konflikts – Freuds unendliche Analyse	115
5.4.2	Das Motiv des Jüngsten Gerichts und das Konzept des Todestriebs	117
5.5	Juristischer Elfenbeinturm versus Praxis	120
5.6	Bei Juristen ist Konfliktlösungskompetenz gefragt	121
5.7	Die Inszenierung des Konflikts – die Rolle der Öffentlichkeit	124
5.7.1	Fallbeispiel – der unsichtbare Rechtsstaat und die sichtbare Politik	126
5.7.2	Der Rechtsstaat wird in Frage gestellt	126
5.8	Unbewusster Stellvertreterkrieg oder Rechtsstreit?	127
5.8.1	Wie passen Streitkultur und Gefühle zueinander?	128
5.8.2	Psychodynamische Konfliktmuster eines Rechtsstreits	130
5.9	Das psychodynamische Drei-Phasen-Konfliktmodell	131
5.9.1	Fallbeispiel – „Hoher Einsatz"	133
5.9.2	Die Sichtweise des Kunden anhand des Drei-Phasen-Modells	134
5.9.3	Die drei Phasen aus der gegnerischen Perspektive	136

6.	**Der Rechtsstreit auf der Couch**	138
6.1	Rechtliche Aspekte bleiben im Vordergrund	140
6.1.1	Zeigen rechtliche Konflikte auch eigene Störungsbilder?	143
6.1.2	Latente und manifeste Motive im Rechtsstreit?	144
6.2	Die Rolle der an einem Rechtsstreit beteiligten Personen	147
6.2.1	Konflikte werden im Beruf und im Privatleben durchlebt	148
6.2.2	Die Persönlichkeit des Juristen und seine Psyche	149
6.2.3	Welche Fähigkeiten sollen Juristen erwerben?	153
6.2.4	Kann das Unbewusste für Juristen hilfreich sein?	156
6.2.5	Fallbeispiel – Trennung und passiv-aggressives Verhalten	158
6.2.6	Zuhören und Aufmerksamkeit in juristischen Berufen	160
6.2.7	Fallbeispiel – Abwarten in einer Endverhandlung	162
6.3	Die Rolle der Zusammenarbeit in Gruppen	163
6.3.1	Fallbeispiel – „Privileged Conversation"	164
6.3.2	Die Persönlichkeiten der Teammitglieder in der juristischen Arbeit	165
6.3.3	Fallbeispiel – Veränderung im Team ermöglicht raschen Vergleich	168
6.3.4	Die institutionalisierte Abwehr und juristische Berufe	170
6.4	Berufswahl als Symptomwahl – Was macht den Juristen aus?	172
6.4.1	Der Fall des Richters Daniel Paul Schreber	174
6.4.2	Wie stark prägt die Persönlichkeit des Richters ein Verfahren?	176
6.4.3	Der Rattenmann, ein zwanghafter Jurist?	177
6.4.4	Der Beruf als Bühne	180
6.5	Psychojuristische Ausbildung für Juristen	182
6.5.1	In der juristischen Ausbildung kommt der Mensch zu kurz	183
6.5.2	Die Zeit ist reif für eine psychojuristische Ausbildung	184
6.5.3	Transformations- und Leadershipskills auch für Juristen	186
6.5.4	Psychojuristische Schulung führt zu neuartigen Berufen	187
6.6	Wirtschaftliche Vorteile einer psychojuristischen Vorgangsweise	189
7.	**Zusammenfassende Schlussfolgerungen**	191
7.1	Ein Plädoyer für psychojuristisches Konfliktmanagement	192
7.2	Psychojuristische Ausbildung erweitert die berufliche Perspektive	195
7.3	Allgemeine Grundsätze für Konfliktmanagement	196
Literatur		198

1. Einleitung

In diesem Buch findet sich vieles wieder, was ich in meinem Berufsleben erfahren habe. Ich bin Praktiker und habe meine Erfahrung einfließen lassen. So ist in mir die Auffassung gereift, dass einerseits die manifeste Arbeit als Banker und Jurist meist Probleme umfasst, die klar und offensichtlich erscheinen und mittels rechtlicher Arbeit einfach gelöst werden können. Andererseits habe ich als angehender Psychoanalytiker erfahren, dass es in der psychoanalytischen Arbeit meist um eine latente Betrachtungsweise von inneren Konflikten der Patienten geht; diese intrapsychischen Konflikte erscheinen oft diffus und müssen erst einmal aufgedeckt und dann weiter behandelt werden. Mein Berufsleben ist also geprägt von dieser Ambivalenz zwischen der fundierten juristischen Arbeit und dem, was da brodelt, was nicht sichtbar und dennoch da ist. Diese Konstellation führte mich dazu, immer stärker zu hinterfragen, was denn passieren kann, wenn man sich in konfliktbeladenen Situationen in andere Menschen hineinversetzt, ihnen zuhört und versucht, dazu entsprechende Gedanken nicht nur juristisch, sondern auch psychoanalytisch zu fassen.

Was geschieht nun, wenn Konfliktmanagement auf Psychoanalyse und Recht trifft? Der Ursprungsgedanke kam mir beim Lesen von Sigmund Freuds Briefwechsel mit Albert Einstein; für Freud geht es bei Recht mehr um Frieden als um Gerechtigkeit. Das hat mich interessiert und angesprochen. Recht als Friedensphänomen zu verstehen, wird für meinen Geschmack in der öffentlichen Diskussion bislang viel zu wenig Aufmerksamkeit geschenkt. Ich will einen Beitrag leisten, um den Stellenwert der Streitbeilegung als Aspekt der zivilisierten Kulturentwicklung stärker zu verankern. So entstand dann meine Dissertation mit dem Titel: „Das Unbewusste im Rechtsstreit". Für das Buch habe ich den Untertitel „Ein Plädoyer für psychojuristisches Konfliktmanagement" ergänzt.

Ich untersuche, wie die Fachgebiete Psychoanalyse und Rechtswissenschaften sich um ein friedliches Zusammenleben von Menschen sorgen, indem sie sich entweder mit rechtlichen oder intrapsychischen Konflikten beschäftigen und versuchen, diese zu lösen. Sprache, Text und Zuhören spielen für den jeweiligen Untersuchungsgegenstand eine wesentliche Rolle. Es findet im Sinne einer psychojuristischen Hermeneutik eine Verknüpfung des szenischen Verstehens mit rechtlichen Fragestellungen statt, und es kommt zu Beobachtungen aus den unterschiedlichen Perspektiven.

Ein Rechtsstreit hat vieles gemein mit dem Ödipuskomplex. Es geht bei jedem Streit um den schicksalshaften Doppelaspekt aus möglicher Rettung und Vernichtung, den Ödipus durchlebt hat. Die Rechtsordnung und das Gericht bekommen als „Dritter" eine wesentliche Bedeutung für eine Beziehung, die aus den Fugen geraten ist. Mich hat interessiert, weshalb wir bereit sind, unser Schicksal in die Hände eines Dritten zu legen, der nicht annähernd so viel über diese Beziehung und das streitbare Thema erahnt, was wir darüber wissen. Weshalb vertrauen wir einer von der Gesellschaft anerkannten Ordnung und akzeptieren deren Urteil?

Die Rechtswissenschaften[1] arbeiten mit den Inhalten und der Lösung von Rechtsstreitigkeiten. Die Psychoanalyse dient der Aufdeckung und dem Verstehen von inneren, unbewussten Konflikten. Kann ein Zusammenwirken der beiden Methoden, die auch wissenschaftliche Fachrichtungen darstellen, zu einer Veränderung in der Herangehensweise, der Bearbeitung und der Lösung von rechtlichen Konflikten führen?

> Audiatur et altera pars.
> Man höre auch die andere Seite.

Eine wesentliche Gemeinsamkeit zwischen den Rechtswissenschaften und der Psychoanalyse besteht im Zuhören. Der Anspruch auf Gehör ist ein fundamentaler Rechtsanspruch. Wem das Gehör verweigert wird, der ist aus der Rechtsgemeinschaft ausgeschlossen.[2] Gilt das nur für die Rechtsordnung, oder gehen wir einen entscheidenden Schritt weiter und versuchen, über dieses Zuhören einen Zugang zum Unbewussten zu finden?

1.1 Einleitende Bemerkungen

Gerade in den Rechtswissenschaften ist das Vertrauen in die Empirie, in den beweisbaren Sachverhalt, auf eine vorgegebene Ordnung noch immer Primat des Denkens und des Handelns. Die strenge Ordnung und der normative Aufbau der Rechtsordnung verzichten auf das Unbewusste, und manche Vertreter von Rechtstheorien versuchen, um die „reine Lehre" zu schützen, die Psychologie des Menschen an den Rand zu drängen. Andererseits ist die Bedeutung des Rechtsstaates für den Einzelnen unbestritten. Eine akzeptierte und funktionierende Rechtsordnung stellt im Sinne Bions[3] eine „Container-Funktion" dar, sie beschützt die Gesellschaft und damit das Individuum. Ist es sinnvoll, eine Zusammenschau von unterschiedlichen Forschungsgebieten zu versuchen, um einen vielleicht anderen Blick auf das Leben der Menschen in ihrem Beruf und im Privatleben zu erhalten? In der Verbindung zwischen bewusst erlebten Situationen und dem Versuch, auch unbewusstes, nach Freud triebhaftes Material zu untersuchen, wird es womöglich gelingen, einen etwas anderen Zugang zur Arbeit von Juristen und verwandten Berufen zu erhalten.

Was geschieht, wenn wir beginnen, uns mit der menschlichen Seele und dem Unbewussten in der Jurisprudenz auseinanderzusetzen? Man trifft dabei wohl auf menschliche Reaktionen, Temperamente, Persönlichkeiten in den unterschiedlichsten Ausformungen. Stereotypisch ist der eine beispielsweise getrieben vom Streben

---

1   Da im österreichischen Jus-Studium mehrere voneinander verschiedene Rechtssysteme gelehrt werden, spricht man in Österreich nicht von Rechtswissenschaft, sondern von Rechtswissenschaften; in dieser Arbeit werden beide Begriffe verwendet.
2   Brugger et al., 2013, S. 207.
3   Bion, 1992, S. 15, dort wird auf die sprachlichen Unterschiede zwischen Behälter, Behalten, im Sinne von „Im-Gedächtnis-Aufbewahren", und Container eingegangen.

nach Sicherheit und Perfektion, der andere von Gier und Macht. Sowohl die Menschen als auch die Inhalte, um die es im Beruf geht und die unter einem Unternehmenszweck subsumiert werden können, sind sehr unterschiedlich. Sowohl bei Menschen als auch bei Unternehmen und beruflichen Inhalten kann man Konflikte vorfinden und darüber nachdenken. Die Bewältigung von Konflikten gerade bei Juristen in ihrem Beruf soll im Rahmen dieser Arbeit psychoanalytisch durchleuchtet werden.

Die Rechtswissenschaften arbeiten mit den Inhalten und der Lösung von manifesten Konflikten, die Psychoanalyse dient der Aufdeckung und dem Verstehen von inneren, unbewussten Konflikten. In der beruflichen Praxis von Juristen und Analytikern finden sich daher oft Schnittpunkte:

> Menschen haben viele psychische Ebenen, gehen ihren Sehnsüchten, Begabungen, Interessen und Wünschen nach. Sie haben auch Hemmungen und Ängste, die diese Sehnsüchte nicht zulassen. Das Phänomen der Regression ist, ganz gleich, ob es unbemerkt bleibt oder falsch erklärt wird, dem menschlichen Geist fremd.[4]

Sowohl in der Psychoanalyse als auch im Recht geht es um die Formen menschlichen Strebens; es geht aber auch um das Spannungsfeld zwischen den einzelnen Menschen als Mitarbeitern und um den Umgang in Gruppen, im Team. Wieso ist eine Gruppe nicht die Summe der einzelnen Mitglieder, sondern hat eine ganz andere Funktionsweise, eine eigene Dynamik? Schon geringe Veränderungen innerhalb der Gruppenmitglieder führen oft zu einer Veränderung der gesamten Gruppe. Dies ist neben den juristischen Inhalten ein Aspekt im täglichen Tun eines Juristen. Die Technik der Psychoanalyse zu lernen und auch die juristische Erfahrung gesammelt zu haben, birgt die Chance, so unterschiedliche Welten wie die Psyche und das Rechtswesen einander anzunähern. Gerade die Fähigkeit eines Psychoanalytikers bringt es mit sich, die Substanz seiner Ausbildung und Erfahrung zu bewahren und dennoch in der Lage zu sein, eigenständig und auf eigene Weise das Wissen zu entdecken, das er von seinen Vorgängern übernommen hat.[5] Von dieser Einstellung können auch Juristen lernen. Auch davon handelt dieses Buch, in dem es um die Schnittstelle zwischen der beruflichen und wirtschaftlichen Erfahrung als Jurist und dem Betätigungsfeld als Psychoanalytiker geht. Der kritische Blick durch die juristische Brille und der psychoanalytische Ansatz sind sich dabei nicht unähnlich: Sie dienen beide dazu, Wirklichkeiten und Realitäten aufzuarbeiten, um ihnen begegnen zu können und mit ihnen umgehen zu lernen.

Im Sinne der Methode der angewandten Psychoanalyse wird dieses Buch so aufgebaut, als ob man ein Objekt mit zwei Scheinwerfern beleuchtet. Das Ergebnis wird solchermaßen plastischer ausfallen und den Eindruck der Arbeit von Juristen nicht nur nach juristischer Maßgabe, sondern auch den Juristen als Menschen berücksichtigen und wiedergeben.

---

4   Kahnemann, 2017, S. 224.
5   Bion, 1992, S. 121.

Der Anspruch an Stil und Ausrichtung der Arbeit ist mehrdimensional. Es geht zunächst darum, ein Rechtsgebiet psychoanalytisch zu beleuchten, woraus beide Zugänge zu neuen Erkenntnissen gelangen können. Es geht aber auch darum, dass Juristen oder Experten aus der Wirtschaft die psychoanalytische Herangehensweise an sich als Sachverhalte, die juristische Konflikte darstellen, nachvollziehen können. Daher sollen in der Darstellung Menschen angesprochen werden, die keine Psychoanalytiker sind. Die Arbeit soll eine Anregung sein, die eigene Perspektive nicht immer so zu positionieren, dass in allzu gewohnter Weise das Objekt beleuchtet wird; es sollte vielmehr zu einer Verschiebung des Blickpunkts kommen, was womöglich bei manchen Kollegen persönliche und berufliche Weiterentwicklungen anstoßen könnte. Dies würde dann wieder einem kleinen Stück Kulturentwicklung entsprechen und in der Tradition Freuds stehen:

> Die mit dem Kulturprozess einhergehenden psychischen Veränderungen sind auffällig und unzweideutig. Sie bestehen in einer fortschreitenden Verschiebung der Triebziele und Einschränkung der Triebregungen ... Von den psychologischen Charakteren der Kultur sind zwei die wichtigsten: die Erstarkung des Intellekts, der das Triebleben zu beherrschen beginnt, und die Verinnerlichung der Aggressionsneigung mit all ihren vorteilhaften und gefährlichen Folgen.[6]

Freuds Kulturbegriff, umgelegt auf die Rechtswissenschaften, würde bedeuten, neben Regeln und Theorien auch die menschlichen Triebkräfte bei der Bearbeitung von rechtlichen Fragestellungen zu berücksichtigen. Die Psyche des Menschen findet im juristischen Diskurs und der Rechtsanwendung kaum Platz. Dafür kann eine Annäherung der Rechtssphäre an die Psychoanalyse von Nutzen sein.

Bildlich formuliert entspricht das methodische Vorgehen dieser Arbeit einer Matrix, dem Weben eines Textilstoffes.[7] Dabei wird am Webstuhl auf der Längsseite die „Kette" – bestehend aus juristischer Faser – aufgebracht; der „Schuss" mit den Schiffchen entspricht dem psychoanalytischen Kontext. Das so gefertigte Gewebe bildet das Ergebnis dieser Arbeit. Vergleichbar ist das vielleicht auch mit einer Querschnittsmaterie, bestehend einerseits aus rechtswissenschaftlichen, theoretischen Grundlagen und praktischen Fallbeispielen, und andererseits aus psychoanalytischem Verständnis. Sowohl psychoanalytische Literatur als auch rechtswissenschaftliche Konzeptionen sollen wiederum einem gemeinsamen wissenschaftlichen Anspruch gerecht werden. Es geht dabei um den Zugang von Recht und Psychoanalyse in der Textinterpretation, der Tatsachenarbeit bzw. dem hermeneutischen Textverstehen. Das Webmuster könnte „kettenseitig" die Elemente des rechtlichen Konfliktes – den Sachverhalt, die Beweise, den Zeitablauf, lauter bedeutende Einflüsse von außen – aufzeigen. Der „Schuss" würde den involvierten Personen und deren Rollen im Konflikt entsprechen. Aus dieser Matrix würde demnach ein psychojuristisches Webmuster entstehen. Dieses Buch widmet sich also der Frage, was denn bei

---

6 Einstein & Freud, 1972, S. 46.
7 Die Idee dazu wurde mir von der Psychoanalytikerin Christa Luger nähergebracht.

rechtlichen Konflikten geschieht, wenn man die Forschungsgebiete Rechtswissenschaften und Psychoanalyse miteinander in Verbindung setzt und methodologisch etwa durch hermeneutisches Textverstehen psychojuristisch verknüpft.[8] Es wird untersucht, welche neuen Perspektiven sich dadurch für Parteien und am Konflikt Beteiligte auftun können.

Das Buch ist inhaltlich nach Themenblöcken gegliedert. Das erste Kapitel umreißt den aktuellen Forschungsstand, -lücke und -frage. Kapitel 2 beschäftigt sich mit Sprache und Hermeneutik. Darin wird ersichtlich werden, wie ähnlich beide Forschungsfelder an der Sprache orientiert sind und textorientiert vorgehen. In Kapitel 3 wird auf die Grundlagen der Psychoanalyse eingegangen und die Bedeutung des Unbewussten für die Jurisprudenz umrissen. Das nächste Kapitel gibt einen Überblick über das juristische Arbeiten, rechtliche Theorien und Interpretationsregeln. Weiters wird eine Schnittmenge hin zur Psychoanalyse beschrieben. Anschließend widmet sich das fünfte Kapitel der Entstehung, der Bedeutung und den unterschiedlichen Ausformungen von Konflikten. Darauf aufbauend wird die Arbeit in der Praxis eines Juristen dargestellt, der immer wieder auch damit konfrontiert wird, dass juristische Konflikte als Stellvertreterkriege für Konflikte zwischen Menschen geführt werden. Der Rechtsstreit wird „auf die Couch gelegt", und es werden Konfliktmuster betrachtet, die Persönlichkeitsanteile von Juristen betrachtet, die Bedeutung von Gruppen und deren Zusammenstellung diskutiert und auch die Gründe, weshalb Juristen ihren Beruf ergreifen, untersucht. Es wird eine psychoanalytische Herangehensweise mit der juristischen Welt verknüpft und untersucht, welche Auswirkung dies auf rechtliche Konflikte und deren Management haben kann. Danach erscheint es naheliegend, eine Ausbildung vorzuschlagen, die Juristen die Welt der Psychoanalyse nahebringt, dies wird auch wirtschaftlich unterlegt.

1.2 Der interdisziplinäre Forschungsstand steht noch am Beginn

Die Psychoanalyse und die Rechtswissenschaften sind für sich gut erschlossene Forschungsgebiete. Jedes Gebiet hat sowohl theoretisch als auch praktisch viel für die Kulturentwicklung der Menschheit geleistet. Die Psychoanalyse hat sich dabei aus der Forschung zu Berufsbildern, zu gesellschaftlichen Phänomenen in den letzten Jahren – jedenfalls in Österreich – eher zurückgehalten. Die Psychotherapie ist nach wie vor das Hauptanwendungsfeld der Psychoanalyse. In der Literaturwissenschaft ist die Psychoanalyse weit verbreitet. Peter von Matt schreibt zur Bedeutung der Psychoanalyse für die Literaturwissenschaft: „Nicht das Wissen, sondern das geistige Instrumentar soll um ein weniges erweitert werden."[9] Ein interdisziplinärer Ansatz von Rechtswissenschaften und Psychoanalyse findet sich dagegen selten oder nur in Randbereichen, obwohl er zu einer Erweiterung des Horizonts führen würde. Bei der Auseinandersetzung mit der Wechselwirkung von Psychoanalyse und anderen

---

8   Unter 2.4.3 wird näher auf das Konzept der psychojuristischen Hermeneutik eingegangen.
9   von Matt, 2013, S. 7.

Wissenschaften bzw. Disziplinen, mit denen gemeinsame Tätigkeiten stattfinden, herrscht jedenfalls kein Mangel.

> Das Buch, beziehungsweise die nicht auf einen einfachen Nenner zu bringende Perspektive, die darin entfaltet wird, macht den Berater undurchschaubar. Und diese Undurchschaubarkeit kann er nutzen, um Perspektiven zu entwickeln, die dem Unternehmen nicht schon selbstverständlich sind. Der Bücherschreiber lässt sich nicht so ohne Weiteres vereinnahmen. Dank seines Buches weiß er, wer er ist, und bleibt er fähig, alle anderen immer wieder zu überraschen.[10]

Helga Klug hat in ihrem jüngst veröffentlichten Buch „Finanzkrise 2008 und das Unbewusste"[11] ein gutes Beispiel dafür geliefert, wie angewandte Psychoanalyse im Schnittfeld mehrerer Fachgebiete funktionieren kann. Klug untersucht anhand von Interviews die Zeit vor und nach der Finanzkrise, ihre Auswirkungen auf die Menschen, deren Reaktionen und Abwehrmechanismen. Das Interesse gilt der bewussten wie der unbewussten Verarbeitung der Krise. Klug hinterfragt, welche Krisenmodelle vorherrschen, welche Affekte im Vordergrund stehen und wie diese reguliert werden. Sie untersucht, welche Abwehrmechanismen identifiziert werden können und welche Rolle Kontrolle und Kontrollverlust spielen. Dabei wird deutlich, wie produktiv und erhellend ein interdisziplinärer Ansatz zwischen Psychoanalyse und anderen Wissenschaften sein kann.[12]

Titel wie „Lilith und die Dämonen des Kapitals: Die Ökonomie auf Freuds Couch"[13] zeigen auch einen fruchtbaren Bezug zum Gebiet der Psychoanalyse, der Inhalt der Studie selbst bleibt jedoch wirtschaftswissenschaftlich. Auch Bestsellerautoren, die in aller Munde sind, verwenden die Sprache der Psychoanalyse gerne, um ihre Ideen propagandistisch zu untermauern. So vergleicht Jordan B. Peterson die Organisation der Welt mit der menschlichen Seele, um seine Anschauung der Bedeutung von Ordnung und Struktur zu veranschaulichen: „The Psyche (Soul) and the world are both organized, at the highest levels of human existence, with language, through communication."[14]

Die Psychoanalyse hat gerade in Österreich durch die Etablierung der Sigmund Freud Privatuniversität (SFU) einen bedeutenden Aufschwung erlebt. Die SFU ist eine universitäre Plattform, um verschiedenen psychotherapeutischen Fachrichtungen Platz zum teilweise auch vergleichenden Arbeiten und Forschen einzuräumen. Dabei gilt der Schwerpunkt der Arbeit am Patienten. Die Errichtung von Instituten, etwa zu Psyche und Wirtschaft,[15] belegt jedoch die Berücksichtigung der Breite der psychoanalytischen Tätigkeit.

---

10 Baecker, 1994, S. 72.
11 Klug, 2019.
12 Text zur Buchpräsentation von Helga Klug, E-Mail der SFU vom 03.03.2020.
13 Sedlacek, 2015.
14 Peterson, 2018, S. 279.
15 https://ptw.sfu.ac.at/de/fakultaet/institute/psyche-wirtschaft/, abgerufen am 16.04.2019.

1. Einleitung

Psychoanalytische Institutionen sind von der Welt der Wissenschaft und des akademischen Betriebs oftmals isoliert[16], wie auch vom praktischen Alltag anderer wissenschaftlicher Teilgebiete, die sich jedoch der Psychoanalyse sehr wohl bedienen könnten. Gerade interdisziplinäre und praxisorientierte wissenschaftliche Arbeiten könnten dieser Entwicklung entgegenwirken. Dissertationen und Veröffentlichungen, die zeigen, dass Psychoanalyse über ihre Fachgrenzen hinaus verstanden und angewandt werden kann, sind unter diesem Blickwinkel für alle Beteiligten, die an einer gedeihlichen Weiterentwicklung der Psychoanalyse Interesse haben, eine wünschenswerte Entwicklung.

Die Rolle des Unbewussten und der Psychoanalyse für das Recht wurde in der Vergangenheit wissenschaftlich immer wieder angesprochen. Einen Ansatz dazu liefert etwa Albert A. Ehrenzweig, der den Versuch unternimmt, eine „Psychoanalytic Jurisprudence" zu etablieren.[17] Dabei beleuchtet er die Rechtswissenschaften und eine mögliche Anwendung der Psychoanalyse auf die Rechtsmethodologie. Er beschäftigt sich auch mit dem rechtlichen Konflikt. Das Buch bietet eine subjektive Aufarbeitung der Rechtsmaterie unter Heranziehung von rechtsphilosophischen Betrachtungen der Gerechtigkeit. Der Autor macht einen Ausflug in die Rechtshistorie, er bleibt freilich trotz des Buchtitels auf Distanz zur Psychoanalyse; das Unbewusste spielt in diesem Werk keine nennenswerte Rolle.[18]

Die Rechtswissenschaften sind für die Zivilgesellschaft ein wesentlicher Pfeiler; als Wegbereiter für die Gerichtsbarkeit und den Gesetzgeber ist das Recht Basis des modernen Rechtsstaates. Sigmund Freud hat in seinen Aufsätzen über „Das Unbehagen in der Kultur"[19] und „Warum Krieg?"[20] grundsätzliche Überlegungen zur Rolle des Rechts für die Kulturentwicklung und für die Gesellschaft beigetragen.

> Das menschliche Zusammenleben wird erst ermöglicht, wenn sich eine Mehrheit zusammenfindet, die stärker ist als jeder Einzelne und gegen jeden Einzelnen zusammenhält. Die Macht dieser Gemeinschaft stellt sich nun als „Recht" der Macht des Einzelnen, die als „rohe Gewalt" verurteilt wird, entgegen. Diese Ersetzung der Macht des Einzelnen durch die der Gemeinschaft ist der entscheidende kulturelle Schritt. Ihr Wesen besteht darin, dass sich die Mitglieder der Gemeinschaft in ihren Befriedigungsmöglichkeiten beschränken, während der Einzelne keine solche Schranke kannte.[21]

Mittels dieser Beschränkung findet ein Ausgleich zwischen den Interessen des Einzelnen und der Gemeinschaft statt; sie bildet so das Grundprinzip des Rechts und das Grundprinzip des Zusammenlebens in einer Gemeinschaft. Dies gilt für Organisationen und Unternehmen aller Art. In diesem Zusammenhang äußert sich Freud

---

16 Kernberg, 2014, S. 288.
17 Ehrenzweig, 1973.
18 Siehe dazu ausführlicher Kapitel 4.3.1.
19 Freud, Band 9, 1977, S. 191 f.
20 Ebd., S. 271 ff.
21 Ebd., S. 225.

auch zur Gerechtigkeit und geht dabei unscharf mit einer Abgrenzung von Gerechtigkeit und dem modernen Rechtsstaat um, wenn er meint, die Gerechtigkeit sei die Versicherung, dass die einmal gegebene Rechtsordnung nicht wieder zugunsten eines Einzelnen durchbrochen werde.[22] Ziel des Rechts ist es nach Freud, dass kein Einzelner mehr Opfer roher Gewalt werde. Freud ist der Überzeugung, dass Kultur die einzige Antwort auf den Aggressionstrieb der Menschen darstelle: „Das Interesse der Arbeitsgemeinschaft würde sie nicht zusammenhalten, triebhafte Leidenschaften sind stärker als vernünftige Interessen."[23]

Unter Berufung auf Freud bietet sich eine nähere Betrachtung von psychoanalytischen Ansichten im Hinblick auf die Theorie und Praxis der Rechtswissenschaften durchaus an. Es gibt gute Gründe, das Interesse der Forschung auch auf psychoanalytische Konzepte und deren Verwendung außerhalb der psychotherapeutischen Anwendung zu lenken. Die Psychoanalyse zeichnet ein Menschenbild mit starker Aufmerksamkeit für das Unbewusste, wobei der Mensch – einer geläufigen Formel Freuds folgend – nicht der „Herr im eigenen Haus" ist. Der Platz des Hausherrn muss demnach immer erst erarbeitet werden. Die Psychoanalyse zeigt dafür entsprechende Wege und Möglichkeiten auf.

In der Rechtswissenschaft dagegen gibt es Strömungen, die das Recht als Gegenstand einer reinen Wissenschaft auffassen. Der Mensch soll bei diesem Gedankenexperiment völlig ausgeblendet werden. Kelsens „Reine Rechtslehre" ist dafür ein gutes Beispiel.[24] Eine Annäherung dieser beiden Extreme findet in der Praxis statt. Juristen haben in ihrer täglichen Arbeit mit Menschen zu tun, deren Fallgeschichten erzählt werden und in ein Rechtsgefüge eingeordnet werden müssen. Dabei sind aber menschliche Konfliktkräfte mit am Werk, der Sachverhalt wird etwa einseitig geschildert, vielleicht ist alles anders gewesen; auch ist nicht immer klar, welche Normen zur Anwendung gelangen und wie diese Normen interpretiert werden sollen. Auslegung und Interpretation spielen jedoch eine große Rolle. Der Jurist ist noch dazu oft doppelt involviert, denn er gibt Regeln vor und überprüft diese; er ist aber auch Teil des Systems und lebt in diesem System. Was also, wenn der Jurist eine völlig andere Perspektive einnehmen kann und sich für seine Zwecke psychoanalytischer Methoden bedient?

Forschungen auf diesem Feld sind bislang rar. Neben wenigen Veröffentlichungen, die in ihrer Ausrichtung rechtsphilosophisch, auch eher leadership-orientiert sind, ist die Forschung hier noch nicht weit vorgedrungen. Auch Publikationen aus dem Feld der Volkswirtschaft spannen einen Bogen von Wirtschaft über Verhaltensforschung und Einflussfaktoren aus der Psychologie bis hin zu den Rechtswissenschaften.

---

22 Ebd., S. 225.
23 Ebd., S. 241.
24 Siehe dazu ausführlicher Kapitel 4.1.2.

1. Einleitung

Zur Entwicklung, der gesellschaftspolitischen Rolle und der Zukunft der Psychoanalyse hat Otto Kernberg[25] in einem Interview[26] am 28.01.2020 Stellung genommen. Er kommt zum Schluss, dass die Psychoanalyse selbst in keiner Krise stecke, sich aber zu öffnen habe. Gerade die selbstzentrierte Ausbildung hat zu einer Isolation geführt. Die Weiterentwicklung und Verbindung der Psychoanalyse als Wissenschaft, als Ausbildung und als Psychotherapie sei dabei zu kurz gekommen. Ihr Einfluss auf die Kultur des 20. und 21. Jahrhunderts wird bestehen bleiben, jedoch werden psychoanalytische Techniken von anderen Institutionen und Organisationen immer mehr absorbiert.[27] Ihre umfassende theoretische Konzeption mit ihren praktischen Auswirkungen sei dabei von entscheidender Bedeutung und wert, weiterentwickelt zu werden. Die Psychoanalyse habe sich gewandelt und muss zunehmend die gesamte Gesellschaft und ihre Strukturen einbeziehen. Die Kriterien der Psychoanalyse sind freilich nicht sehr präzise und haben viele intuitive Elemente. Das psychopathologische Verständnis der heutigen Zeit hat dazu geführt, dass Psychoanalyse für viel mehr Patienten geeignet erscheint, als Freud zu seiner Zeit angenommen hat. Die Psychoanalyse zielt nicht mehr nur auf „normales Funktionieren", sondern öffnet sich mit neuem Wissen auch Patienten mit Borderline- und Persönlichkeitsstörungen[28], dies sei jeweils im Einzelfall zu prüfen. Kernberg sieht als wesentliches Behandlungsziel der Psychoanalyse die Transformation der Persönlichkeit, die Integration ihrer Authentizität und die Möglichkeit, tiefes Verständnis für sich selbst und andere Menschen zu entwickeln, sowie eine normale Funktion für Beziehungen, Liebe und Sexualität zu und mit anderen Menschen aufzubauen. Diese Aussagen mögen auch für eine neue Betrachtungsweise, für ein gemeinsames Vorgehen von rechtlicher Arbeit unter Beachtung psychoanalytischer Methoden gelten, sofern diese Gebiete miteinander verknüpft werden. Die Psychoanalyse hat den Rechtswissenschaften einiges anzubieten und vielleicht auch umgekehrt von diesen einige Anregungen zu erwarten.

Welche Rolle hat nun die Psychoanalyse für die Rechtswissenschaften insbesondere bei rechtlichen Konflikten und deren Ursachen? Welche Position die Rechtswis-

---

25 Otto F. Kernberg ist ein wesentlicher Vertreter der Objektbeziehungstheorie; er hat basierend auf Freuds Triebtheorie eine erweiterte Triebtheorie entwickelt: Kernberg integriert neben Vater und Mutter weitere wichtige Bezugspersonen in seine Betrachtung; all diese bringen ihre eigenen Geschichten und Konflikte in ihre Beziehung mit dem Kind ein. Dabei geht es nicht nur um die Beziehungsebene, sondern auch um Fantasien und Tagträume im Sinne der Triebtheorie. Zu den Verarbeitungsvorgängen intensiver Affekte gehören schon im Kindesalter auch Spaltungsprozesse: Erfahrungen mit Wut, Hass etc. bilden sich um „nur böse" Selbst-Objekt-Repräsentanzen. Positive Erfahrungen wie Liebe und Zärtlichkeit wiederum bilden die „nur guten" Selbst-Objekt-Repräsentanzen. Die Bewältigung dieser Spaltungsvorgänge führen laut Kernberg zur besseren Realitätsprüfung und zur Möglichkeit, Ambivalenzen besser auszuhalten, siehe etwa Mertens, 2014b, S. 65.
26 Kernberg, 2020.
27 Siehe dazu auch unter Kapitel 3.2.1.
28 Kernberg, 2020.

senschaften bei unbewussten Konflikten einnehmen, wurde bislang in der wissenschaftlichen Literatur kaum oder eher beiläufig gewürdigt. Die Ergebnisse meiner Recherchen lassen den Schluss zu, dass die Querschnittsmaterie Psychoanalyse und Zivilrecht bislang wenig untersucht wurde. Mein rechtlicher Forschungsansatz ist dem Zivilrecht zuzuordnen, dort spielt sich der juristische Konflikt auf gleicher Ebene der Streitparteien ab. Im Strafrecht ist der Einfluss des Staates, der als Ankläger auftritt, zu stark und beeinflusst so den Untersuchungsgegenstand Konflikt. Es gibt im Strafrecht, genauer im Bereich der Forensik, psychoanalytische Ansatzpunkte, die sich eher mit strafrechtlichen Fragen und Inhalten auseinandersetzen, im Zivilrecht ist die Schnittstelle zwischen Psychoanalyse und Recht bislang wenig erforscht.

Eine anthropologische Theorie des Rechts in einem psychoanalytischen Zusammenhang wird von Dieter Flader skizziert, wenn er auf Fragen von „maßloser Macht" und der Schwächung väterlicher Autorität eingeht. Dabei landet er rasch bei Freud, dem Inzest- und Tötungsverbot.[29]

Ein Aufsatz von Heinz Barta im Rahmen eines Forschungsprojekts der Universität Innsbruck (Gesellschaft für Psychoanalyse Innsbruck-Brixen) hat sich dem Thema Recht und Psychoanalyse[30] gewidmet. Der Autor beschreibt darin die Bedeutung, die die Psychoanalyse für das Recht im Rahmen ihrer Konfliktlösungskompetenz spielen kann. Barta erläutert in diesem Zusammenhang Widerstand und Verdrängungsmechanismen in der Entstehung von Recht und Kodifizierungen. Er konzentriert sich auf rechtshistorische Prozesse, anhand derer er die Bedeutung der Psychoanalyse sieht. Er zitiert dazu Freud und seine Bedeutung für die Rechtswissenschaft mit dem Einleitungssatz aus „Das Unbehagen in der Kultur": „Man kann sich des Eindrucks nicht erwehren, dass die Menschen gemeinhin mit falschen Maßstäben messen, Macht, Erfolg und Reichtum für sich anstreben und bei anderen bewundern, die wahren Werte des Lebens aber unterschätzen."[31]

Barta stellt einen Zusammenhang her zwischen Psychoanalyse, Kunst und Kultur, was auch für das Rechtswesen Geltung hätte. Rechtswissenschaft und Psychoanalyse sollten demnach eine wissenschaftliche Synthese eingehen, um Natur und Kultur vor Zerstörung und menschlicher Hybris zu retten.[32] Diesem Gedanken ist zu folgen; er soll mit Hilfe dieser Arbeit weiterentwickelt werden.

Die Problematik der Psychoanalyse als Wissenschaft oder als bloße therapeutische Methode stellt ein grundsätzliches Problem dar. Die Anwendung von psychoanalytischen Methoden steht oft im Widerspruch zur Vorstellung von wissenschaftlicher Strenge, die auf Empirie und Forschung pocht. Akademische Arbeiten stellen den Anspruch auf Genauigkeit und Präzision. Methodisch sind psychoanalytische Konzepte, zuvorderst das Unbewusste, durch eine Vorgehensweise zu erforschen, die alles andere als „exakt" scheinen. Freie Assoziation und gleichschwebende Aufmerk-

---

29 Flader, 2016, S. 28.
30 Barta, 2001.
31 Freud, Band 9, 1977, S. 197.
32 Barta, 2001.

samkeit entsprechen nicht dem Bild einer strengen Wissenschaft. Die Suche nach einer theoretischen Basis für angewandte psychoanalytische Ansätze im Umfeld von rechtswissenschaftlichen Erkenntnissen, ohne dabei eindeutige Lösungen anbieten zu können, wird daher in dieser Arbeit ein wiederkehrendes Thema sein.

Die Verbindung von juristischer Praxis und einschlägiger Berufserfahrung einerseits und psychoanalytischer Ausbildung andererseits bilden die Voraussetzungen für eine neuartige Arbeit an der Schnittstelle zwischen Rechtswissenschaften und Psychoanalyse. So kann gerade dem Thema Konfliktbewältigung eine zentrale Rolle eingeräumt werden. Es wird durch diese Konstellation die Möglichkeit eröffnet, Wissenschaft in den beruflichen Alltag von Juristen zu bekommen und sich dem Forschungsgegenstand realitätsbezogen anzunähern.

1.3 Forschungslücke bei rechtlichen und intrapsychischen Konflikten

Die Psychoanalyse wird von vielen anderen wissenschaftlichen Gebieten als der Psychotherapiewissenschaft geschätzt und ist dort ein nicht wegzudenkender methodologischer Teil der jeweiligen Wissenschaft. Die Beziehung ist jedoch eher einseitig, andere Wissenschaftsgebiete bedienen sich der Psychoanalyse. Beispielsweise ist in der Literaturwissenschaft eine psychoanalytische Betrachtung „state of the art", und auch in den Wirtschaftswissenschaften, bei Studien zu Leadership oder Management, werden erfolgreich psychoanalytische Methoden praktiziert; so bezieht sich der renommierte Leadership-Professor Kets de Vries in seinen Standardwerken regelmäßig auf die „Unsichtbarkeit" der Probleme, die in seiner Arbeit auftauchen.

> From the world of psychotherapy, psychiatry and psychoanalysis I have learned that often there is more to a problem than meets the eye. Frequently, the real crux of a problem turns out to be invisible.[33]

Für die Erforschung einer tieferen Zusammenarbeit von Recht und Psychoanalyse als Forschungsgegenstand ist die Sigmund-Freud-Privat-Universität SFU prädestiniert. Die SFU bietet das Studium der Rechtswissenschaften an, obwohl prima vista Psychotherapiewissenschaft und Rechtswissenschaften wenig miteinander zu tun haben. Im Rahmen dieser Arbeit soll unter anderem klarer werden, dass beide Fachgebiete einige Überschneidungsfelder haben. Rechtswissenschaften und Psychoanalyse haben mehr miteinander zu tun, als zu vermuten ist, diese Arbeit soll dazu einen Beitrag leisten.

Ein großes Verdienst der Gründer der SFU ist die Entwicklung der Psychotherapie zu einer eigenständigen Wissenschaft. Dies geschah gegen den Widerstand der akademischen Kollegenschaft, vieler Ärzte und der in Vereinen organisierten Psychotherapeuten. Alle sahen eine neue Entwicklung auf sich zukommen, die etwas Bedrohliches hatte. Der Kuchen der Psychotherapie sollte in Zukunft unter mehr Beteiligten aufgeteilt werden müssen, die etablierten Ausbildungsvereine sahen ihr

---

33 Kets de Vries, 2016b, S. XXII.

Standing gefährdet. Der Zugang der SFU jedoch war und ist ein anderer. Es gibt genug Nachfrage für ein duales System aus Ausbildungsverein und akademischer Ausbildung. Vor allem aber sollten zukünftige Therapeuten nicht schon ihren Weg wählen müssen, bevor sie noch Einblick in die bunte und reichhaltige Welt der unterschiedlichen Ausbildungen erhalten haben. Entsprechend hat Rektor Alfred Pritz – auch durch seine Mitarbeit am Psychotherapie-Gesetz – dafür die Voraussetzungen geschaffen.[34] Im akademischen Diskurs setzt er sich mit der Einordnung der Psychotherapie im wissenschaftlichen Kontext unter Zuhilfenahme der Hermeneutik auseinander. Das hermeneutische Arbeiten des Psychotherapeuten sieht Pritz im Bemühen, die Lebensäußerungen des Klienten „richtiger zu verstehen, kräftiger sich einzuprägen und nachahmend glücklicher zum Ausdruck zu bringen"[35]. Die Weiterentwicklung der Psychoanalyse hin zu einer Erkenntnismethode, die auch anderen wissenschaftlichen Richtungen offensteht und gerade die Beobachtung von möglichen Überschneidungen zwischen verwandten Gebieten wie etwa Rechtswissenschaften und Psychoanalyse erscheint daher ein naheliegender weiterer Schritt als Forschungsfeld der SFU. Dazu möchte das vorliegende Buch einen kleinen Teil beitragen.

Ein wesentlicher Aspekt der Überschneidung liegt in der unterschiedlichen Betrachtungsweise. Die Frage, ob und inwieweit ein Zusammenhang zwischen intrapsychischen und rechtlichen Konflikten bestehen kann, ist bislang unerforscht. Haben rechtliche Konflikte denn überhaupt Gemeinsamkeiten, beziehungsweise finden sich Überschneidungen bei diesen Konfliktarten? Mentzos erklärt die Bedeutung von Konflikten bei der Entstehung psychischer Störungen, weil sie die regulatorischen Mechanismen des psychophysischen Organismus auf eine harte Probe stellen.

> Es ist nicht zufällig, dass bei vielen neurotischen Störungen als gemeinsames Charakteristikum innere Spannung und Irritierbarkeit festzustellen sind. Es sind die im Konflikt enthaltenen und in ihrer Gegensätzlichkeit festgefahrenen Motivbündel, es sind die ineinander verklemmten Tendenzen, die sich gegenseitig in Schach halten und diese erhöhte Spannung hervorrufen. Dies ist auf die Dauer eine unerträgliche Situation, die ohne weiteres mit schwerem körperlichem Stress vergleichbar ist.[36]

In dieser kurzen Erklärung zu Konflikten zeigen sich Parallelen zur Entstehung eines Rechtsstreits. Ein rechtlicher Konflikt ist in diesem Sinne die juristische Konfrontation über unterschiedliche Auffassungen zu ein und demselben Sachverhalt. Er kann juristisch ausgetragen werden (und trotzdem ein psychischer Konflikt bleiben). Auch beim rechtlichen Konflikt sind die „festgefahrenen Motivbündel" und die „verklemmten Tendenzen" oftmals spürbar, haben jedoch weniger mit den dann zu behandelnden Rechtsfragen zu tun. Der Rechtsstreit kann bereinigt werden, meist indem ein Konsens erzielt wird oder ein Richter ein Urteil fällt, wobei es zu einer

---

34 Pritz, 1996, S. 2.
35 Ebd., S. 13 f.
36 Mentzos, 2013, S. 76 f.

Verschmelzung, einer Symbiose der Standpunkte kommen kann. Ob aber der Konflikt damit aus der Welt geschafft ist, bleibt durchaus offen. Denn manchmal erlebt man in der Praxis, dass ein Rechtsstreit mehr der Ersatzbefriedigung von nicht erlaubten emotionellen Impulsen ähnelt. Ähnlich zu sehen ist das bei einem Vergleich zwischen den Streitparteien, der als Mittelweg angesehen werden kann, da er ja in der Regel beiden Seiten gleichermaßen weh tun muss. Dort ist zu vermuten, dass auch psychische Konflikte betroffen sein und zuweilen aufgelöst werden können.

Bestehende Untersuchungen und Publikationen von Psychoanalytikern zu beruflichen Belastungen sind abzugrenzen und stehen in keinem direkten Zusammenhang mit der hier durchgeführten Konfliktthematik und zeigen auch keine unmittelbare Verbindung zu Abläufen in der Jurisprudenz. Diese bisherigen Untersuchungen sind psychotherapeutisch ausgerichtet, das heißt sie beziehen ihr Wissen primär durch Klienten und Patienten und orientieren sich an deren Krankengeschichten. Bei der Untersuchung des Verhältnisses von Rechtswissenschaften und Psychoanalyse fällt auf, dass es bislang in der Forschung mit Ausnahme der Forensik im Strafrecht (und dabei ist die Basis eher die klinische Psychologie) wenige Berührungspunkte gibt. Mentzos beschäftigt sich mit dem Gedanken, dass die Gesellschaft Strafrecht und Strafjustiz als Institutionen einer kollektiven Abwehr ja sogar einer kollektiven Triebabfuhr brauche.

> Die oft heftigen und irrationalen Reaktionen der Öffentlichkeit oder bemerkenswerte Inkonsequenzen in der Strafzumessung sprechen auf jeden Fall dafür, dass tatsächlich über die sachbezogenen Notwendigkeiten und womöglich auch die machtpolitischen Faktoren hinaus neurotische Bedürfnisse eine nicht unwesentliche Rolle spielen.[37]

Die Psychoanalyse und ihr Begründer Sigmund Freud sind intrapsychischen Konflikten auf den Grund gegangen. Die Bearbeitung von solchen unbewussten Konflikten ist aus Sicht ihrer wirtschaftlichen Bedeutung wissenschaftlich untersucht.[38] Die Entstehung, das Motiv und mögliche Auswirkungen von Rechtskonflikten, auf einzelne Menschen und Organisationen wurden wissenschaftlich noch nicht untersucht. Was kann die Methode der Psychoanalyse dazu beitragen, sich im juristischen Alltag die Frage nach den Hintergründen eines rechtlichen Konflikts zu stellen? Damit ist vor allem die Beschäftigung mit den Persönlichkeitsmerkmalen und den unbewussten Anteilen der am Konflikt beteiligten Personen, Parteien und sonst betroffenen Menschen gemeint. Steckt hinter einem Rechtsstreit vielleicht manchmal mehr als eine vordergründig lösbare Rechtsfrage? Liegen dahinter Probleme, die sich mehr auf der Beziehungsebene der Streitparteien abspielen? Kann mittels so einer Betrachtung möglicherweise ein rechtlicher Konflikt abgewendet oder zumindest gemildert werden? Wäre es möglich, sich so vielleicht differenzierter orientieren zu

---

37 Mentzos, 2016, S. 95.
38 Die massiven Auswirkungen der inneren Konflikte auf die Gesundheit von Menschen und Wirtschaft scheint unbestritten, siehe auch Mentzos, 2013; Kets de Vries, 2016a und b; Wirth, 2015; Wolf, 2017.

können? Dies soll anhand von Beispielen aus der juristischen Praxis veranschaulicht werden. Die Arbeit bedient sich dabei der berufspraktischen Erlebnisberichte des Verfassers. Jahrzehntelange Erfahrung und Beobachtungen „on the job" werden in die Untersuchung eingebracht.

1.4 Beeinflusst das Unbewusste den Rechtsstreit?

Die zentrale Forschungsfrage zu formulieren, ist regelmäßig eine Herausforderung. Sie besteht darin, die vielen verzweigten Handlungsstränge und die Argumente so zu verdichten, dass für die Forschung und den Leser die Grundidee ersichtlich wird. In diesem Buch geht es um die Verknüpfung von rechtswissenschaftlichen Lösungsansätzen der Konfliktbewältigung mit psychoanalytischen Überlegungen und Erfahrungen bei der Behandlung von intrapsychischen Konflikten. Der Grundgedanke liegt wohl in der Berücksichtigung des Unbewussten bei der Bearbeitung von rechtlichen Konflikten. Die Auflösung solcher rechtlichen Konflikte besser zu verstehen, ist gewiss eine der größten Herausforderungen, denen sich Juristen in der Praxis stellen müssen. Die Forschungsfrage für diese Untersuchung lautet:

> Inwieweit beeinflusst das Unbewusste den Rechtsstreit, kann insbesondere ein psychojuristisches Zusammenspiel von Recht und angewandter Psychoanalyse durch die Berücksichtigung des Unbewussten im Management von Rechtsstreitigkeiten neue Klärungs- und Befriedigungsperspektiven für alle am Konflikt beteiligten Instanzen und Parteien eröffnen?

Die Fragestellung steht vor dem Problem der Abgrenzung. Etwa ob ein Konflikt nun getrieben ist von einem rechtlichen Aspekt oder dies nur ein Vorwand für den Konflikt darstellt. Forschungsgegenstand ist die Anwendung der psychoanalytischen Methode auf die Bearbeitung von rechtlichen Konflikten. Der in der vorliegenden Arbeit verwendete Begriff des Konflikts umschließt die intrapsychischen, also inneren, unbewussten Konflikte des Juristen und die Arbeit an äußeren, rechtlichen Konflikten der Klienten wie auch die intrapsychischen Konflikte der Klienten, die sie motivieren, einen Konflikt juristisch auszutragen.

Ähnlich ineinander verwoben ist die Auseinandersetzung mit dem Unbewussten selbst. Die psychoanalytische Arbeit kümmert sich primär darum, überhaupt einen Zugang zum Unbewussten zu finden. In der juristischen Arbeit geht es um die Auseinandersetzung zwischen einem Sachverhalt und einer entsprechend anwendbaren Rechtsnorm. Gerade bei der Ermittlung des Sachverhalts und der Subsumption der Rechtsnorm ist möglicherweise viel unbewusste Dynamik der Akteure am Werk, wovon die juristische Arbeit entsprechend beeinflusst wird.

Die Forschungsfrage betrifft verschiedene Ebenen, etwa die Darstellung der Methoden der Psychoanalyse und der Rechtswissenschaften und damit den Beitrag der Psychoanalyse bei der Bearbeitung von Konflikten in der Praxis. Die psychoanalytische Triebtheorie Freuds betrachtet den Konflikt als wesentliches Element im Leben jedes Einzelnen. Er beleuchtet dies im Spannungsfeld von Wunsch und Abwehr, aber auch vermittelnd zwischen den verschiedenen Systemen, in seiner Ausdrucksweise zwischen den drei Instanzen. Dabei ist auch die tiefere Bedeutung von Konflikten und deren Herkunft zu ergründen. Der ödipale Konflikt, bei dem nicht nur entgegengesetzte Wünsche auftreten, sondern zudem diesen Wünschen durch Verbot Widerstand entgegengesetzt wird, spielt in der Psychoanalyse eine entscheidende Rolle.[39]

Im Idealfall sollen die Konfliktparteien gleichberechtigt agieren können und nicht hoheitlich handeln; strafrechtliche und öffentlich-rechtliche Ansätze sind daher nicht Gegenstand der Untersuchung. Aus rechtlicher Sicht dominiert der Beitrag des Rechts bei der Bearbeitung von Konflikten in der unternehmerischen Praxis; dabei wird generell unterschieden zwischen Konfliktprävention, außergerichtlichen Konflikten und deren Regelung in Gerichtsverfahren. Gerade Unternehmen sollten sich aus einer solchen Sicht der kapitalistischen Theorie nach rein wirtschaftlichen Kriterien unterwerfen und sich immer für das beste Unternehmensergebnis entscheiden. In der Praxis sind gerade solche Entscheidungen aber oft abhängig von den handelnden Personen und isoliert betrachtet nicht immer zum Wohl des Unternehmens. Theorie und Praxis klaffen hier weit auseinander. Das leuchtet nicht sofort ein und gerade auf diesen aufgezeigten Widerspruch stützt sich die weitere Untersuchung.

Dieses Buch will einen Einblick in das Leben und Arbeiten von Juristen durch eine psychoanalytische Brille vermitteln. Sowohl im Recht als auch in der Psychoanalyse geht es unmittelbar um Menschen, dabei ist der nicht sichtbare, unbewusste Anteil der untersuchten Prozesse oftmals vernachlässigt worden. Gerade in einer Zusammenschau erscheint dieser Aspekt untersuchenswert. Einer der bedeutenden Forscher ist der Psychoanalytiker Manfred Kets de Vries. Er hat psychologische Grundtypen von Managern definiert und sieht bei Konflikten den Ursprung in unbewusst zugrundeliegenden Verhaltensmustern, die bereits in der Kindheit entstanden sind. Kets de Vries ist mit diesem Ansatz in der Wirtschaft und universitär erfolgreich.[40] Er typisiert grob gesprochen seine Manager nach neurotischen Grundkonflikten im Sinne von Freud, Mentzos[41] und anderen und versucht praxisnah Führungskräfte im Umgang mit dem Unbewussten zu helfen.

Die Neurosenlehre kann nur kurz diskutiert werden, der Anspruch, ein weiteres Lehrbuch über Managerneurosen zu liefern, wurde von mir rasch verworfen; dazu gibt es wahrlich schon genügend Abhandlungen.[42] Einen verständlichen Ansatzpunkt bietet Mentzos mit seiner Unterscheidung zwischen psychoneurotischen Modi – wie zwanghafter, phobischer und histrionischer Konfliktverarbeitung; narzisstischen Modi wie depressiv, hypochondrisch und schizoid, und dem Suchtmodus – dies jeweils unter Berücksichtigung der möglichen Abwehrmechanismen,

---

39 Laplanche, 1973, S. 257.
40 Kets de Vries, 2016b.
41 Mentzos, 2013.
42 Gut verständlich und lesenswert in diesem Zusammenhang ist etwa Hesse, 1994.

wie Verdrängung, Verschiebung, Projektion, Spaltung, Verlagerung, Sublimierung, Rationalisierung[43]. Eine weitere Vertiefung der Neurosenlehre würde ausreichend Platz für weitere wissenschaftliche Forschungen bieten, erscheint aus der Sicht der praktischen Beobachtung an dieser Stelle jedoch nicht zielführend und würde zu weit gehen.

---

43 Mentzos, 2013, S. 107 ff.

2. Sprache und Hermeneutik in Psychoanalyse und Recht

Das Zusammenwirken von Recht und Psychoanalyse beginnt mit der Bedeutung von Sprache und Hermeneutik. Darum soll es im Weiteren gehen. Beide Methoden arbeiten am Menschen, sie sind von subjektiven und intersubjektiven Phänomenen beherrscht und wollen dennoch einem allgemeingültigen wissenschaftlichen Standard gerecht werden. Es fällt auf, dass die Erzählweise in der Psychoanalyse wie im Recht zumeist auf narrative Art und Weise erfolgt. Zu den narrativen Momenten kommen auch deskriptive, also Sachberichte und die rhetorische Argumentation. In Bezug auf Hermeneutik soll verdeutlicht werden, dass gerade Rechtswissenschaften und Psychoanalyse zwar hermeneutisch arbeiten, sich jedoch im praktischen Umgang als Tiefenhermeneutik und juristische Hermeneutik in der Anwendung unterscheiden, eine Verknüpfung beider Felder zur psychojuristischen Hermeneutik wird diskutiert.

2.1 Das gemeinsame Dilemma von Psychoanalyse und Recht

Wenn Fächer wie Biologie oder Medizin sich als Naturwissenschaften verstehen, dann wird man dort ein Ich vergeblich suchen, da, frei nach Kant, das sogenannte Ich zwar alle unsere Vorstellungen begleitet, selbst aber niemals Gegenstand der Erfahrung werden kann. Oder mit Sartre gesprochen: Das Ich ist eine präreflexive Voraussetzung. Ich und Naturwissenschaft schließen sich aus einer solchen Sicht aus; erkenntnistheoretische Beiträge sind von keiner Naturwissenschaft zu erwarten. Genau dies aber ist Sache der Philosophie. Wenn Naturwissenschaftler Erkenntnistheorie betreiben, dann tun sie das als Philosophen. Die höchste Treffgenauigkeit bei Experimenten ist nur in den Naturwissenschaften möglich. Ähnliche Techniken haben die Geisteswissenschaften nicht, daher erscheint es nicht besonders wissenschaftlich, diese Genauigkeit bei ihr zu suchen und von ihr verlangen zu wollen. In jedem Sachgebiet ist eben lediglich die im Rahmen der jeweiligen Fragestellung erreichbare Genauigkeit möglich.

Die Psychotherapie und umso mehr die Psychoanalyse wird nicht der Naturwissenschaft zugeordnet, wenn auch das Verständnis von seelischen Störungen tief in die Biologie des Menschen hineinreicht.[44] Es geht vielmehr um das Miteinander zwischen Klienten und Therapeut, um Verständnis, Einfühlungsvermögen etc. Im wissenschaftlichen Diskurs der Psychotherapie geht es noch einen Schritt weiter, denn allen Methoden ist der Respekt vor den jeweils subjektiven Äußerungen des Klienten gemeinsam. Hier wird jedenfalls klar, dass die Psychoanalyse von der Sprache lebt: Reden und Verstehen sind im psychotherapeutischen Agieren das Medium für weiteren Erkenntnisgewinn. Die Naturwissenschaft kann nur einen Teil dessen

---

44 Pritz, 1996, S. 16 f.

bedienen, was die Psychotherapie erreichen will. Erkenntnistheoretisch leistet die Psychoanalyse einen wichtigen Beitrag, um dem Ich auf die Spur zu kommen.

Die Jurisprudenz hat ein ähnlich gelagertes wissenschaftstheoretisches Problem, wenn es um menschliche Erkenntnis geht. Es geht hier darum, dass Erkenntnis nur durch das jeweils erkennende Subjekt möglich erscheint und damit von seinem Erfahrungshorizont („Vorverständnis") und seinen Erkenntnisinteressen mitbestimmt ist.[45] Alle Art der Erkenntnis ist zunächst subjektiv. Von Interesse ist nur, wie man trotzdem zu Einsichten von durchaus nur vorläufiger, aber doch intersubjektiver Gültigkeit kommen kann. Die Betonung des „Vorverständnisses" und seiner Bedeutung kann dazu nichts beitragen, weil es sich dabei bloß um eine andere Formulierung des Ausgangspunktes (der Subjektivität des Erkennenden) handelt.[46] Durch sorgfältige Konfrontation mit dem zu verstehenden Text kann man sich bis zu einem gewissen Grad von einem unzutreffenden „Vorverständnis" entledigen; zu dieser Erkenntnis sind die methodischen Mittel der Wissenschaft dienlich.[47]

2.2 Die Bedeutung der Sprache

Im beruflichen Teil unseres Lebens und gerade in dem des Juristen und des Analytikers ist zusehends eine nicht mehr kontrollierbare Sprachmacht zu erkennen. Es werden so viele und so komplexe Texte verfasst, dass kaum noch jemand außer Spezialisten in der Lage ist, sie zu verstehen. Diese Fachsprache ist nicht zugänglich für irgendeine Form der Libido, der Gefühle. Sie ist das Gegenteil von Fantasie, doch auch Gefühle brauchen Raum, und die Kreativität muss auch ihren Platz zur Entfaltung erhalten. Viele Menschen können aus unterschiedlichen Gründen nicht sprechen, sich nicht so ausdrücken, wie wir das als Juristen zu tun gewohnt sind. Auch dadurch kann man erfahren, wie wertvoll Sprachkompetenz sein kann. Es ist nicht selbstverständlich, dass wir uns untereinander verstehen. Wir haben verbale und nonverbale Kommunikationsformen, Rituale, Symbole und das, was die Psychoanalyse als Übertragung versteht. Auch die Empathie trägt zum Verständnis bei, esoterisch könnte man auch das Kommunikationsmedium selbst als „Energiefluss" beschreiben. In den Rechtswissenschaften ist es ähnlich. Recht ist ein Medium der sozialen Integration, Recht ist eine fundamentale Errungenschaft der Zivilgesellschaft, die eng mit dem sprachlichen Ausdruck verknüpft ist. Worin liegt diese Errungenschaft? Eine Antwort gibt Ruthers, wenn er unter Verweis auf Aristoteles sagt: „Es sind die Vorstellungen in unserem Geist bzw. unserer Seele, die aus den Schallwellen mündlicher Äußerungen sprachliche Ereignisse machen und den Wörtern ihre Bedeutung geben."[48]

---

45 Bydlinski, 2011, S. 65 f.
46 Ebd., S. 173.
47 Ebd., S. 66.
48 Rüthers, 2016, S. 105.

2. Sprache und Hermeneutik in Psychoanalyse und Recht

Nach Jürgen Habermas hat die Sprache drei zentrale Funktionen: kommunikatives Handeln, formale Sprachpragmatik und Diskursethik. Habermas spricht von „durch Verständigungsakte vermittelte Interaktion sprach- und handlungsfähiger Subjekte" und liefert eine Theorie der modernen Gesellschaft, in der das positive Recht selbst bzw. die Rechtsetzungs- und Rechtsanwendungsdiskurse eine wesentliche Integrationsfunktion erfüllen.[49] Habermas beschreibt die Unvollkommenheit der Sprache. Die daraus entstehenden Unschärfen sind der Grund, weshalb es der wissenschaftlichen Aufbereitung von Kommunikation bedarf, was sich klar in Recht und Psychoanalyse zeigt:

> Im letzten nämlich hängt das Problem zusammen mit dem von Sprache in der Wissenschaft überhaupt, mit der Tatsache, dass jede Wissenschaft ihre Resultate nur über das Medium Sprache vermitteln kann, über ein allgemeines Kommunikationssystem, das, wie die Typologie, das Einmalige und Besondere aufzunehmen und wiederzugeben hat, ohne dazu je vollkommen fähig zu sein.[50]

2.2.1 Gibt es „sprachlose" Juristen?

> „Aber aus der Sprache kommt doch alles" erwiderte Thomas Bernhard 1983 auf meine Erklärung, dass ich nur über seine Sprache arbeite.[51]

Die Jurisprudenz pflegt seit jeher eine Art von Geheimsprache, trotzdem hat sie es geschafft, ihre Inhalte so zu erklären, dass sie auch den Anwendern zugänglich sind. Sie beruft sich auf Interpretationsregeln, die wissenschaftlich fundiert sind. So versteht sich die Jurisprudenz als eine Rechtswissenschaft, im alltäglichen Sprachgebrauch schlichtweg „Recht":

> Alle Rechtsnormen werden in Sätzen als „Rechtssätze" formuliert. Es gibt kein Recht außerhalb der Sprache. Recht kann nur in Sprache gefasst, nur durch Sprache vermittelt, erläutert und fortentwickelt werden. Auch wer sich vorsprachliches Recht – etwa im Sinne von „Rechtsgefühl" oder „Rechtsbewusstsein" – vorstellt, muss auf die Sprache zurückgreifen, um solche gedachten oder gefühlten Rechtsinhalte auszudrücken und wirksam werden zu lassen. In einem sehr diesseitigen Sinne gilt also für das Recht und die Rechtswissenschaft der erste Satz des Johannesevangeliums: „In principio erat verbum …" – „Am Anfang war das Wort …". Ohne Sprache sind das Recht und die Juristen sprachlos.[52]

Schon am Anfang des Studiums der Rechtswissenschaften lernt man, dass sie zu den ganz großen und auch zu den ältesten Wissenschaften gehören. Rechtstheorie, Rechtsphilosophie und Methodenlehre zeigen die enge Verbindung der Menschheitsgeschichte mit dem Recht. Daher finden sich in der Bezeichnung „Rechts-

---

49 Koller, 2016, S. 15.
50 von Matt, 2013, S. 46 f.
51 Huber, 2018, S. 457.
52 Rüthers, 2016, S. 101 f.

wissenschaften" mehrere Wissenschaften beinhaltet. Alle Juristen lernen in ihrer Ausbildung die Bedeutung der Sprache für ihren Beruf; sowohl mündlich als auch schriftlich ist der Umgang mit Sprache für Juristen von größter Relevanz. Ohne Sprache gibt es schlichtweg kein positives Recht.

Juristen sprechen, wie sie denken, und denken, wie sie sprechen. Ihr Sprachgebrauch ist formalistisch; die systemgemäße Komplexität des Rechts verlangt eine klare Sprache, in der ein starkes Über-Ich und das Realitätsprinzip im Sinne Freuds eine adäquate Ausdrucksform finden. Daher wird schon im Studium der Rechtswissenschaften großer Wert auf Sprachverständnis gelegt. Es geht schließlich darum, sprachliche Aussagen zu verstehen, zu interpretieren und oft auch zwischen den Zeilen zu lesen. Die Perfektionierung des sprachlichen Umgangs ist für verschiedene Arbeitsschritte im Recht von Bedeutung: in der Gesetzgebung, in der Vollziehung, klarerweise auch in der Ausgestaltung von Verträgen, der klassischen Rechtsberatung. Genauso wichtig ist Sprache in der Prozessführung sowie in Forschung und Lehre. Die fachsprachlichen Ausdrücke und Formulierungen sind so zu wählen bzw. zu definieren und auszulegen, dass der Rechtsanwender ein klares Verständnis für die Rechtsordnung und letztlich für die Einhaltung der Regeln vermittelt bekommt.

Da es in der Sprache keinen ein für alle Mal feststehenden Sinn für Wörter und Sätze geben kann, müssen Texte interpretiert und ausgelegt werden. Aus der Ungenauigkeit der Sprache können neue Sachverhalte und Bewertungen entstehen. Dieser Raum ist Teil der Rechtswissenschaft, daher werden normative und deskriptive Begriffe mit Bedacht eingesetzt. Freilich sind Rechtsbegriffe möglichst eindeutig zu definieren, um den Zweck zu erreichen, den eine Norm verfolgen soll.

Die Klärung von Sachverhalten steht ganz am Anfang der juristischen Arbeit. Die Arbeit am Sachverhalt ist eng umrissen, denn im Gegensatz zu anderen Wissenschaften wie etwa der Psychoanalyse wird hier nicht assoziativ, sondern streng inhalts- und problemorientiert gearbeitet. Innere Befindlichkeiten der beteiligten Personen haben dabei – bisher in der Regel – keinen Platz, vielleicht ist das eine Erkenntnis dieser Arbeit. Auf die Erarbeitung des Sachverhaltes aufbauend, werden die dabei gewonnenen Rechtsfragen entwickelt. Der jeweils reale Untergrund wird dann in beiden Fachgebieten mit der jeweiligen Fachsymbolik, die jeweils völlig unterschiedlich aussieht, verknüpft. Die gewonnene Erkenntnis ist dann das Ergebnis der sprachlichen Verarbeitung von Fakten.

2.2.2 Verborgenes in der Sprache der Psychoanalyse

Die Psychoanalyse konzentriert sich auf das Beobachten des Patienten, das Zuhören, das Registrieren von kleinsten Auffälligkeiten, Freud'schen Fehlleistungen; sie ist geprägt vom Phänomen der Übertragung,[53] also dem Sich-Hineinfühlen ins Gegenüber. Dabei gibt es keine Schranken, keine Tabus, alles ist erlaubt und sogar erwünscht.

---

53 Siehe dazu ausführlich 3.2.5.

2. Sprache und Hermeneutik in Psychoanalyse und Recht

> Übertragung bezeichnet in der Psychoanalyse den Vorgang, wodurch die unbewussten Wünsche an bestimmten Objekten im Rahmen eines bestimmten Beziehungstypus, der sich mit diesen Objekten ergeben hat, aktualisiert werden. Dies ist im höchsten Maße im Rahmen der analytischen Beziehung der Fall. Es handelt sich dabei um die Wiederholung infantiler Vorbilder, die mit einem besonderen Gefühl von Aktualität erlebt werden.[54]

Die gleichschwebende Aufmerksamkeit und die freie Assoziation sind wesentliche Bausteine für die psychoanalytische Arbeit.[55] Besondere Bedeutung kommt der Gefühlswelt der Patienten zu. Alle Beobachtungen und Phänomene dienen dem Zweck, den Patienten nicht nur zu analysieren, sondern ihm auch seine Leiden zu deuten.

Die Psychoanalyse ist stark über Sprache definiert. Habermas hat aufgezeigt, dass Sprache, zwischenmenschliche Beziehung, Interaktion und Handlungen viel miteinander zu tun haben. Er hat den Begriff der kommunikativen Vernunft geprägt, die nicht länger dem einzelnen Akteur oder einem staatlich-gesellschaftlichen Makrosubjekt zugeschrieben wird, sondern dem Telos der Verständigung im Medium der natürlichen Sprache.[56] Die sprachliche Kommunikation ist damit nicht nur für Informationszwecke zentral, sondern überhaupt ein wesentliches Element für den sozialen Zusammenhalt. Auf der Basis einer funktionierenden Sozialordnung muss also soziale Integration durch Verständigungsprozesse – d. h. über kommunikatives Handeln – bewerkstelligt werden.[57] Die Psychoanalyse hat demnach einen sprachlich offenen Zugang. Lacans Texte sind in diesem Sinne dazu angetan, beim Leser absichtsvoll Verwirrung zu stiften, er möchte damit auch anregen, auf das richtige Wort zu achten. Jedoch ist die Technik nicht für jedermann zugänglich, sondern muss nahegebracht werden. Selbst der Begriff „Psychoanalyse" ist für Nicht-Psychoanalytiker eher unverständlich, und die Psychoanalyse selbst hat es auch nach mehr als 100 Jahren nicht geschafft, einen Begriff für sich selbst vorzuschlagen, der für die Öffentlichkeit besser verständlich ist.

In der Psychoanalyse geht es darum, Zugang zum Unbewussten zu erhalten – dafür ist die Sprache elementar. Es bietet sich an, hinter der Sprache Verborgenes zu suchen. Im Denken und in der Sprache von Psychoanalytikern spielen daher Fantasie und Vorstellungen eine große Rolle. Aus der Sicht der Psychoanalyse ist der sprachliche Ausdruck libidinös, im Vergleich zur Juristensprache ist das Lustprinzip spürbar und vorherrschend, etwa wenn wir mit sprachlichen Fehlleistungen arbeiten. Der Stellenwert der Sprache in diesen verschiedenen Tätigkeiten als Jurist und als Psychoanalytiker ist in beiden Fällen außerordentlich hoch. Es gibt zwischen beiden gravierende Parallelen, aber es werden zugleich auch Unterschiede erkennbar. Auch Musik und Sprache haben sehr viel gemeinsam. Leidenschaft hat immer etwas mit der Person, mit dem Subjekt, zu tun; eine persönliche „Note" spielt immer

---

54 Laplanche, 1973, S. 550.
55 Siehe dazu auch 3.2.4.
56 Koller, 2016, S. 21.
57 Ebd., S. 29.

mit. Es gibt ja nicht nur die verbale, sondern auch die nonverbale Kommunikation. Gerade im Rahmen einer psychoanalytischen Ausbildung lernt man die Bedeutung von Aufmerksamkeit, um zuzuhören, denn das Zuhören ist ein wichtiger Teil von sprachlicher Kommunikation.[58]

2.2.3 Konflikte werden symbolisiert und benannt

Beide Institutionen – das Recht wie die Psychoanalyse – bedienen sich in ihrer Kommunikation vielfach der Symbolik. Gerade die Rechtssprache funktioniert modellhaft, sie unterliegt einer Konstruktion, die in sich geschlossen ist, aber eine Anleitung braucht, um verstanden und angewandt werden zu können. Selbst die gebräuchlichsten Rechtsinstrumente, wie etwa der Irrtum – eine falsche Vorstellung von der Beschaffenheit einer Sache – sind juristisch generierte Hilfsinstrumente der Rechtswissenschaften. Abhängig von den Begleitumständen kann ein Irrtum rechtlich beachtlich oder unbeachtlich sein. Ähnlich funktioniert die Sprache der Psychoanalyse, denn auch hier wird mit sprachlichen Ausdruckssymbolen gearbeitet.

Was ist denn etwa das Unbewusste[59] anderes als ein Begriff, um die Persönlichkeitsanteile im Menschen, die nicht sichtbar, jedoch zur Erläuterung des Gesamtbildes erforderlich sind, besser zu verstehen? Derartige Fachausdrücke prägen jedenfalls beide Bereiche. Die Ergründung des Unbewussten ist ohne Sprache nicht vorstellbar, genauso wie die Rechtsprechung und die Rechtsetzung ohne Sprache nicht funktionieren können. Lorenzer widmet sich ausführlich der Sprache und sieht das Unbewusste als nichtsprachliches Praxis- und Sinngefüge, demgemäß bliebe „nur die Wahl, das Unbewusste als Sinnsystem unabhängig von der Sprachverbindung anzusehen".[60] Freud verwendet sprachliche Metaphern für das, was das Unbewusste tut. Gerade im Umgang mit Rechtswissenschaften ist der Maßstab strenger, und Unbewusstes ist im Kontext mit Sprache zu verstehen. Nur das, was vorgebracht wird, kann zum Erkenntnisgewinn beitragen.

Bei der Beschäftigung mit Sprache von Rechtswissenschaften und der Psychoanalyse fällt auf, dass diese beiden Gebiete so anders, so abgegrenzt voneinander auftreten und trotzdem doch mehr miteinander zu tun haben, als zu vermuten wäre. Die legitime Frage ist, ob nicht auch in der Jurisprudenz das Unbewusste zur Sprache kommen sollte bzw. in welchen Konstellationen dies der Fall sein könnte. Vielleicht könnte eine psychoanalytische Perspektive auch dazu führen, dass Recht wieder näher an Gerechtigkeit rückt, und damit auch in der Öffentlichkeit ein neues Bewusstsein für die Bedeutung des Rechtsstaates wächst. Für den Berufsstand der Psychoanalytiker bieten sich an diesem Schnittpunkt attraktive Arbeitsperspektiven – etwa in Ausbildung, Diagnostik, Beratung und Therapie.[61]

---

58 Siehe dazu auch später unter 3.2.7.
59 Siehe dazu auch 3.2.2., 3.2.3 und 6.2.4.
60 Lorenzer, 2002, S. 118.
61 Siehe dazu ausführlicher die Möglichkeiten bei der Ausbildung unter 6.5.

Anders als im Literalismus[62] ist für beide wissenschaftlichen Felder der Umgang mit Mehrdeutigkeiten ein viel diskutiertes Phänomen. Gerade Freuds Beobachtungen zur Rolle von Versprechern kleben förmlich an der wortwörtlichen Bedeutung von Ausdrücken. Anders verhält es sich in Freuds Schriften zum Witz[63] von 1905, denn hier ist es die versteckte oder mehrdeutige Auslegung von Worten, Formulierungen oder Aussagen, die eine Bedeutung und einen unbewussten Konflikt aufdecken könnten. Ganz ähnlich wie der Traum bedient sich der Witz der Verdichtung, der Verschiebung, der Umkehrung ins Gegenteil und des Doppelsinns.

In der Psychoanalyse geht es immer um das authentische Erleben des Patienten und damit eine subjektive Sichtweise sprachlicher Aussagen. Die Unterscheidungen zwischen dem Sprachverständnis von Recht und Psychoanalyse sind vielleicht an der Differenz von Gesagtem und dem Unausgesprochenen zu beschreiben. Dabei spielt das Auslegen eine wichtige Rolle[64]. Die Art der geschulten Auslegung bezeichnet Dilthey als „Kunst des Verstehens", wobei eine solche Kunst Methoden und Regeln liefert, die ein angemessenes Sinnverstehen des zu interpretierenden Gegenstandes gewährleisten.[65]

In der Jurisprudenz sind die Interpretationsregeln wissenschaftlich determiniert. Es gilt im Rechtswesen grundsätzlich, die Dinge bei ihrem Namen zu nennen und sie vor allem zu beweisen und zu beschreiben. Eine eigene Lehre hat sich im Rahmen des Rechts herausgebildet, wie das Unausgesprochene bzw. eine nicht vorhandene Gesetzesbestimmung zu interpretieren ist, ob es sich dabei um eine echte oder unechte Lücke handelt, die dann eben interpretativ zu ergänzen ist oder nicht. In der Psychoanalyse wird hinterfragt, was der Grund dafür sein könnte, weshalb etwas nicht gesagt wurde; was versteckt sich hinter dieser Sprachlosigkeit? Sobald etwas gesagt wird, ist es in der Welt und hat eine Bedeutung; die Analyse dieser Bedeutung kann dann vielschichtig ausfallen. Betty Joseph hat sich in ihrem Vortrag „Über Verstehen und Nicht-Verstehen" mit der Frage auseinandergesetzt, was Verstehen und Verstanden-Werden für Patienten bedeutet:

Wir können den Beginn der Psychoanalyse als den Versuch beschreiben, das Unbegreifliche im Seelenleben begreifbar zu machen, und zwar mit den Instrumenten der freien Assoziation und des Zuhörens. Freud begann damit, dass er seinen Patienten zuhörte und alles, was sie sagten, äußerst ernst nahm, um daraus den unbewussten

---

62 Nach dem Tillich Lexikon, Internet-Recherche, 10.08.2018, bezeichnen die Worte Literalismus und literalistisch „… eine theologische Haltung, die Symbole wörtlich nimmt und sie dadurch ins Abergläubische und Absurde verkehrt." https://tillichlexikon.wordpress.com/alle-begriffe/literalismus/.

63 „Der Witz und seine Beziehung zum Unbewussten" wurde von Sigmund Freud 1905 geschrieben; es ist eine lesbare Abhandlung, die Freuds Beobachtungsgabe für die Feinheiten der Sprache wiedergibt.

64 Unter 2.4 wird näher auf die Hermeneutik eingegangen werden.

65 Joisten, 2009, S. 11.

Sinn zu erschließen, natürlich indem er nicht nur den Text, sondern auch Tonfall, Gesten, und ähnliches einbezog.[66]

Dieses Verständnis beim Patienten gilt übersetzt in ähnlicher Weise in der Rechtswissenschaft. Bei den in dieser Arbeit behandelten Konfliktfällen scheint sich dieses Phänomen des Unausgedrückten immer wieder zu zeigen. Einem nicht benennbaren oder nicht benannten Konflikt wird so lange ausgewichen, bis er sichtbar, beschreibbar und damit auch juristisch einklagbar ist. Damit wird er als nachvollziehbares Phänomen auch sozial anerkannt, und die streitbehaftete Person kann damit anfangen, etwas – zunächst Unbegreifliches – zu erfassen und damit auch zu arbeiten.

2.3 Recht und Psychoanalyse arbeiten mit Fallgeschichten

Der Neurologe Oliver Sacks plädiert in seinen Büchern immer wieder für einen höheren Stellenwert der Narratologie; ganz nach dem Verständnis von Hippokrates, Freud oder Lurja sieht er die ärztliche und therapeutische Arbeit eng verbunden mit der Fähigkeit, die Klientengeschichte aufzuschreiben und wiederzugeben. Dies soll umso mehr für die Psychotherapie gelten, denn anders als etwa die Neurologie und die Psychiatrie orientiert sich die Psychotherapie nicht primär an den Defekten der Klienten, sondern konzentriert sich auf deren sprachlichen Diskurs und deren Vita.

> Wir widmeten den Behinderungen unserer Patienten viel zu viel Aufmerksamkeit und beachteten zu wenig, was intakt oder erhalten geblieben war … wir waren zu sehr auf Defektologie fixiert und kümmerten uns zu wenig um Narratologie, die vernachlässigte, notwendige Wissenschaft vom Konkreten.[67]

Sacks ist der Meinung, dass Phänomene und Störungen erst dann erkannt werden, wenn sie beschrieben und wissenschaftlich besprochen werden. Ohne die Wahrnehmung einer Störung ist es schwer möglich, diese zu behandeln.[68]

> Um die Person wieder in den Mittelpunkt zu stellen, müssen wir die Krankengeschichte zu einer wirklichen Geschichte ausweiten; nur dann haben wir sowohl ein „Wer?" als auch ein „Was?" und eine wirkliche Person, einen Patienten, der in seiner Beziehung zur Krankheit und zum Körperlichen fassbar wird.[69]

Im Sinne einer narratologischen Hermeneutik gelten das Augenmerk und die Suche mit dem Klienten sowohl den nach außen gewandten wie den nach innen gerichteten Effekten. Dazu gehört auch die Frage des Therapeuten an sich selbst, was er in anderen Menschen vorfindet und was in sich selbst. Die Selbstwahrnehmung des Psychotherapeuten ist für die wissenschaftliche Betrachtung jedenfalls von großer

---

66 Joseph, 1983, S 991.
67 Sacks, 2015, S. 259.
68 Ebd., S. 141.
69 Ebd., S. 10.

Bedeutung. Lacan bezeichnet dies als „Präsenz des Analytikers"[70]. Der Begriff und die Funktion der Übertragung entsprechen in der Psychoanalyse der Urposition des Unbewussten. Lacan bezieht sich dabei auf Freud: „Was nicht erinnert werden kann, wiederholt sich im Benehmen."[71]

Im Gegensatz dazu arbeiten die Juristen sprachlich völlig anders: Hier gilt nur das, was mit Beweisen zu belegen ist, alles andere erscheint wertlos. Damit ist juristisch betrachtet der gesamte nach innen gerichtete Teil der Konfliktbeschreibung nachrangig, sogar irrelevant in der Darstellung. Umso wichtiger erscheint aber gerade in juristischen Konflikten das Heranziehen psychoanalytischer Methoden. Wenn die Aufarbeitung der Rahmenbedingungen wie der persönlichen Konflikte vernachlässigt wird, fehlt sie auch in der Betrachtung aller Umstände. Dieser blinde Fleck kann oftmals vernachlässigbar scheinen, in anderen Fällen jedoch könnte gerade dieser „narratologische Blick" andere Perspektiven eröffnen, die eine andere Bearbeitung des Falles ermöglichen würden. So scheitert oft eine naheliegende präventive Konfliktlösung an der Unkenntnis der persönlichen Umstände beziehungsweise unbewusster Verflechtungen.

Eine mögliche Kritik kann sich auf die Beliebigkeit der gewählten Methode der Fallgeschichten richten. Ausgangspunkt wissenschaftlichen Vorgehens ist normalerweise ein homogenes Funktionieren im Rahmen einer Ordnung, innerhalb eines Systems und ohne die Einbeziehung persönlicher Konflikte. Die Ausgrenzung personalisierter Faktoren aus der wissenschaftlichen Methode – und deren Wirksamkeit ist bei der Arbeit mit Menschen grundsätzlich unvermeidbar – müsste auch die Psyche generell aus ihrer Betrachtung ausklammern. Der subjektivistische Zugang und der Versuch, Fallgeschichten gerade auch für Juristen neben der Deskription anzuwenden, unterscheidet sich vom herkömmlichen juristischen Sprachgebrauch, der eher mechanistisch und von verwendetem Fachvokabular geprägt ist.

Die Schnittstelle zwischen Psychoanalyse und Rechtswissenschaften ist nicht willkürlich am Schreibtisch entstanden, sie hat auch keine monokausale Struktur und verfolgt ganz unterschiedliche Perspektiven. Die juristische Gemeinschaft ist geisteswissenschaftlich orientiert. Die juristische Ausbildung baut neben dem verpflichtenden Studium der klassischen Methodologie und der Grundlagenlehre zu den diversen Rechtsgebieten auf das Lesen, Analysieren und letztlich hermeneutische Verstehen von Rechtsfällen auf. Alle großen Prüfungen funktionieren so. Ganz ähnlich ist das Studium der Psychotherapiewissenschaften aufgesetzt. Fallvignetten spielen in beiden Fachgebieten eine wichtige Rolle. Daher erscheint auch in der Herangehensweise eine weitläufige Überlappung zwischen Rechtswissenschaften und Psychoanalyse vorhanden zu sein. Gerade die junge universitäre Fachrichtung der Psychotherapiewissenschaft erscheint daher für eine Untersuchung über juristisches Konfliktmanagement prädestiniert. Die Psychotherapiewissenschaft untersucht den Übergang zwischen den unterschiedlichen wissenschaftlichen Methoden, deswegen

---

70 Lacan, 2015, S. 131.
71 Ebd., S. 135.

passt gerade die vorliegende interdisziplinäre Arbeit gut in ihr wissenschaftliches Spektrum. Psychoanalytische Strukturen und Wirkfaktoren zu untersuchen, ist ein junges Forschungsfeld.

Der Vergleich zwischen der Anwendung der Psychoanalyse und der Jurisprudenz, also Psychoanalyse außerhalb des psychotherapeutischen Settings, ist noch viel zu wenig erforscht. Diese Arbeit widmet sich einem Thema, das Rechtswissenschaften und Psychotherapiewissenschaft gleichermaßen tangiert.

Bereits im Vorfeld dieser Untersuchung ging es um die Überlegung, wie diese Querschnittsmaterie untersucht werden kann. Dabei kam die Überlegung auf, mit Vertretern der juristischen Zielgruppe im bankjuristischen Umfeld qualitative Interviews zu führen und die dabei gewonnenen Erkenntnisse in dieses Buch einzubauen. Für den Zweck der Untersuchung, nämlich die Einbeziehung des Unbewussten in die juristische Arbeit, wurde schnell klar, dass strukturierte Interviews nicht geeignet sind. Standardisierte qualitative Interviews könnten für die Untersuchung zwar hilfreich sein, genaue Interviewinhalte sind dabei jedoch allzu sehr im Detail festgelegt, was zu einem Verlust des assoziativen Aspekts führen kann. Offene Gespräche mit Experten dazu würden eher der Methode der Psychoanalyse entsprechen. Nur so kann auch im Gespräch ein assoziatives Moment wirksam werden. Bei einem solchen Vorgehen wird zwar auf diese Gespräche zurückgegriffen, diese Gespräche werden aber nicht näher dokumentiert.

Im Zuge dieser Arbeit wurden viele Gespräche mit Rechtsanwälten, Universitätsprofessoren, Notaren, Richtern, Medienprofis und mit Personen aus anderen Beratungsberufen sowie auch aus Banken geführt. Diese Gespräche unterfütterten die Sichtweise und die allgemeine Verständigung der Community zum vorliegenden Thema, waren bewusst nicht als Interviews angelegt und wurden daher weder standardisiert noch dokumentiert. Auch im Rahmen von juristischen Fachvorträgen des Autors, von Transformationsprozessen, also Ereignissen, die mit Veränderungen in Unternehmen zu tun haben, galt das Hauptaugenmerk der Gespräche und Diskussionen den inneren Erfahrungen der Interviewpartner und ihrem Verständnis für die Untersuchungsidee. Die Art der Gespräche und die Inhalte sind maßgeblich für die weiteren Erkenntnisse dieser Arbeit. So meint Gadamer zur Verständigung:

> Das Gespräch ist ein Vorgang der Verständigung. So gehört zu jedem echten Gespräch, dass man auf den anderen eingeht, seine Gesichtspunkte wirklich gelten lässt und sich insofern in ihn versetzt, als man ihn zwar nicht als diese Individualität verstehen will, wohl aber das, was er sagt. Was es zu erfassen gilt, ist das sachliche Recht seiner Meinung, damit wir in der Sache miteinander einig werden können. Wir beziehen also seine Meinung nicht auf ihn, sondern auf das eigene Meinen und Vermeinen zurück. Wo wir wirklich den anderen als Individualität im Auge haben, z. B. im therapeutischen Gespräch oder im Verhör des Angeklagten, ist die Situation der Verständigung gar nicht wahrhaft gegeben.[72]

---

72 Gadamer, 2010, S. 389.

All diese Gespräche haben gezeigt, dass es eine Verbindung von juristischem Arbeiten und von psychoanalytischem Arbeiten, etwa gleichschwebende Aufmerksamkeit, Selbsreflexion und Beziehungsfähigkeit gibt. Da dieses Feld weitgehend unerforscht ist, erscheint es besonders interessant, quasi aus erster Hand und aus Sicht der rechtlichen Community zu erfahren und zu verstehen, wie Kollegen zu ihren Überlegungen stehen und welche Assoziationen und sonstige Gedanken von der „Legal Community" dazu spontan geäußert werden. Während so klarerweise auch ein Teil von Genauigkeit verloren geht, wird damit jedoch möglicherweise ein neuer psychoanalytischer, methodologischer Ansatz geschaffen. Dabei wurde immer wieder die persönliche Erfahrung gemacht, dass viele Kollegen ein offenes Ohr für psychoanalytische Überlegungen haben und ihnen der psychische Teil ihrer Arbeit bedeutsam erscheint.

Die narrative Untersuchungsmethode ist in der Welt der Wissenschaften nicht unumstritten. Dies ist bemerkenswert, denn wir leben in einer Welt voller Geschichten. Es ist nicht zuletzt ein Verdienst der Psychoanalyse im Sinne von Freud, dass Sprechen und Zuhören mehrere Perspektiven erhalten haben. Der Zuhörer erscheint gleichbedeutend wie der Sprecher, beide bringen ihre subjektive Sichtweise ein, sie sind in die narrative Produktion eingebunden und so miteinander verflochten. In der Psychoanalyse spricht man in diesem Kontext von Übertragung und Gegenübertragung.[73] Der Wert der Fallgeschichten liegt in der Vorstellungskraft und der Nachvollziehbarkeit der Situation. Narrationen von Menschen für Menschen sind einprägsam und gehen den Menschen nahe, daher stellen sie ein wichtiges wissenschaftliches Instrument dar, auch und obwohl sie anders als randomisierte kontrollierte Studien (RCT) funktionieren, die ihre Wirkungsnachweise unter idealisierten Laborbedingungen gewinnen und für Praktiker oftmals wenig hilfreich sind und auch kaum zur Kenntnis genommen werden.[74] Unbestritten weisen sie aber den höchsten Evidenzgrad auf. Nach Rieken sind Fallgeschichten und -studien für die Aus- und Fortbildung sowie für die Identitätsentwicklung der Praktiker wertvoll, doch gelten sie in der Psychotherapieforschung als nahezu belanglos und stehen in der Hierarchie der Evidenzgrade ganz unten.[75]

> Was dabei zu kurz kommt, sind Kriterien wissenschaftlicher Überprüfbarkeit, selbst wenn man Merkmale der Geisteswissenschaften zugrunde legt, die Einzelfälle, etwa historische Ereignisse oder Romane, interpretieren. Auf der anderen Seite werden selbst nomothetisch orientierte Empiriker zugeben müssen, dass die wenigen Fallgeschichten Freuds einen außerordentlichen Widerhall unter Intellektuellen und Wissenschaftlern hervorgerufen haben …[76]

---

73 Braun & Brüggen, 2017, S. 8.
74 Rieken, 2017b, S. 239.
75 Ebd., S. 239.
76 Ebd., S. 239.

2.3.1 Erkenntnisgewinn aus lebensnahen Fällen

Eine Alleinstellung dieser Arbeitsweise sind die unmittelbaren Beobachtungen und die Erfahrungen des Autors in Situationen des Arbeitens im juristischen Alltag. Daher kann an mehreren Beispielen aus der Praxis, aus unternehmensinternen, eher veränderungsgetriebenen Konstellationen, aus einem außergerichtlichen Fallbeispiel und anhand eines gerichtlich anhängigen Konflikts aufgezeigt werden, was in einer Gruppe von Menschen – bewusst und unbewusst – ablaufen kann. Dabei soll auf die Individuen, auf die Gruppendynamik, auf äußere Einflüsse und sonstige Beobachtungen eingegangen werden. Alle hier behandelten Geschichten folgen einer eigenen Dynamik, sie haben einen roten Faden und zumeist auch einen Widerhaken; dieser – in der Popmusik spricht man von „Hook" – ruft die Geschichte wieder in unser Gedächtnis und führt dazu, dass wir damit überhaupt erst Erfahrungen sammeln können. Die Geschichte selbst darf nicht harmonisch sein, sondern soll Gefühle wecken und Schmerzen verursachen. Solche Geschichten helfen uns, eigene Unvollkommenheiten und Defizite und damit die vielen Aspekte, die wir weder bedenken noch berücksichtigen, bewusst zu machen. Es sind dies spürbare Elemente, die wir ignorieren und verdrängen, weil wir nicht damit umgehen können. So lebt etwa Dostojewskis Prosa unter anderem von der Spannung dieses Perspektivenwechsels:

> Während es sich um ein Täuschungsmanöver handelt, das dem Sprecher bewusst ist, liegt ein psychologisch interessanterer Fall von Spannung zwischen offener und verborgener Bedeutung dort vor, wo dem Sprecher die Beweggründe seines Handelns und Sprechens selbst nicht bewusstwerden, sei es, weil er zu einfältig ist, sei es, weil er sich selbst etwas vormacht.[77]

Eine Geschichte entsteht etwa durch den Konflikt zwischen jenen, die auf das Sichtbare setzen, da sie nur glauben, was sie sehen, und jenen, die auch auf das Unsichtbare setzen und nicht wissen, was sie dazu treibt. Wie soll man eine solche komplexe Situation in Worte fassen und begreifen? Details können entscheidend sein: der Ort einer Besprechung, die Teilnehmer, die eingeladenen oder nicht eingeladenen Gäste, die Sitzordnung, das jeweilige Verhalten, die Gesprächspartner und Konversationsthemen. Vieles ist aussagekräftig: die Gestik und Mimik, die Körperhaltung, die Stimme, das Ambiente, die Bewirtung, die Dauer der Sitzung, die Sitzungsführung und sogar die Sitzhaltung. All diese Umstände können eine Besprechung beeinflussen.

2.3.2 Analyse praxisnaher Besonderheiten

Das vorliegende Buch handelt somit vom Umgang mit teils sichtbaren, teils unsichtbaren Konflikten, die ich in meiner Praxis als Bankjurist erlebt habe. Die Verbindung dieser unterschiedlichen Welten soll im Folgenden näher betrachtet und durch Beispiele bzw. Fallgeschichten illustriert werden. Die Fallgeschichten bekommen ihre Bedeutung durch ihre besonderen Inhalte und ihre Anwendbarkeit über die Einzelgeschichte hinaus:

---

77 Guski, 2018, S. 77.

Eine Fallgeschichte ist demnach eine narrative Darstellung eines krisenhaften Ereignisses oder eines unlösbar scheinenden Konflikts, seiner Entstehung aus den Vorbedingungen der Lebensgeschichte und seiner Lösung … erlaubt solch eine narrative Darstellung, zu verallgemeinerbaren Erkenntnissen bezüglich Situation, Konfliktlage, neurotischem Lösungsversuch, Charakterdeformation usw. zu kommen … Wie im Folgenden noch gezeigt werden wird, geht es in der Fallgeschichte stets um Besonderes, für das es noch keine (ausreichenden) allgemeinen Erkenntnisse oder Regeln gibt, aus denen ein angemessenes Verständnis oder eine Problemlösung abgeleitet werden könnte.[78]

Nach Mertens hat die Psychoanalyse, mit Freud beginnend, eine Forschungshaltung entwickelt, bei der es zu einer tendenziellen Aufhebung der herkömmlichen Subjekt-Objekt-Erkenntnisrelation kommt. Mertens meint mit Rauschenbachs „Von uns selbst schweigen wir", dass die Psychoanalyse dieser Ausblendung der inneren Welt des Forschers die Reflexion der eigenen Subjektivität entgegensetzt, die als „fühlendes Erkenntnisinstrument" eingesetzt wird.[79] Dies geschieht durch Fallbeispiele, in denen von Kollegen berichtet wird oder Berichte selbst beigesteuert werden. Die subjektiven Erlebnisberichte werden dabei einer Analyse unterzogen.

2.4 Die Prinzipien der Hermeneutik

Hermeneutik ist als Methode des Verstehens eine der Grundprinzipien der Geisteswissenschaften. Verstehen wird dabei als Schlüsselwort betrachtet, es beinhaltet unendliches Verstehen, bei allem Verstandenen bleibt immer noch nicht Verstandenes über, das genauso verstanden werden könnte. Verstehen und Auslegen sind voneinander schwer zu unterscheiden und gehen häufig ineinander über. Verstehen lässt sich eher als Sinnverstehen einer gegebenen Sache beschreiben, und Auslegen ist der Vorgang, der zu diesem Sinnverstehen führt.[80] Dieser prinzipielle Charakter des Verstehenkönnens darf allerdings nicht darüber hinwegtäuschen, dass das Verstehen untrennbar mit dem Missverstehen verbunden ist.[81] Hier beginnt die Anknüpfung an das Thema dieser Arbeit und die Rolle der Hermeneutik in den Rechtswissenschaften und der Psychoanalyse. Denn durch Missverstehen entstehen Irritationen, Unsicherheit, Bedrohung. Abhängig von der Persönlichkeit der betroffenen Personen, können solche Fehlinterpretationen geglättet werden, sich aber auch zu einem Streit auswachsen.

Mit dem Begriff Hermeneutik ist zunächst die Tätigkeit des Interpreten gemeint. Sie besteht darin, einen Text zu verstehen und eine Interpretation dieses Textes zu entwi-

---

78 Braun & Brüggen, 2017, S. 18 f.
79 Mertens, 2014, S. 25.
80 Joisten, 2009, S. 11.
81 Ebd., S. 9.

ckeln. Außerdem bezeichnet der Begriff der Hermeneutik aber auch die theoretische Reflexion der Tätigkeit des Interpreten.[82]

Es geht also immer um die Frage, ob richtig verstanden werden kann, obwohl schon vorweg ein Entwurf des Verständnisses beim Leser vorhanden sein muss. Es kann also nur das verstanden werden, was erwartet wurde, und das Verständnis verändert sich, je tiefer man in den Text eindringt. Gadamer bringt das in seinem Hauptwerk zur Hermeneutik auf den Punkt:

> Man muss sich diese grundsätzliche Forderung als die Radikalisierung eines Verfahrens denken, das wir in Wahrheit immer ausüben, wenn wir verstehen. Jedem Text gegenüber ist die Aufgabe gestellt, den eigenen Sprachgebrauch – oder im Falle einer Fremdsprache den uns aus den Schriftstellern oder dem täglichen Umgang bekannten Sprachgebrauch – nicht einfach ungeprüft einzusetzen.[83]

Das Wort Hermeneutik selbst stammt von Hermes ab. Er ist in der griechischen Mythologie der Götterbote, welcher die Botschaft der Götter aus eigenem Mund und gemäß seinem eigenen Verständnis vorträgt. Im griechischen Verb hermeneuein finden sich drei Bedeutungsrichtungen: aussagen, auslegen und übersetzen.[84] Damit verbindet sich nach Kunz die Annahme, dass die sprachlichen Zeichen in ihrer Bedeutung nicht immer stabil sind, also nicht in der weltlosen Gleichgültigkeit eines reinen Zeichencodes verharren. Vielmehr ist die sprachliche Kommunikation von kulturell überlieferten Erfahrungen geprägt und vermittelt sie zugleich. Als Medium zur Vermittlung kultureller Erfahrungen ist die Sprache unverzichtbar.[85]

Die Hermeneutik meint also die Kunst der Interpretation. Das Verstehen besteht in einer Übersetzungsleistung, welche eine sprachlich ausgedrückte Bedeutung aus der Wahrnehmungsperspektive des Interpreten anderen aktualisierend verständlich macht. Im Unterschied zum Erklären, bei dem man von außen herangeht, ist man beim Verstehen in die kulturellen Überlieferungszusammenhänge des zu Verstehenden eingebunden.[86] Sowohl in der Jurisprudenz – dort als juristische Hermeneutik bezeichnet – als auch in der Psychoanalyse als Tiefenhermeneutik spielt die Hermeneutik bei der wissenschaftstheoretischen Einordnung der Kommunikationsprozesse eine zentrale Rolle.

Hans-Georg Gadamers Zugang zur philosophischen Hermeneutik sieht das Verstehen nicht mehr als das individuelle Verhalten eines Menschen, neben dem es mögliche andere Verhaltensweisen geben kann. Gadamer erweitert das Begriffsverständnis und fasst Hermeneutik als Seinsweise des Menschen in einem tieferen Verständnis auf. Demnach lässt sich Hermeneutik auch nicht auf eine Methoden-

---

82 Figal, 2011, S. 113.
83 Gadamer, 2010, S. 272.
84 Joisten, 2009, S. 13.
85 Kunz, 2015, S. 160.
86 Ebd., S. 160.

2. Sprache und Hermeneutik in Psychoanalyse und Recht

lehre der Geisteswissenschaften eingrenzen.[87] Im Sinne Heideggers verteidigt er den hermeneutischen Zirkel und versucht, Vorurteile als Vorverstehen positiv zu konnotieren.

> Wer einen Text verstehen will, vollzieht immer ein Entwerfen. Er wirft sich einen Sinn des Ganzen voraus, sobald sich ein erster Sinn im Text zeigt. Ein solcher zeigt sich wiederum nur, weil man den Text schon mit gewissen Erwartungen auf einen bestimmten Sinn hin liest. Im Ausarbeiten eines solchen Vorentwurfs, der freilich beständig von dem her revidiert wird, was sich bei weiterem Eindringen in den Sinn ergibt, besteht das Verstehen dessen, was dasteht.[88]

Demzufolge ist unter „Textverstehen" lediglich die Abwägung zwischen eigener Wahrheit und der Erkenntnis der Voreingenommenheit zu verstehen. Dabei ist zu hinterfragen, wie „falsche" von „echten Vorurteilen" abgegrenzt werden können. Gadamer sieht die Möglichkeit durch kritische Distanznahme, dies geschieht durch den kritischen Blick und den Zeitenabstand, was einer Form der historischen Interpretation gleicht.[89] Ist nun Textverstehen eine Methode, die für die Psychoanalyse und die Jurisprudenz Anwendung finden kann? Paul Ricoeur sieht die Psychoanalyse sowohl im Bereich der Hermeneutik als auch der Interpretation und Therapie angesiedelt:

> Es steht jedoch außer Zweifel, dass die Psychoanalyse eine Hermeneutik ist: nicht durch Zufall, sondern ihrer Bestimmung nach zielt sie darauf ab, eine Interpretation der Kultur in ihrer Gesamtheit zu liefern; die Kunstwerke, Ideale und Illusionen sind nun aber in verschiedener Hinsicht Vorstellungsmodi. Und wenn wir von der Peripherie zum Zentrum zurückkehren, von der Kulturtheorie zur Theorie des Traums und der Neurose, welche den harten Kern der Psychoanalyse bildet, werden wir wieder und immer wieder auf die Interpretation, den Deutungsakt, die Deutungsarbeit verwiesen. An der Arbeit der Traumdeutung hat sich die Freud'sche Methode erhärtet. Nach und nach sind alle Inhalte, an denen der Analytiker arbeitet, Vorstellungen geworden – von der Phantasie bis hin zum Kunstwerk und zu den religiösen Glaubensinhalten. Das Problem der Interpretation umfasst aber das des Sinns oder der Vorstellung. Die Psychoanalyse ist somit durch und durch Interpretation.[90]

Ähnliches gilt womöglich auch für das Recht. Es ist nur sinnvoll und möglich mittels der Interpretation. Die Parallelen zwischen Psychoanalyse und Recht werden durch das Zitat von Ricoeur sehr anschaulich vorgeführt. Nicht nur methodologisch, sondern auch in der Anwendung scheinen sich die beiden Gebiete zu überschneiden. In der Jurisprudenz geht es um die Gestaltung einer (rechtlichen) Beziehung zwischen Menschen und darüber hinaus auch um die inhaltliche Auseinandersetzung mit rechtlichen Problemen.

---

87 Joisten, 2009, S. 141.
88 Gadamer, 2010, S. 271.
89 Joisten, 2009, S. 144.
90 Ricoeur, 1974, S. 80.

2.4.1 Juristische Hermeneutik

Einerseits erfordert die Rechtswissenschaft eine klar strukturierte Sprache und entsprechende Fachausdrücke, andererseits kann Rechtsfortbildung nur stattfinden, wenn sie neue hermeneutische Erkenntnisse akzeptiert und als produktiven Prozess verstehen kann. Dazu zählen etwa die Auslegung und die Rechtslückenergänzung. In den Rechtswissenschaften ist eine zusammenhangslose Interpretation von Texten nicht zielführend und letztlich sinnlos. Dies beginnt schon bei der Betrachtung der spezifischen Rechtsgebiete und Rechtsräume. Eine grobe Unterscheidung gilt hier zwischen kodifiziertem Recht und „Case Law", dies vor allem im angloamerikanischen Raum.[91] Die Methode der Rechtswissenschaften geht grob umrissen von einem geschlossenen System an geltenden Rechtsnormen aus und prüft die Zuordnung, Anwendung und Interpretation von Rechtsnormen auf einen Sachverhalt.

Nach Larenz ist das Ziel und der Sinn des rechtswissenschaftlichen Arbeitens, eine innere Einheit aufzudecken, sowie die Herstellung eines durchgehenden Sinnbezugs der Normen und ihre Konkretisierung im Hinblick auf verschiedene Fallkonstellationen.[92] Wobei gerade die Interpretation und alles, was sich an sie anschließt, nach festgelegten Regeln ablaufen; es bedarf dazu immer auch der Kreativität, also schöpferischer Kraft und des einschlägigen Verstehens des Interpreten. Es ist nicht möglich, einen umfassenden Strauß an Eigenschaften und Umständen aufzustellen, die im Sinne von hermeneutisch bedeutsamen Bedingungen zu befolgen sind.[93] Juristisches Arbeiten bewegt sich demnach im Spannungsfeld zwischen dem Verzicht auf ein mögliches Maß von Rationalität mit der Maßgabe, nicht einer bloßen Beliebigkeit anheimzufallen.

> Das hermeneutische Erkenntnisverfahren besteht, auf das Relevante und Nachvollziehbare reduziert, in dem Gedankenexperiment, in dem sich der Erkennende möglichst genau in die Lage des seinerzeit Handelnden (das Werk bzw. den Text Schaffenden) zu versetzen sucht, um so dessen Vorstellungen, Motive bzw. Zwecke zu erfassen. Logisch handelt es sich um einem Induktionsschluss auf sehr schmaler Basis; genauer um einen induktiven Analogieschluss vom eigenen auf den anderen Fall oder um einen logischen Schluss aus einer allgemeinen Regel, die durch (induktive) Generalisierung aus dem eigenen Verhalten gewonnen wurde … In diesem schlichten methodischen Sinn ist die Hermeneutik selbstverständlich für die Jurisprudenz ganz unentbehrlich.[94]

Die juristische Hermeneutik als eine normative Theorie der juristischen Interpretation überträgt im Sinne Kunz'[95] das Verfahren des Verstehens sprachlich vermittelter Überlieferungen auf die Methode juristischer Rechtsauslegung. Die juristische

---

91 Erneut werden verschiedene Rechtssysteme angesprochen, ein weiteres Indiz um in Österreich nicht von Rechtswissenschaft, sondern von Rechtswissenschaften, zu sprechen.
92 Larenz, 1995, S. 66.
93 Ebd., S. 67.
94 Bydlinski, 2011, S. 69 f.
95 Kunz, 2015, S. 161.

Hermeneutik weist den Interpreten bei der Rechtsanwendung die schöpferische Aufgabe zu, dem Gesetzestext unter Rückgriff auf intersubjektiv begründungsfähige politisch-moralische Maßstäbe fallbezogen Sinn zu geben.

> Da bei der Interpretation notwendigerweise ein interner Standpunkt im Überlieferungszusammenhang bezogen werden muss, ist die Wahrnehmung stets durch diesen Standpunkt bestimmt. Dabei sei klar gesagt, dass es die objektiv richtige Interpretation nicht geben kann.[96]

Die juristische Hermeneutik muss die Kluft zwischen einer allgemeinen gesetzlichen Norm und einem singulären Fall überwinden. Dabei muss zuerst festgestellt werden, welche die entsprechende Norm für den anzuwendenden Sachverhalt ist und wie der Sachverhalt dabei von anderen Sachverhalten so abgegrenzt werden kann, dass in der Praxis eine beliebige Anwendung von Rechtssätzen verhindert wird. Dies ist der juristische Anwendungsfall des hermeneutischen Zirkels, das Hin- und Herwandern zwischen Sachverhalt und Norm:

> Vom vorliegenden Rohsachverhalt her werden in einer vorläufigen Beurteilung die möglicherweise anwendbaren Normen ermittelt; soweit diese noch nicht festgestellte Sachverhaltselemente für relevant erklären, ist danach zu forschen, ob diese tatsächlich gegeben sind, und der Sachverhalt allenfalls zu ergänzen ... Der logische Zirkel löst sich, wenn man in der beschriebenen Weise in vielen kleinen Schritten denkt, durch die die Annäherung von Sachverhalt und Rechtsordnung aneinander vollzogen werden.[97]

An der juristischen Hermeneutik wird besonders deutlich, dass bei der Lösung eines juristischen Falles die Zeit eine wichtige Rolle spielt. Weder der juristische Berater noch der Richter haben unbegrenzt Zeit und können sich daher nicht – permanent dem hermeneutischen Zirkel folgend – immer weiter an das Zentrum einer „richtigen Lösung" herantasten. Irgendwann kommt der Zeitpunkt, an dem entschieden werden muss. Denn die fristgerechte Entscheidung zeichnet juristisches Handeln aus. In solchen Situationen, oder auch wenn man sprachlich nicht kommunizieren kann oder in anderen Zweifelsfällen, ist die Hermeneutik für Juristen gerade für die Frage nach der Objektivierbarkeit eines Textes und für das Textverständnis bedeutsam. Insgesamt wird ein Grundgedanke sein, sich in der Form in die Welt verschiedener anderer Sprachgenossen zu versetzen, um zu prüfen, ob sie alle zum selben Textverständnis gekommen sind.[98]

Da die Sprache des Gesetzes eine „gesollte Lebenspraxis"[99] bezeichnet, reicht es nicht aus, sich auf eine rein sprachliche Auslegung zu beschränken. In diesem Sinne ist Habermas zu verstehen:

---

96 Ebd., S. 161.
97 Bydlinski, 2011, S. 422.
98 Ebd., S. 70.
99 Kunz, 2015, S. 165.

> ... der Interpret muss die Sprache, die er interpretiert, selber sprechen lernen. Er kann sich dabei allein auf die Reflexivität der Umgangssprache stützen. Diese besteht, wie gezeigt, darauf, dass die Grammatik der Umgangssprache nicht nur sprachinterne Beziehungen festlegt, sondern den kommunikativen Zusammenhang von Sätzen, Handlungen und Erlebnissen insgesamt, d. h. eine sozial eingespielte Lebenspraxis regelt. Diese Verzahnung von Sprache und Praxis macht begreiflich, warum die hermeneutische Bewegung, die darin fundiert ist, nicht im logischen Sinn zirkulär genannt werden kann ... Insofern erschließt die Sprachanalyse auch den empirischen Gehalt einer indirekt mitgeteilten Lebenserfahrung.[100]

Es kann in der Rechtsanwendung nicht rein bei hermeneutischen Ergebnissen bleiben; darauf aufbauend sind Motive und Zwecke des Handelnden, aber auch die Erfahrungen der Betrachter ins Spiel zu bringen. Erfahrungsmaterial bedeutet hier vor allem der Gesetzestext und juristische Regelkunde. Es geht darum, möglichst alle Argumente in die Diskussion eines Textes einzubringen, um dann Schritt für Schritt die richtigen Folgerungen – „Normhypothesen" – abzuleiten.

> Erkennt man hier den eigentlichen Missstand, so ergibt sich eine einfache Konsequenz: Die Juristen sollten aufhören, auf das Wunder Erleuchtung durch die Erkenntnistheorie, die Soziologie oder andere „vor den Toren" stehende Disziplinen zu warten und stattdessen versuchen, Ordnung im eigenen Haus zu schaffen, und d. h. ihr legitimes Prämissenmaterial identifizierbar und damit abgrenzbar zu machen.[101]

Rechtsphilosophisch ist das ein wesentlicher Grund, weshalb eine Entscheidung, eine Rechtserkenntnis nicht objektiv sein kann. Für die Rechtsanwendung bedeutet das eine sich ständig weiterentwickelnde Materie, die dabei immer ein Maß an Unsicherheit in sich trägt.

2.4.2 Tiefenhermeneutik und szenisches Verstehen

Sigmund Freud, Jürgen Habermas und Alfred Lorenzer versuchen mit Hilfe der Psychoanalyse die Hermeneutik nicht nur technisch und empirisch, sondern auch erklärend mit dem praktischen Erkenntnisinteresse zu verbinden. Die Tiefenhermeneutik hat zwei Ansätze: Zum einen versucht die Tiefenhermeneutik den unkritischen Universalitätsanspruch der Hermeneutik zu entgegnen. Denn dabei wird die Bedeutung des Nachdenkens nur ungenügend berücksichtigt; und zum anderen zielt sie theoretisch auf eine ideologiekritische Sicht auf die Gesellschaft, in der das psychoanalytische Modell als das Paradigma gelingender Selbstreflexion angesehen wird.[102] Tiefenhermeneutik ermöglicht damit auch, blinde Flecken über den Umweg der Psychoanalyse aufzuhellen. Spezifisch unverständliche Äußerungen und Scheitern werden so in hermeneutisches Sprachverständnis aufgenommen; so wird neben

---

100 Ebd., S. 165.
101 Bydlinski, 2011, S. 75.
102 Joisten, 2009, S. 160 f.

Verstehen und Einsicht der hermeneutische Begriff erweitert. Dazu bedient sich Lorenzer des szenischen Verstehens.[103]

> Über die Einstufung der Psychoanalyse als sinnverstehende, sinnrekonstruierende Wissenschaft herrscht seit langem breiter Konsens. Schließlich benutzt der Psychoanalytiker kein operatives Messverfahren, erschließt er seinen Gegenstand ausschließlich auf dem Wege der Interpretation der sozial-intimen Erlebnis-Innenwelt, im szenischen Verstehen, wie Lorenzer die Eigenart des psychoanalytischen Verfahrens kennzeichnete, deutlich machend, dass nicht der Einzelne, sondern das Zusammenspiel, die Interaktion selbst im Zentrum des Aufklärungsbemühens steht.[104]

So lässt sich aus Sicht der Psychoanalyse untersuchen, wie kommunikatives Handeln durch Symbolik, genauer symbolische Interaktion, möglich gemacht wird oder durch symptomatisches Handeln beeinflusst werden kann. Der in der Tiefenhermeneutik verwendete Schlüsselbegriff ist das szenische Verstehen und wurde vor allem von Alfred Lorenzer geprägt.[105] Er bezeichnet damit zunächst die in der therapeutischen Psychoanalyse entwickelte Methode eines tiefenhermeneutischen Interpretierens der Erzählungen der Patientin oder des Patienten, deren latenter Sinn über die Wirkung ihrer Worte auf das Unbewusste des Analytikers erschlossen wird. In der von Lorenzer konstruierten Methode wird angenommen, dass der Text der Aussage eine Lebenspraxis objektiviert, deren Bedeutung sich entweder mittels eines manifesten Inhaltes oder eines latenten Sinnes zeigt oder darauf hindeutet. Der manifeste Inhalt wird dann durch den Text zu einer produzierten Lebenspraxis. Dadurch können die dem Bewusstsein verfügbaren Lebensentwürfe bestimmt und benannt werden, über die sich die Akteure durch ein sprachsymbolisches Interagieren verständigen. Was nicht bewusst intendiert wird, inszeniert sich auf einer nonverbalen Bedeutungsebene des im Text entfalteten Lebensdramas, das sich enträtseln lässt, wenn man den szenischen Gehalt dieses Interaktionsgefüges erfasst.

> Für das psychoanalytische Erkennen folgt daraus: Das wichtigste Instrument der psychoanalytischen Untersuchung ist das szenische Verstehen als Verstehen von Lebenssituationen, von Szenen des menschlichen Alltags, und zwar in subjektiver Perspektive, denn die Leidensdarstellung soll ja ganz und gar als subjektives Erlebnis verstanden werden … Eine Erklärung der Tiefenhermeneutik umfasst die Rekonstruktion des szenischen Gehalts der in Texten und Bildern arrangierten sozialen Interaktionen von Menschen und Gruppen, in dem sich bewusste und unbewusste Lebensentwürfe auf eine singuläre-subjektivistische Weise ausdrücken.[106]

Bei diesen Szenen aus dem menschlichen Alltag ist die Spannung zwischen manifestem und latentem Gehalt zu berücksichtigen. Der manifeste Sinn der Aktionen des Analysanden erweist sich als der erkennbare Anteil bewusster Erinnerungen,

---

103 Ebd., S. 161.
104 Lorenzer, 2002, S. 13.
105 http://www.tiefenhermeneutik.org/glossar/szenisches-verstehen/, abgerufen am 12.08.2019.
106 Lorenzer, 2002, S. 64.

über die man reden und sich verständigen kann, weil sie ohne Angst oder Scham mit der Moral und den Wertvorstellungen eines bestimmten Individuums vereinbar sind. Anders funktioniert die latente Bedeutungsebene des Analysanden. Dort geht es um uneingestandene schmerzvolle Lebensentwürfe, die sich auf Umwegen ihren Ausdruck verschafft haben. Dies ist jener Anteil, der dem Klienten zumeist noch nicht bewusst geworden ist; er kann daher sprachlich schwer ausgedrückt werden, da er verdrängt wurde. Unter dem Druck des Wiederholungszwanges setzen sich jedoch die verdrängten, ausgeschlossenen, oder abgewehrten Lebensentwürfe durch. Das geschieht durch unterschiedliche Formen der Umdeutung, der Verstellung und des „Verkleidens". Eine wichtige Rolle spielen dabei die Träume; im Wachzustand sind es symbolische Ausdrucksformen wie die Fehlleistungen, Impulsdurchbrüche und andere auffällige Verhaltensreaktionen. Solche symptomatischen Auffälligkeiten können in der psychoanalytischen Arbeit im Idealfall verstanden und aufgedeckt werden. Dieser Vorgang geschieht mittels einer Methode, die seit Freud entwickelt wurde. Die Vertreter der Psychoanalyse messen dabei dem Verfahren der freien Assoziation und der gleichschwebenden Aufmerksamkeit eine große Bedeutung zu, denn gerade diese können regelmäßig für den analytischen Prozess verwendet werden.[107]

Eine weitere wesentliche Unterscheidung in der tiefenhermeneutischen Biografieforschung ist die Abgrenzung zwischen rationalem Handeln und irrationalem Verhalten.

Als rational lässt sich ein symbolisches Interagieren beschreiben, bei dem das Individuum eine Krisenerfahrung durch Selbstreflexion bewältigt und durch eine schöpferische Regression auf unbewusste Lebensentwürfe eine kreative Lösung findet, mit deren Hilfe sich die äußere Situation verändern lässt. Irrational ist hingegen ein symptomatisches Agieren, bei dem Krisensituationen das Auftauchen verdrängter Lebensentwürfe provozieren, die sich sodann hinter dem Rücken der bewussten Selbstverfügung auf eine blind-bewusstlose Weise durchsetzen.[108]

Die Tiefenhermeneutik vermag im Zuge exemplarischer Fallrekonstruktionen zu untersuchen, wie soziale Herrschaft über den Zugriff auf unbewusste Erlebnisfiguren in der Tiefe der Subjekte verankert wird, und zugleich zu analysieren, wie Subjekte im Rückgriff auf unbewusste Lebensentwürfe Fantasie entfalten und neue Handlungsspielräume entwickeln.

2.4.3 Psychojuristische Hermeneutik

Die Psychoanalyse wurde einst als „talking cure" angepriesen, geht es ihr doch um Reden, Verstehen und einen primär verbalen Beziehungsaufbau. Dabei ist der Pro-

---

107 Siehe dazu auch 3.2.4.
108 http://www.tiefenhermeneutik.org/glossar/tiefenhermeneutische-kulturanalyse/, abgerufen am 12.08.2019.

zess der Übertragung mittels der therapeutischen Allianz der Schlüssel zum Erfolg. In der Psychoanalyse wird der Weg zum Unbewussten manchmal sichtbar, und ihre Methoden haben sich so weit entwickelt, dass viele ihrer Erkenntnisse auch wissenschaftlich erwiesen sind.

Die Psychoanalyse ist nach Lacan eine Methode, Texte zu lesen, egal ob diese mündliche (wie beim Diskurs des Analysanden) oder schriftliche sind. Lacan sagt selbst: „Das Unbewusste ist strukturiert wie eine Sprache."[109] Jeder Text ist durchsetzt von Spannungen und Widersprüchen und muss wieder und wieder gelesen und abgewogen werden. Er muss nicht bis ins Letzte aufgelöst werden, wenn man ihn analysiert und ihn so zu verstehen beginnt, dies gilt auch für die erwähnten Gespräche und Interviews mit Experten. Diese sind für die Auseinandersetzung mit dem gesprochenen Wort zur Einarbeitung in unsere Ausführungen als gleichwertig mit der Theorie selbst einzuschätzen und können in diesem Sinn ähnlich wie in der Tiefenhermeneutik „szenisch verstanden" werden. Einen interessanten Versuch, psychoanalytisches Wissen und Verstehen in die Rechtswissenschaften zu integrieren, macht Ehrenzweig im Jahr 1971 mit seinem Buch „Psychoanalytische Rechtswissenschaft" und stellt dort unter anderem die Frage, was denn Recht und was rechtens sei?[110]

Wie ist die Hermeneutik nun in der Verknüpfung der beiden Forschungsgebiete zu sehen? Der Text ist für Juristen das zentrale Werkzeug ihres Schaffens. Es gilt ausschließlich das positive, also das gesetzte Recht innerhalb einer Rechtsordnung. Der Rechtspositivismus und die in ihm verkörperte autoritär gesetzte Rechtsordnung versteht das Recht als einen vom idealerweise nach Gerechtigkeit strebenden Rechtssetzungsakt abgelösten und an und für sich existierenden Bestand von Regeln des positiven Rechts. Erkenntnistheoretisch geht der Rechtspositivismus also davon aus, dass Recht gesetzt wurde und objektiv existiert und daher nur positiv bestimmbar sei. Insofern ist der Rechtspositivismus zugleich eine erkenntnistheoretische Konstante. Die Trennung von Gerechtigkeit und Recht erscheint es untersuchungswürdig zu machen, was sich in Hinblick auf den Gerechtigkeitsgedanken im Inneren der natürlichen Personen abspielt. Der Rechtspositivismus spaltet dagegen die Gerechtigkeitsidee in gewisser Hinsicht von der Existenz konkreter Personen ab, da er ja keine moralische Instanz sein will. Eben hier aber tut sich ein weites Feld für die Psychoanalyse auf.[111] Sie stellt sich die Frage, unter welchen Umständen eine Person bereit ist, einen (internen) Konflikt abzuspalten, nach außen zu tragen und damit zu riskieren, erneut eine moralisch nicht einwandfreie Antwort/Lösung zu bekommen. Dabei bestünde möglicherweise die Gefahr, dass die Person eine Entscheidung erhält, die in der Folge entscheidend auf sie einwirkt.

Das in diesem Buch gewählte Thema und der gewählte Ansatz sollen das Zusammenwirken von Rechtswissenschaften, Psychoanalyse und hermeneutischem

---

109 Lacan, 2015, S. 26.
110 Ehrenzweig, 1973; näheres dazu siehe Kapitel 4.3.1.
111 Siehe dazu ausführlicher unter Kapitel 4.3.

Textverstehen vorführen. Es wird zu diesem Zweck etwa der Rahmen eines Rechtsstreites untersucht werden, wie einzelne Personen und Gruppen mit Konflikten und deren Bearbeitung umgehen und welche Bewältigungsstrategien sie dabei individuell anwenden.[112] Es geht bei dieser Querschnittsbetrachtung um die Übertragung des szenischen Verstehens auf juristische Fragestellungen. Neben den juristischen Methoden werden dabei im Rückgriff auf die Hermeneutik die Beziehung der involvierten Personen bzw. Handlungsbeteiligter mitintegriert. Auf diesem Weg gelangt man zu einem einigermaßen anderen Bild als mittels einer traditionell juristischen Methodologie. Die hier vorgeschlagene Methode ist die psychojuristische Hermeneutik, also das Zusammenspiel von Tiefenhermeneutik, szenischem Verstehen und juristischer Hermeneutik.

---

112 Siehe auch Kapitel 5.9.5 und 5.9.6.

3. Wie beeinflusst das Unbewusste die juristische Arbeit?

Was heute Psychoanalyse genannt wird, beinhaltet ein breites Spektrum unterschiedlicher psychotherapeutischer Konzepte und Schulen, die sich letztlich auf Sigmund Freud und seine Idee des Unbewussten berufen. Die wesentlichsten psychoanalytischen Methoden werden in diesem Kapitel vorgestellt und ein Bezug zur juristischen Arbeit hergestellt. Es wird nun untersucht, wie die Menschen mit ihrem juristischen Beruf umgehen, welche Rolle das Unbewusste dabei einnimmt und auch welche Arten von Abwehrmechanismen und Persönlichkeitsmerkmalen bei Juristen zu beobachten sind. In diesem Sinne ist Mertens zu verstehen, wenn er meint:

> Genau genommen gibt es kein menschliches Thema, bei dem nicht psychoanalytisches Denken und Forschen erforderlich sind, und dies aus einem einfachen Grund: Menschliches Handeln ist immer ein Geflecht aus bewussten Vornahmen und unbewussten Handlungsgründen, die im Kontext einer spezifischen Kultur und Gesellschaft entstanden sind.[113]

Zur professionellen Selbstreflexion gehört es, sich eine kritische Einstellung gegenüber den erworbenen Kenntnissen zu bewahren und damit für neues Wissen offen zu bleiben. Ist also die Psychoanalyse ein methodisches Werkzeug für andere Wissenschaften? Anerkannt und methodisch gebräuchlich ist etwa die Psychoanalyse in der Literaturwissenschaft, der Linguistik, der Pädagogik, der Soziologie, der Psychologie und in der Managementlehre. Dieser „Blick über den Tellerrand einer wissenschaftlichen Richtung" ist reizvoll, und sich mit den Mitteln einer anderen Disziplin in der angestammten Richtung umzusehen, führt manchmal zur Erschließung neuer Perspektiven. Diese veränderte Sicht lässt wiederum neue Entdeckungen in der eigenen Wissenschaft zu, trotz des Risikos, dass die daraus gewonnenen Erkenntnisse nicht unmittelbar weiterhelfen bzw. vielleicht zum Gutteil wieder verworfen werden.

Die Psychoanalyse bekommt so auch die Chance, ihre Rolle in der Gesellschaft zu steigern, denn aktuell ist sie doch eher zu einer öffentlichen Randerscheinung geworden. Diese Akzeptanz in anderen wissenschaftlichen und gesellschaftlichen Gebieten könnte auch helfen, ihre Bedeutung im Diskurs um „moderne" Psychotherapieschulen zu modifizieren. Die Verhaltenstherapie etwa hat aufgrund ihrer strikten Technik solche Möglichkeiten nicht. Die Fähigkeit der Psychoanalyse, das Unbewusste zu ergründen und damit einen großen Teil unseres menschlichen nicht greif- und sichtbaren Potenzials zu erfassen, stellt eine große Chance für die Gesellschaft dar.

Psychoanalytiker haben keine Röntgenaugen, mit denen sie in die Seele eines anderen Menschen blicken könnten. Auch steht ihnen kein Sensorium zur Wahrnehmung unbewusster Prozesse zur Verfügung, das nicht jeder andere Mensch auch haben würde. Psychoanalytiker haben sich allerdings in einem langen und intensiven Ausbildungsprozess darin geschult, unbewusste Prozesse, Fantasien, Wünsche,

---
113 Mertens, 2014, S. 15.

Bedürfnisse, Konflikte und Ängste in sich selbst, bei anderen Menschen und auch in Texten und beobachtbaren Szenen wahrzunehmen und zu deuten. Ein bedeutender Vertreter der Nutzung der Psychoanalyse im interdisziplinären Sinn ist Eric Kandel, der den Wandel vom Humanisten zum Naturwissenschaftler und Psychoanalytiker durchgemacht hat. Kandel hinterfragt dabei immer wieder die Rolle der Psychoanalyse und die Notwendigkeit, dass sie sich diesen anderen Forschungsgebieten öffnet:

> Wenn die Psychoanalyse ihre intellektuelle Kraft und ihren Einfluss wiedergewinnen soll, was sicher wünschenswert wäre, wird sie sich konstruktiv mit der neuen Biologie des Geistes auseinandersetzen müssen. Begrifflich könnte die neue Biologie die Psychoanalyse mit einer wissenschaftlichen Grundlage für zukünftiges Wachstum ausstatten.[114]

3.1 Was bedeutet angewandte Psychoanalyse?

Das psychoanalytische Konzept unbewusster menschlicher Prozesse ist bis heute in der Psychotherapie, aber auch darüber hinaus in verwandten Geisteswissenschaften für die Theoriebildung von Gesellschaft und Kulturentwicklung von zentraler Bedeutung. Die klassische Psychoanalyse befasst sich mit der Behandlung von psychischen Störungsbildern in einem klar strukturierten Setting.

Unter angewandter Psychoanalyse werden Anwendungsbereiche verstanden, die außerhalb dieses Settings stattfinden und sich mit Ereignissen der Gesellschaft und der Kultur beschäftigen. Dies kann gut für den Bereich der Rechtswissenschaften eingesetzt werden. Individuen und Gruppen agieren in ihrem Berufsleben idealtypisch nicht anders als privat.

Die Frage stellt sich, ob der Mensch nicht immer der gleiche ist, egal ob im Berufsleben oder als Privatperson. Dies könnte gelten, solange und sofern er sich nicht verstellt. Der Durchschnittsmensch hat ein gewisses Gespür für die Prozesse, die sich in seinem Körper abspielen. Er bemerkt Veränderungen, umso mehr noch Leid und Schmerz; zu dieser Art von körperlichem Gespür kommt es relativ leicht, da die meisten Menschen eine Vorstellung davon haben, wie man sich fühlt, wenn es einem gut geht. Das gleiche Gespür in Bezug auf psychische Prozesse ist weit seltener, da die meisten Menschen niemals jemanden kennengelernt haben, der optimal funktioniert. Sie nehmen die Art, wie ihre Eltern und Verwandten oder die gesellschaftliche Gruppe, in die sie hineingeboren wurden, seelisch funktionieren, für die Norm, und so lange sie selbst nicht davon abweichen, haben sie das Gefühl, normal zu sein, und entwickeln kein Interesse daran, darüber zu reflektieren.

> Es liegt auf der Hand, dass man, um für sich selbst ein Gespür zu bekommen, eine Vorstellung davon haben muss, was unter dem vollkommen gesunden Funktionieren eines Menschen zu verstehen ist ... Diese Frage ist gewiss nicht einfach zu beantworten, aber sie weist auf einen sehr kritischen Punkt in unserem Erziehungssystem hin.[115]

---

114 Kandel, 2018, S. 325.
115 Fromm, 1995, S. 180 f.

Unbestritten ist es die mit Abstand wichtigste Aufgabe der Psychoanalyse, menschliches Leiden zu lindern. Sie bekämpft so auch Krankheiten und Störungen, die mit herkömmlichen Therapien bzw. Ärzten nicht behandelbar sind und als hoffnungslos eingestuft werden. Die Psychoanalyse birgt jedoch – neben ihrer psychotherapeutischen Anwendung – die Chance, dass ihre Technik auch für andere Bereiche in der Gesellschaft angewendet werden kann. Helmwart Hierdeis sieht Psychoanalyse wie folgt: „Die Integration unterschiedlicher wissenschaftlicher Informationen und Paradigmen, geordnet und getragen von einem psychoanalytischen Erkenntnisinteresse, das sich auf den einzelnen Fall richtet und das stets auf der Suche nach gesichertem Wissen ist, um ihn besser zu verstehen."[116]

Innerhalb der psychoanalytischen Berufsgruppe gibt es viele unterschiedliche Ansichten zur Ausrichtung und Öffnung der Psychoanalyse hin zu anderen wissenschaftlichen Fachgebieten. Psychoanalyse ist nicht auf die klinische Arbeit mit Patienten beschränkt. Ihr methodologisches Selbstverständnis geht sicherlich weit darüber hinaus. Es finden sich gute Beispiele insbesondere im Zusammenspiel von angewandter Psychoanalyse mit Soziologie, Pädagogik und den Literaturwissenschaften.[117] Dies kann genauso auf Psychoanalyse und Rechtswissenschaften zutreffen. Ein wesentlicher gemeinsamer Bereich ist der Umgang mit Konflikten und die Herausbildung einer adäquaten Konfliktkultur.

Die wissenschaftliche Bearbeitung von Materien, die im Zusammenhang mit dieser möglichen Erkenntnis stehen, ist daher auch für die Rechtswissenschaften von Relevanz. Wenn Andreas Hamburger meint, dass Psychoanalyse ein Ball sei, der von vielen Händen jongliert wird und erstaunlicherweise in der Luft bleibt, so bringt das Bild die Bedeutung der Psychoanalyse gut auf den Punkt.[118] Hamburger meint weiter, als eine spezialisierte Phänomenologie könne die Psychoanalyse Schichten des Erlebens zutage fördern, die auch für eine Philosophie des Geistes Anregungen bereithält. Im Diskurs um die wissenschaftliche Einordnung der Psychoanalyse kommt immer wieder ein bedeutender Teil der Psychoanalyse in Verruf: die Bedeutung der Affekte, der Gefühle und vor allem der Trieblehre.[119]

Vieles, was die Psychoanalyse für den therapeutischen Anwendungsbereich erfahren und entwickelt hat, kann – quasi als Nebeneffekt – auch im wirtschaftlichen Alltag und im juristischen Arbeiten eingesetzt werden. Ein psychodynamischer Zugang im beruflichen Alltag von Juristen und Managern kann für alle Beteiligten ebenso wie für die Unternehmen selbst zu erstaunlichen Ergebnissen führen. Eine rein vernunftmäßige und kognitive Herangehensweise an den beruflichen Alltag lässt vieles von dem außer Acht, was wir in unserem sonstigen Leben gelernt haben und führt damit in vielen beruflichen Situationen zu unnötigen emotionellen Defizi-

---

116 Hierdeis, 2016, S. 7.
117 Mit diesen Querschnittsmaterien beschäftigt sich etwa Haubl, 2016.
118 Hierdeis, 2016, S. 64.
119 Ebd., S. 84.

ten. Wenn wir das berufliche Umfeld ernst nehmen und es weiter verbessern wollen, so ist eine andere Herangehensweise erforderlich.

Dabei ist zu hinterfragen, was Gefühle eigentlich darstellen und wie wir uns in ihnen nicht selten selbst täuschen; Emotionen sind psychische Zustände, die uns aus dem direkten Erleben sehr gut bekannt sind, aber nicht genauer begrifflich erfasst werden können. Am sichersten ist nur die Aussage, dass Emotionen (Affekte und Gefühle) nicht Kognitionen oder auf jeden Fall nicht bloße Kognitionen sind. Affekte sind mehr akute, mehr körperbezogene, wenigstens am Anfang nicht differenzierte bewusste Emotionen.[120] Oft verdecken wir schlicht einen in ihnen verborgenen Konflikt oder ein Trauma. Wir hören, sehen, spüren etwas, haben dazu Assoziationen, Vorstellungen, Eindrücke bilden sich heraus – wie aber gehen wir damit um, dürfen wir diese Gefühle im beruflichen Umfeld zulassen? Bedeutende Faktoren sind dabei auch die psychische Elastizität des Klienten, die Libido, die Fähigkeit der Person zur Triebsublimierung sowie die Bereitschaft zur Erhebung über das grobe Triebleben und die relative Macht ihrer intellektuellen Funktion. Viele einzelne Instrumente der Psychoanalyse können einen Beitrag dazu leisten, dass wir unseren Gefühlen auch und gerade im beruflichen Kontext vertrauen.

3.2 Psychoanalyse will das Seelenleben begreifbar machen

Wir können den Beginn der Psychoanalyse als den Versuch beschreiben, das Unbegreifliche im Seelenleben begreifbar zu machen, und zwar mit den Instrumenten der freien Assoziation und des Zuhörens. Freud begann damit, dass er seinen Patienten zuhörte, und alles, was sie sagten, äußerst ernst nahm, um daraus den unbewussten Sinn zu erschließen, natürlich indem er nicht nur den Text, sondern auch Tonfall, Gesten und ähnliches einbezog.[121]

Das umfangreiche Theoriekonzept der Psychoanalyse hat sich im Lauf eines Jahrhunderts weiterentwickelt. Es ist hier daher nur möglich, verkürzt und exzerpthaft die für den weiteren Verlauf der Arbeit wichtigen Theorien und Methoden der Psychoanalyse hervorzuheben. Die nächsten Subkapitel werden im Vergleich zu Lehrbüchern in einer eher unkonventionellen Ausrichtung erscheinen. Die nicht immer linearen und selektiven Theoriekonzepten folgende Abgrenzung ist den Bedürfnissen der Arbeit geschuldet.

Die ehemals als „Neurosen" bezeichneten Pathologien werden im Hinblick auf die Art des zugrundeliegenden zentralen Konflikts, auf die Art und das Ausmaß des eventuellen strukturellen Mangels (oder auf jeden Fall die Ich-Beschaffenheit) und mit Blick auf den Modus der Konfliktverarbeitung erfasst. Diese Modi sind viel konfliktunspezifischer, als man früher angenommen hat.[122] Es gibt viele Monografien zu psychoanalytischen Konzepten und Themen, auch zur Neurosenlehre; eine

---

120 Mentzos, 2017, S. 25.
121 Joseph, 2015, S. 991.
122 Mentzos, 2013, S. 295.

exakte Aufbereitung aller Konzepte würde den Rahmen dieser Arbeit sprengen. Es werden jedoch Begriffe wie Psychodynamik, das Unbewusste, die gleichschwebende Aufmerksamkeit und die Abwehrmechanismen kurz beschrieben und eingeordnet. Es wird auf viele interessante Aspekte bewusst verzichtet, so etwa auf die Funktion des Temperaments, wonach jeder Mensch mit genetisch vorgegebenen Merkmalen ausgestattet sei und diese Merkmale empirisch gesicherte Zusammenhänge mit der seelischen Gesundheit hätten.[123]

Fest steht jedenfalls, dass die Theorien der Psychoanalyse außerordentlich vielfältig sind und teilweise einander widersprechen. Viele ihrer Theorieannahmen konnten inzwischen empirisch überprüft werden, viele entziehen sich allerdings auch einer Überprüfung. Das triebpsychologische Paradigma ist sicherlich durch die Erkenntnisse der neueren Entwicklungspsychologie, vor allem der Affekt- und Motivationsforschung, am stärksten in Frage gestellt worden.[124]

3.2.1 Freuds Trieblehre

Freuds Trieblehre geht davon aus, dass der Mensch in seinem Verhalten und Erleben von Trieben beeinflusst wird. Der wichtigste Trieb ist für Freud der Eros, der Lebenstrieb; ihm gegenüber steht der Thanatos oder Todestrieb. Für den Eros ist die Libido, d. i. Sexualität und die Selbsterhaltung, wesentlich. Der Thanatos besteht aus den aggressiven, selbstzerstörerischen Kräften. Freud fragt in beiden Fällen nach den Antriebskräften und Beweggründen menschlichen Handelns. Die Menschen werden von Triebwünschen, von Triebschicksalen bestimmt. Diese meist psychosexuellen, narzisstischen und aggressiven Triebäußerungen stammen aus der eigenen Kindheit. Bereits in dieser führen die Ansprüche zu äußeren Konflikten mit den Eltern bzw. den kulturellen Erwartungen und müssen daher verdrängt, aufgegeben oder unterlassen werden. Dadurch wird die Wurzel für innere Konflikte gelegt.

Das von Freud gedachte Lust-Unlust-Prinzip bringt das Kind jedoch dazu, nicht zur Gänze auf die Befriedigung des Triebwunsches verzichten zu wollen. So kommt es zu unterschiedlichen Ausformungen von intrapsychischen Kompromissbildungen. Diese Erscheinungsformen können für das Subjekt so ausgebildet sein, dass es damit gut leben kann, manchmal sogar durch Sublimierung Nutzen stiftet und fortschrittliche Taten setzt. Auf der anderen Seite können Verhaltensweisen das Individuum selbst oder seine Mitmenschen auch beeinträchtigen, wodurch psychisches Leid entstehen kann.[125]

Nach Freuds Triebtheorie werden die Persönlichkeit, die Liebesfähigkeit, der Umgang mit anderen Menschen stark durch die Psychosexualität in der Kindheit geprägt. Diese dreht sich um lustvolle Erfahrungen, etwa an der mütterlichen Brust, Lutschen am Finger u. a. m. All diese Erlebnisse und Eindrücke bilden für das Klein-

---

123 Boerner, 2015, S. 5.
124 Rudolf, 2014, S. 27.
125 Mertens, 2014, S. 56.

kind eine geheimnisvolle innere Welt. Mit der Wucht des hormonell ausgelösten Sexualtriebes in der Pubertät muss diese in Übereinstimmung mit anderen Erfordernissen gebracht werden.[126] In der Diskussion der Zeit nach Freud wurde die Rolle der Psychosexualität immer wieder in Frage gestellt und durch andere Begriffe und Referenzen ersetzt: In der Objektbeziehungstheorie und Selbstpsychologie werden – neben der Sexualität – auch weitere Einflussfaktoren genannt, wie Umwelt, Bindung, Identität und Anerkennung.[127]

Die Persönlichkeitsstruktur ist nach Freud abhängig von Ich-Struktur und anderen Einflussfaktoren, wie z. B. der Einbettung in die jeweilige Umwelt. Das Zusammenspiel von bewussten und unbewussten Anteilen unseres täglichen Handelns ist ständig Konflikten ausgesetzt. Dazu lieferte Freud einen weiteren grundlegenden Ansatz, indem er die Psyche anhand des Drei-Instanzen-Modells in verschiedene Bereiche unterteilt. Der pathogene Prozess wird zunächst als eine Traumatisierung ohne die Möglichkeit der affektiven Abfuhr konzeptualisiert, bald aber vorwiegend auch als Folge eines Konflikts durch die Blockierung und Hemmung der Triebbefriedigung.[128] Erlebnisse, Gefühle, traumatische Erinnerungen werden oft so heftig erlebt, dass wir sie ins Unbewusste verdrängen und so Abwehrmechanismen und Widerstände bilden. Dadurch können diese Geschehnisse nicht mehr in das Bewusstsein dringen, an die Stelle der konkreten Geschehnisse treten Symptome.

Das Ich ist die organisierte, strukturierte Instanz, der Teil, der mit der Außenwelt in Kontakt steht. Die fünf Sinne sind hier ein wichtiges Werkzeug. Das Ich lässt sich von der Realität leiten und befasst sich mit Wahrnehmung, Nachdenken und Handlungsplanung. Wir bewegen uns im Sinne Freuds im Realitätsprinzip. Freude und Schmerz werden bewusst erlebt – Qualitäten, die uns in die Lage versetzen, eine sofortige Belohnung aufzuschieben.[129]

Das Lustprinzip wird vom kaum organisierten Teil, dem Es, gelenkt. Darin sind körpernahe Impulse enthalten. Es geht ihm um das Streben nach Lust und die Vermeidung von Schmerz. Die logischen Denkgesetze und Zeitvorstellungen gelten dabei nicht.[130]

Das Über-Ich ist nach dem Freud'schen Drei-Instanzen-Modell die Summe der von wichtigen primären Bezugspersonen (Objekte) übernommenen Verbote und Gesetze.[131]

---

126 Ebd., S. 58.
127 Ebd., S. 57.
128 Mentzos, 2017, S. 52.
129 Kandel, 2018, S. 301.
130 Mentzos, 2017, S. 52.
131 Ebd., S. 52.

3.2.2 Der Zugang zum Unbewussten durch Überwindung von Widerstand

Das Vorhandensein und die Wichtigkeit unbewusster Prozesse werden nicht mehr angezweifelt. Ein großer Anteil psychischer Prozesse verläuft unbewusst, wobei sich das Verständnis vom Unbewussten der Neurophysiologen nicht mit dem dynamischen Unbewussten Sigmund Freuds deckt.[132] Freud bezeichnet den Widerstand gegen das Eindringen unerwünschter Elemente aus dem Unbewussten als Verdrängungswiderstand.[133] Freud hat die Entstehung von Neurosen auf eine unbewusste Konflikt-, Abwehr- und Verdrängungsdynamik zurückgeführt.[134] Unbewusste Konflikte, bei denen unter bestimmten konfliktauslösenden Bedingungen unbewusste Wünsche und Bedürfnisse an die Grenze des Bewusstseins drängen und mithilfe der Abwehr vom Bewusstsein ferngehalten werden, lassen sich durch psychoanalytische Arbeit darstellen.[135] Ziel der Therapie ist es, dass das Ich durch die Hilfe des Analytikers das Wagnis eingeht, das ins Unbewusste Verdrängte zurückzuerobern. Das Ich schreckt vielfach vor solchen Eroberungen zurück, denn sie erscheinen durchaus gefährlich oder jedenfalls unangenehm, wodurch das Ich des Klienten sich gegen den therapeutischen Vertrag stellt. Das Ich verlangt nichts so sehr, als über die gesetzten Grenzen des Unbewussten endlich ins Bewusstsein vordringen zu können.

In engem Zusammenhang mit der Verdrängungsdynamik steht Freuds Annahme, dass die aus dem Bewusstsein verdrängten Vorstellungen an einen bestimmten Ort (topos) gelangen.[136] Die Überwindung der Widerstände ist der Teil der therapeutischen Arbeit, welcher die meiste Zeit und die größte Mühe in Anspruch nimmt. Gerade dieser Teil der Arbeit aber verspricht vorteilhafte Ich-Veränderung. Bei fortschreitender Therapie entsteht das Schuldgefühl. Es trägt zum Widerstand bei, den ein besonders hart gesottenes Über-Ich leistet. Das Individuum will aber in der Regel gar nicht gesund werden, sondern krank bleiben. Es gestattet oft, eine Form des neurotischen Leidens aufzuheben, ist aber dann sofort bereit, sie durch eine andere, eventuell auch eine somatische Erkrankung, zu ersetzen. Dies erklärt auch die gelegentlich beobachtete Heilung schwerer Neurosen durch reale Unglücksfälle. Im Zentrum steht nämlich primär das eigene Leid, gleichgültig in welcher Weise es auftritt oder motiviert ist. Die Patienten scheinen oft auf nichts anderes als auf Selbstschädigung und Selbstzerstörung abzuzielen. Für sie ist die Behandlung schwer erträglich, und sie leisten mit allen Mitteln Widerstand.

Beinahe jede psychodynamische Schule verwendet unterschiedliche Begriffe, wenn es um Konfliktverarbeitung geht: Abwehrmechanismen, Bewältigungsstrategien, Verdrängungsmechanismen, Verarbeitungsmodi sind weit verbreitete technische Termini. Es geht dabei im Grunde immer um ein ähnliches Schema: Wenn die Ich-Struktur auf einen Konflikt stößt, kann sie damit unterschiedlich umgehen; das

---

132 Mentzos, 2017, S. 24.
133 Freud, GW XVII, 1993, S. 104.
134 Mertens, 2014, S. 1030 f.
135 Wöller, 2015, S. 213.
136 Mertens, 2014, S. 1030 f.

Ich kann den Konflikt verarbeiten, dann spricht man von einem Verarbeitungsmodus. Die Art der Verarbeitung kann dabei – je nach Persönlichkeit – unterschiedlich sein. Vielfach spricht man in diesem Zusammenhang von Abwehrkräften und Abwehrmechanismen; oftmals steht auch die Art im Mittelpunkt, wie man einen Konflikt bewältigt, dann spricht man von Bewältigungsstrategien. Alle diese Begriffe meinen etwas Ähnliches, nämlich den Umgang der Persönlichkeit mit dem Konflikt. Mentzos bringt das wie folgt auf den Punkt:

> Die einzelnen Verarbeitungsmodi sind nicht ein für alle Mal spezifisch für ein konkretes Individuum. Oft findet ein Wechsel von einem Modus zum anderen statt. Aus diesem Grunde muss man sich die Modi als „Verteidigungslinien" vorstellen, die je nach Situation und den zur Verfügung stehenden „Reserven" besetzt, gehalten oder wieder aufgegeben werden. So beginnen viele Phobien mit „unreifen" diffusen Angstzuständen, und einige Schizophrenien fangen als „Zwangsneurosen" an.[137]

Verdrängungsmechanismen haben vielfach mit Angst und Aggression zu tun. Was tun mit Aggression im beruflichen Umfeld? Wie manifestiert sich die Aggression, wie fühlt sie sich an? Aggression ist ein gesellschaftliches Tabu, das geleugnet wird, und trotzdem ist sie da, sie bahnt sich gerade über die Neurose ihren Weg. Auf diese Weise wird innerer Widerstand aufgebaut. Die unterschiedlichen Theorien zu Abwehrmechanismen, beginnend mit Anna Freud, sind hinlänglich bekannt. Diese Entwicklung der Aggressionstheorien dauert an und ist einer der Schwerpunkte der aktuellen Psychoanalyse. Basierend auf Anna Freud etablierte sich die Ich-Psychologie. Anna Freud hat mit ihrem Buch über Abwehrmechanismen, den Begriff der Verdrängung aufgreifend, zehn verschiedene Methoden untersucht und verfolgt, wie sich diese Techniken bei den Vorgängen des Ich-Widerstands und der Symptombildung im Einzelfall bewähren.[138]

> Wer heute das Ich untersucht, beschränkt sich nicht auf eine Aufzählung und Beschreibung der Abwehrmechanismen, ihre Chronologie und ihre Bedeutung für psychische Gesundheit oder Krankheit, sondern verbindet diese Seite der Ich-Tätigkeit mit dem Studium der Ichapparate, ihrer Defekte … und jenseits der Konflikte, in die das Ich verwickelt ist, mit dem Studium seiner konfliktfreien Zone.[139]

Es gibt so viele unterschiedliche und gemeinsam auftretende Verdrängungsstrategien, wie es Menschen gibt. Die Strategien treten meist nicht trennscharf auf, sondern stellen Anteile der Erscheinung einer Person dar. Ein bemerkenswerter Modus ist der Sadomasochismus. Der Sadismus stellt einen Kompromiss zwischen Befriedigung der Libido und gleichzeitiger konstruktiv aggressiver Bemächtigung des Objekts dar. Dies geschieht aus Angst, die Kontrolle zu verlieren. Beim Masochismus ist der Schmerz die Bedingung, um überhaupt Lust verspüren zu dürfen, nach dem

---

137 Mentzos, 2013, S. 297.
138 Freud, 2016, S. 51.
139 Ebd., S. 9.

Motto „Lieber Schmerz als kein Kontakt", eine Haltung, die primär dem Abbau von Schuld dient. Gerade bei Menschen mit einem starken Über-Ich ist diese Form der Verarbeitung von Konflikten – wenn auch nicht offensichtlich, aber doch – häufig zu beobachten.

> Von einer phobischen Position sollte man jedoch nur sprechen, wenn es sich um Haltungen, Einstellungen und Vermeidungen handelt, die sich in einzelnen Fällen oder auch generell für längere Zeit oder sogar dauerhaft einstellen. Man ist gefangen in der eigenen phobischen Position und hat diese durchzuarbeiten.[140]

Das ist eine gute Beschreibung dessen, was in einem Individuum vorgeht, wenn es konfliktbeladen agiert. So beschreibt Ralf Zwiebel die Arbeitsweise des Psychoanalytikers. Ähnlich wie in diesem Zitat geht es Juristen gerade beim Rechtsstreit um das Aufzeigen des Dilemmas zwischen positiver Entwicklung der Teams, der Organisation bzw. um Herstellung und Aufrechterhaltung der Rahmenbedingungen. Über die seelische Arbeit des Juristen gibt es in der psychoanalytischen Literatur jedoch noch keine vergleichbaren Schriften, obwohl gerade Juristen in ihrem kompetitiven Umfeld viele Beobachtungen zulassen. „Ein Leben lang geht es um Macht und Ohnmacht, Herrschen und Beherrschtwerden, Dominanz und Gefügigkeit, Abhängigkeit und Unabhängigkeit, um die Rollen von Herrn und Knecht."[141]

In der Praxis beschränkt sich diese Diskussion nicht auf Überschriften, sondern geht tiefer und betrifft dann authentische Menschen und zeigt, dass eine bloß akademische Diskussion eher Elfenbeinturmcharakter hat und für die Entwicklung der betroffenen Menschen nicht unbedingt ergiebig ist.

3.2.3 Freuds Traumdeutung

Freud hat im Jahr 1900 als 44-Jähriger „Die Traumdeutung"[142] veröffentlicht. Damit hat er fünf Jahre nach dem „Entwurf einer Psychologie" nun auch für einen breiteren wissenschaftlichen Kreis den Grundstein für die Rezeption seiner Lehre und Methoden gelegt. Die Deutung der Träume war als Hilfsmittel gedacht, eine psychologische Analyse von Neurosen zu ermöglichen.[143] Freuds Erkenntnis, dass der Traum eine Wunschvorstellung sei, ging einher mit der Frage, welche Veränderung mit den geträumten Gedanken passiert, bis sich aus ihnen der manifeste Traum, wie wir ihn beim Erwachen erinnern, gestaltet. Die Entstellung, die Umwege, die unsere Psyche sucht, um mit Gedanken und Ideen, die nicht sein dürfen, umzugehen, das Abtauchen dieser Inhalte in die Traumarbeit, daraus entwickelte sich die Notwendigkeit für das Konzept des Unbewussten. Die Methodologie der Psychoanalyse fand ihren Anfang in Freuds bahnbrechender „Traumdeutung"; wirtschaftlichen Erfolg brachte

---

140 Zwiebel, 2015, S. 203 f.
141 Hesse, 1994, S. 12.
142 Geschrieben und fertiggestellt hatte er es schon 1899. Freud, GW II/III, 2008.
143 Freud, GW II/III, 2008, S. XI.

ihm seine Veröffentlichung durchaus noch lange nicht. „Der Traum ist eine Wunscherfüllung; er stellt einen Sachverhalt so dar, wie wir ihn uns wünschen. Sein Inhalt ist also eine Wunscherfüllung, sein Motiv ein Wunsch."[144]

Freud geht in seinem Konzept der Traumdeutung davon aus, dass jeder Traum eine Art von verdeckter Wunscherfüllung sei. Freud ordnet die Bedeutung von Träumen zwischen Übertragung und Triebmodell ein. Träume können den Weg zu kindlichen Konflikten weisen: „Die Traumerreger werden durch die Regression also dafür präpariert, dass sie als Bausteine für die Bildung des manifesten Traumes im Vorbewussten verwendet werden können."[145]

Die Kritik an der Traumanalyse wurde im Laufe der Zeit stärker; gerade die Neurobiologie hat versucht, das Modell zu „vernaturwissenschaftlichen". Dabei sind die Träume zu einem Anhängsel der Gehirnphysiologie geworden und nur durch REM und Signale der Muskelspannung zu erklären. Für die Psychoanalyse selbst ist das Traumdeutungsmodell Freuds überwiegend unbestritten. Neurobiologen dagegen rütteln an Freuds Theorie; einer ihrer Hauptvertreter, Jaak Panksepp, sieht vor allem Parallelen zwischen Spiel und Traum:

> In other words, dream and play may have synergistic functions in the epigenetic creation of mental lives. ... it is now clear that only a few higher mental functions endowed by our evolutionary heritage within the higher cognitive regions of our brainminds.[146]

Das Buch „Die Traumdeutung" wird von Freud als eines seiner Hauptwerke betrachtet. Er sieht den Traum als die Via regia (den Königsweg) zum Unbewussten. Ähnlich sieht es de Mendelssohn, der meint, dass bei der Therapie von erfolgreichen Personen auf dem Weg zum Unbewussten oft erst der Traum als Medium verstanden werden müsse: „... dann beginnen sie, ihre frühen Erfahrungen und die damit verschütteten Emotionen wichtiger zu nehmen ..."[147]. Mittels der Traumerzählungen der Klienten könne man dann als Psychoanalytiker Assoziationen oder „Einfälle", wie Freud es nennt, kommentieren. Freud hat folgende Mechanismen der Traumarbeit unterschieden: Verdichtung, Verschiebung, Dramatisierung, Symbolisieren, Rücksicht auf Darstellbarkeit und sekundäre Bearbeitung: „Wenn man die latenten Traumgedanken, die man aus der Analyse des Traums erfahren hat, untersucht, findet man einen unter ihnen, der sich von den anderen, verständigen und dem Träumer wohl bekannten, scharf abhebt."[148] Freud findet im Traum ein ideales Instrument, um rasch ins Unbewusste vorzudringen: „Die Traumarbeit ist ein ausgezeichnetes Muster der Vorgänge in den tieferen unbewussten Schichten des Seelenlebens, welches sich von den uns bekannten normalen Denkvorgängen erheblich unterscheidet."[149]

---

144 Ermann, 2014, S. 40.
145 Mertens, 2014, S. 956.
146 Panksepp, 2012, S. 379.
147 de Mendelssohn, 2014, S. 86.
148 Freud, 2005, S. 414.
149 Ebd., S. 414.

Alfred Adler erblickt im Traum etwas vorwärts Gerichtetes; Zukunft und Fantasie spielen dabei eine tragende Rolle. Der Traum ist für Adler eine sehr spezifische Ausdrucksform und ist ähnlich wie bei Freud eng mit der Persönlichkeit des Träumers verknüpft. Der Traum hilft nach Adler, Probleme im Alltag zu lösen, und erschließt das eigene Seelenleben. Die Einbettung in Adlers Individualpsychologie offenbart sich in einem Zitat aus seiner Schrift „Sinn des Lebens": „Das Ich holt sich Stärkung aus der Traumphantasie"[150]. Diese gilt es entsprechend symbolisch zu deuten. Adler grenzt sich vor allem in seinem späteren Schaffen klar von Freud ab und kritisiert vor allem dessen Fixierung auf seine gehäuft mit Sexuallibido verbundenen Erklärungsansätze. „Aber alles, was man nicht versteht, als sexuelles Symbol zu erklären, um dann zu finden, dass alles aus der Sexuallibido stammt, hält einer vernünftigen Kritik nicht stand."[151] Alfred Adler setzt sich in Traum und Traumdeutung auch mit der Frage auseinander, ob der Traum einen Blick in die Zukunft des Träumenden ermögliche, und bejaht dies im Gegensatz zu Freud. Die unterschiedliche Einschätzung der Bedeutung des Traums ist ein gutes Beispiel dafür, wie die Ansätze Adlers und Freuds auseinanderdriften und schließlich zum völligen Zerwürfnis führen. So schreibt Freud an C. G. Jung zum Bruch der Beziehung lapidar: „Adler bin ich endlich losgeworden."[152]

Anna Freud[153] behauptet, dass die Traumarbeit und damit Arten, Formen und Methoden von Abwehrmechanismen selber keine Ich-Leistung sei.[154] Die Fähigkeit zur Verdichtung, Verschiebung und zum Gebrauch der vielfach befremdlichen Darstellungsmittel des Traumes sind Eigenschaften des Es:

> Das Ich ist siegreich, wenn seine Abwehrleistungen glücken, das heißt, wenn es ihm gelingt, mit ihrer Hilfe die Entwicklung von Angst und Unlust einzuschränken, durch notwendige Triebumwandlungen noch Triebgenuss zu sichern und damit, soweit es möglich ist, eine Harmonie zwischen Es, Über-Ich und den Außenweltmächten herzustellen.[155]

3.2.4 Gleichschwebende Aufmerksamkeit und freie Assoziation

Die gleichschwebende Aufmerksamkeit ist in der Psychoanalyse ein Instrument, um die unbewussten Verknüpfungen zwischen den Mitteilungen und Verhaltensweisen des Analysanden zu entdecken, zu verstehen und zu deuten. Nach Freud geht es beim Verfahren der Psychoanalyse letztlich um freie Assoziation beim Analysanden und um

---

150 Adler, 2010, S. 177.
151 Ebd., S. 184.
152 McGuire, 2012, S. 186.
153 Anna Freud hat mit ihrem Buch über Abwehrmechanismen, den Begriff der Verdrängung aufgreifend, zehn verschiedene Methoden untersucht und verfolgt, wie sich diese Techniken bei den Vorgängen des Ich-Widerstands und der Symptombildung im Einzelfall bewähren; Freud, 2016, S. 51.
154 Ebd., S. 170.
155 Ebd., S. 171.

gleichschwebende Aufmerksamkeit beim Analytiker: Eben dies kann auch gut auf juristische Arbeitsprozesse umgelegt werden. Was ein Jurist an persönlichen Voraussetzungen mitbringen soll, ist eine Mischung aus Intuition, Erfahrung und Technik; es geht dabei um eine sehr spezifische Haltung, nämlich gleichzeitig konzentriert er sich auf die eigenen Ziele und auf die Argumente der Gegenseite und darauf, der Gegenseite so viel Raum wie möglich zu lassen, um ihre Sicht zu entwickeln und Vertrauen aufzubauen.

Der Begriff der gleichschwebenden Aufmerksamkeit stammt von Freud, ist aber eigentlich schon früher beschrieben worden. Die erkenntnistheoretische Tradition und die Bewusstseinspsychologie des 19. Jahrhunderts sahen die Aufmerksamkeit als Funktion und Form des willentlichen Verhaltens, als aktive und zielgerichtete Auffassungsbereitschaft. Aufmerksamkeit wurde stark dem Verstand zugeordnet, und nicht nur Freud sah darin eine Schranke „der jetzt auftauchenden ungewollten Gedanken"[156]. Die Aufmerksamkeit der Ratio zu überlassen, hieße jedoch, auf Elemente zu verzichten, die wir Menschen in uns haben und mit denen wir generell Eindrücke sammeln und verarbeiten, wenn wir darauf vorbereitet und geschult sind. Diese Sensibilisierung bietet die psychoanalytische Ausbildung mit ihrer zentralen Institution, der Lehranalyse des Auszubildenden. Diese Form der Aufmerksamkeit ist ein wesentliches Instrument der psychodynamischen Arbeitsweise. Der Fachbegriff, den Freud dazu geprägt hat, lautet „gleichschwebende Aufmerksamkeit". Freud hat den Begriff der gleichschwebenden Aufmerksamkeit schon früh verwendet:

> Man halte alle bewussten Einwirkungen von seiner Merkfähigkeit ferne und überlasse sich völlig seinem unbewussten Gedächtnisse oder rein technisch ausgedrückt: man höre zu und kümmere sich nicht darum, ob man sich etwas merke.[157]

Freud betonte wiederholt die Gefahr der Verfälschung und der selektiven Wahrnehmung beim Zuhören, wenn man die Aufmerksamkeit entsprechend eigener Erwartungen, Neigungen, Theorien oder therapeutischer Ziele fokussiert.[158] Die gleichschwebende Aufmerksamkeit ist das Instrument, um die unbewussten Verknüpfungen zwischen den Mitteilungen und Verhaltensweisen des Analysanden zu entdecken, zu verstehen und zu deuten.[159] Nach dem Handbuch psychoanalytischer Begriffe „soll der Psychoanalytiker gleichschwebend aufmerksam dem Analysanden zuhören und seine eigenen Einfälle und emotionalen Zuständlichkeiten begleitend beobachten".[160] Es geht dabei also sowohl um Selbst- als auch um Fremdbeobachtung. Bion sagt dazu: „no memory, no understanding, no desire"[161]. Gleichschwebend heißt dem Wortsinn nach, dass etwas noch nicht abgeschlossen ist, dass es ähnlich wie in der Luft oder im Wasser schwebend, flottierend auf gleicher Höhe, ohne An-

---

156 Mertens, 2014, S. 326.
157 Will, 2006, S. 83.
158 Ebd., S. 83.
159 Ebd., S. 325.
160 Ebd., S. 324 ff.
161 Ebd., S. 325.

spannung, einfach einen ausgeglichenen Zustand hat und in diesem Zustand anstrengungslos verharrt. Diese Art der Aufmerksamkeit berührt mehrere Ebenen: die der Erfahrung und des gelernten Wissens sowie die analytische oder berufliche Aufmerksamkeit. Alle diese Ebenen sind gleichschwebend zu verbinden und zuzulassen, gleichschwebend zu erfahren, ohne eine vorgefasste Präferenz zu entwickeln.

Psychoanalytisch betrachtet, ist diese Form der gleichschwebenden Aufmerksamkeit ein Verbindungsglied zwischen Analytiker und Analysand. In der Psychoanalyse wird die gleichschwebende Aufmerksamkeit als das komplementäre Gegenstück des Analytikers zur freien Assoziation auf Seiten des Analysanden betrachtet. So wie dieser aufgefordert wird, sich ohne Hemmungen seinen Assoziationen und ihren Widerständen hinzugeben, so ist umgekehrt der Analytiker nicht frei von eigenen Gedanken bzw. Widerständen. Diese sollen mittels der Technik der gleichschwebenden Aufmerksamkeit nicht zu ihrer einschränkenden zensurierenden Wirkung kommen, sodass der Analytiker darauf aufmerksam wird, dass sich beim Patienten etwas regt, auf das er in weiterer Folge einwirken kann. Dabei zeigt sich aber auch ein double bind: Ich bin aufmerksam, und ich bin es gleichzeitig nicht, um zuzulassen, dass sich die oben angeführten zensurierenden Einflüsse nicht einschleichen. Wie gelangt man zu einer Auflösung dieses Widerspruchs? Die Voraussetzungen für diesen Zustand scheinen Erfahrung und Technik zu sein, es braucht die Übung, ähnlich wie beim Autofahren: Der geübte Fahrer fährt gleichzeitig aufmerksam und unaufmerksam; Entspannung und Konzentration halten sich die Waage. In diesem Zustand ist man am ehesten in der Lage, die aktuelle Stimmungslage in ihrer Gesamtheit wahrzunehmen.

Parallel zu kognitiven Präkonzepten, also vorgefassten Meinungen, wirken affektive Vorahnungen. So kann sich ein balanciert oszillierendes Wechselspiel zwischen gleichschwebender Aufmerksamkeit (disziplinierte Desintegration im Zustand der Geduld- und Thesenbildung, ein Zustand der Sicherheit) entfalten, eine Integration ohne Rigidität, die uns scheinbar paradox internalisierte Theorien neu entdecken lässt.[162] Dieses von Bion beschriebene Wechselspiel und die Parallelität mehrerer Wirkfaktoren, nämlich die Synthese von Wissen und Unwissenheit, löst den double bind auf. Etwa in der klinischen Anwendung der OPD-Diagnostik wird versucht, die Beziehung zwischen den Gesprächspartnern zu operationalisieren, wobei der jeweilige Fokus auf die einzelnen Erlebnisebenen zwischen Patienten und Therapeut angesprochen wird. Unter OPD versteht man Operationalisierte Psychodynamische Diagnostik. Es geht darum, auf Basis diagnostischen Wissens die Indikation zu einer psychotherapeutischen Maßnahme zu stellen oder spezifische therapeutische Aufgaben und Ziele zu formulieren.[163] Wenn man sich die Mühe macht, eine Kommunikation, eine Geschichte auf vier Ebenen dieser OPD-Beziehungsachse darzustellen, wird sie leichter verstehbar.[164] Im Detail ist damit gemeint, wie man sich selbst erlebt,

---

162 Ebd., S. 327.
163 Arbeitskreis OPD, 2014, S. 20.
164 Rudolf, 2014, S. 58.

wie man andere erlebt, wie der andere einen erlebt, und wie der andere sich selbst erlebt. Auf alle vier Aspekte ist die Aufmerksamkeit zu richten.

Die genaue Analyse des gesprochenen Wortes spielt in einem Konflikt eine wichtige Rolle. So wie Freud dem Traum und der Traumarbeit (der Verschiebung, der Verdichtung, der Umwertung und Drehung ins Gegenteil) eine entscheidende Rolle zuschreibt, ist es möglich, dass wir im Gesagten genauso wie im Nichtgesagten eine reiche Fundstelle für mögliche latente unbewusste Hinweise auf versteckte Motive der eigenen und der fremden Gedanken und Gefühle finden und so auch eine gezielte Auflösung eines Konflikts herbeiführen können.

Nach Freud geht es beim Verfahren der Psychoanalyse auch um die Grundregel der freien Assoziation.[165] Rieken sieht in der freien Assoziation primär eine Ausformung des analogischen Denkens, da oftmals Erinnerungen an ähnliche Konstellationen aus der Vergangenheit hervorgerufen werden. Es stellt sich die Frage, ob man die Methode der freien Assoziation auch auf juristische Arbeitsprozesse übertragen könnte. Darauf wird in diesem Zusammenhang nicht näher eingegangen, denn diese ist für unser Thema ein wenig hilfreiches Instrument, da der Anwender im juristischen Umfeld so gut wie immer ein klar umrissenes rechtliches Thema, einen Rechtsfall vor sich hat, der nach exakten Regeln bearbeitet wird.[166] Daher ist die Methode der freien Assoziation in der juristischen Anwendung weniger geeignet.[167]

3.2.5 Übertragungsphänomene – auch im beruflichen Alltag?

Der Begriff der Übertragung hat viele mögliche Gestalten und spielt seit Freud eine zentrale Rolle in der Psychoanalyse. Michael B. Buchholz sieht die universelle Bedeutung von Übertragung (von der Familie auf Interaktion und von hier aus auf die Gesellschaft weitergegeben) als eine elementare kognitionstheoretische Funktion, wobei alles Neue immer in Begriffen des Alten entdeckt wird.[168] In der Psychotherapie spielen Übertragungsphänomene in der Beziehung zwischen Therapeuten und Patient eine wesentliche Rolle. Diese können grob vereinfacht durch libidinöse Lösungen und über Identifikation entstehen und gefördert werden.

Diese Übertragungsphänomene können bei entsprechender Aufmerksamkeit psychisch und körperlich spürbar werden. Das gilt nicht nur für die therapeutische Umgebung, nicht unähnlich kommt es manchmal in Verhandlungssituationen im Geschäftsleben vor. Es passiert, dass in manchen Fällen ein Widerstand so stark ist, dass er auch körperlich spürbar wird. Krasse Falschaussagen vor Gericht, zumal von Parteien, sind dann für den Richter und die Zuschauer ganz deutlich körperlich

---

165 Rieken, 2017a, S. 7.
166 Siehe auch unter 2.2.1.
167 Ähnlich der freien Assoziation ist im unternehmerischen Umfeld die Methode des Brainstormings; dabei wird versucht, ungefiltert alle Einfälle, die von den beteiligten Personen geäußert werden, zu erfassen. Auf eine direkte Kritik soll dabei nach Möglichkeit verzichtet werden.
168 Hierdeis, 2016, S. 273.

spürbar. Es krampft sich förmlich alles zusammen; die Irritation über schamloses Lügen ist ein besonders frappierendes Beispiel. Solche Übertragungsreaktionen entstehen, sobald man mit Menschen in ernsthafte Beziehungen tritt.

Laut Greenson ist das Hauptmerkmal der Übertragung das Erleben von Gefühlen einer Person gegenüber, die zu dieser Person gar nicht passen und die sich in Wirklichkeit auf eine andere Person beziehen. Dies ist in erster Linie ein unbewusstes Phänomen und kann aus unterschiedlichen Komponenten bestehen. Dabei können alle denkbaren Elemente einer Objektbeziehung in einer Übertragungsreaktion enthalten sein.[169]

3.3 Die Psychodynamik umfasst unterschiedliche Schulen und Zugänge

Es haben sich seit Freud unterschiedliche Schulen der psychoanalytischen Bewegung etabliert, ihnen gemeinsam ist unter anderem der Begriff der Psychodynamik. Der Begriff „Dynamik" greift eine Formulierung auf, die schon Aristoteles verwendet hat („dynamis"), um etwas Bereitliegendes, zur Verwirklichung Drängendes zu beschreiben. Er steht im Gegensatz zu der bereits realisierten „energeia". Psychodynamische Psychotherapie beschäftigt sich somit einerseits mit der bewussten Oberfläche im Erleben der Patienten (ihrer energeia) und versucht zugleich, die nicht bewusste Seite, die im Sinne der „dynamis" bereitliegende, andrängende, aber auch ängstlich vermiedene Seite zu erfassen.[170] Dabei erklärt Rudolf einerseits das Zusammenspiel zwischen bewusstem und unbewusstem Raum im Menschen; so ist in dieser Definition auch erkennbar, wie die Methodologie der Psychodynamik auch auf Prozesse im Wirtschaftsleben übertragbar ist.

Die heutige Sicht integriert häufig alle diese Motivationen als unbewusste, objektgerichtete Schemata mit gleichermaßen kognitiven, emotionalen und handlungsorientierten Aspekten, gebildet aus bedeutenden, prägenden und intrapsychisch-unbewusst aufbewahrten Beziehungserfahrungen.[171] Die Grundzüge der psychodynamischen Methodologie liegen neben der entsprechenden Technik vor allem im zwischenmenschlichen Beziehungsbereich und dem therapeutischen Können. Die wesentlichsten psychodynamischen Schulen und deren Vertreter sind:

- Alfred Adler begründete die Individualpsychologie rund um die Entwicklung des Minderwertigkeitsgefühls.
- Carl Gustav Jung begründete die Analytische Psychologie.
- Basierend auf Anna Freud etablierte sich die Ich-Psychologie.
- Danach folgte das Werk Melanie Kleins und bald das ihrer Schüler Wilfred Bion, Betty Joseph und Hanna Segal.

---

169 Greenson, 2007, S. 166 f.
170 Rudolf, 2014., S. 14.
171 Ebd., S. 7.

- Die amerikanische Objektbeziehungstheorie nimmt die Elemente der Ich-Psychologie und der Kleinianer, also der Schüler Melanie Kleins auf. Dazu gehören Otto F. Kernberg und Thomas Ogden.
- Die französische Psychoanalyse denkt Freuds Verführungstheorie weiter, ihre wesentlichen Vertreter sind Jacques Lacan, Jean Laplanche, Janine Chasseguet-Smirgel und Joyce McDougall.
- Der in späteren Kapiteln unserer Arbeit zitierte Alfred Lorenzer gehört zu den sozialwissenschaftlichen Psychoanalytikern.
- Die wesentlichen Vertreter der „American Cultural School" (Sexualität wird zugunsten der Kultur „aufgegeben") der Psychoanalyse sind Erich Fromm (Frankfurter Schule), Karen Horney und Harry Stuck Sullivan.
- Die Selbstpsychologie wurde von Heinz Kohut begründet.
- Die relationale Schule wurde von Stephen Mitchell vertreten.
- Die intersubjektive Psychoanalyse in Deutschland versteht sich im Erleben von wechselseitigen Subjektivitäten, Vertreter sind Horst Kächele und Martin Altmeyer.
- Schon weit von Freud entfernt haben sich die ehemaligen Psychoanalytiker rund um Fritz Perls, den Begründer der Gestalttherapie.

Gerd Rudolf setzt sich in seiner Arbeit „Psychodynamische Psychotherapie" intensiv mit den Positionen von Sigmund Freud und seiner Tochter Anna Freud auseinander.[172] Rudolf verfolgt ein psychodynamisches Modell, nach welchem im nicht wahrnehmbaren Untergrund einer Person unterschiedliche Kräfte am Werk sind, die Spannungen erzeugen können. Über die Art dieser Kräfte haben die psychoanalytisch fundierten Konzepte im Laufe ihrer Geschichte unterschiedliche Annahmen gemacht.

Aus den ursprünglich diskutierten sexuellen und aggressiven Triebimpulsen[173] entwickelte sich mit der Zeit eine allgemeine Vorstellung von Bedürfnissen und Wünschen, die auf wichtige Objekte gerichtet sind. Es traten die Abwehrmechanismen, Rudolf nennt sie Abwehrkräfte, in den Vordergrund des Interesses, welche im Dienst des inneren Gleichgewichts Handlungen und Wahrnehmungen zu steuern haben. Die Aufmerksamkeit richtete sich auf die affektiven Kräfte, die sich z. B. als Hoffnungen und Befürchtungen, Trauer, Schuld, Scham und Wut auch als objektgerichtete Intentionen verstehen lassen.

Aufgrund der starken Beziehungsausrichtung sind diese Fähigkeiten auch umlegbar auf juristische Sachverhalte. Die Fähigkeit, in Beziehung mit anderen Menschen zu treten, ist eine Eigenschaft, die für jedes psychodynamische Modell die Basis darstellt. Das gilt für jeden Beruf, bei dem man mit anderen Menschen zu tun hat. Gerade im Zusammenhang mit Aufmerksamkeit, mit „soft facts", ist die Beziehungsebene untrennbar mit einer psychodynamischen Herangehensweise verbunden. Be-

---

172 Ebd, S. 38 ff.
173 Siehe dazu ausführlicher das Kapitel zu Freuds Trieblehre unter 3.2.1.

ziehungsfähige Mitarbeiter und Führungskräfte sind für Organisationen die Wurzel für eine gedeihliche Unternehmenskultur und oft auch der Schlüssel zum Erfolg.

Vereinfacht und auf einzelne Begriffe reduziert, stehen für den Psychoanalytiker vier Aspekte im Zentrum, nämlich Erfahrung, Behandlungstechnik, Fähigkeit zur Selbstreflexion und die Fähigkeit, in Beziehung zu treten. Die zentrale Bedeutung dieser vier Aspekte gilt auch für juristische Berufe. Die ersten beiden Punkte treffen unbestritten zu. Aber Selbstreflexion? Gerade für juristisch geschulte Menschen ist es ein Unterscheidungsmerkmal zu vielen anderen Berufskollegen, wenn man in der Lage ist, sich selbst und den jeweils aktuellen Fall, das Projekt, die Herangehensweise, die unterschiedlichen Sichtweisen der Sachverhalte, kritisch zu hinterfragen. Bereits hier ist zu erkennen, worum es in der weiteren Arbeit geht, zuerst aber noch weiter in der Begriffsklärung.[174]

3.4 Vorherrschende Persönlichkeitsanteile bei Juristen?

Im Grunde haben alle Faktoren einer Persönlichkeit einen Einfluss auf die Erscheinung des Menschen, in seiner Identität als Privatperson und in der Ausübung des Berufs. Die Person des Juristen könnte daher sortiert werden nach Charakter, Biografie, inneren Konfliktmustern, aktueller privater Lebenssituation, Alter, Krankheit, beruflicher Entwicklung, Ausbildungserfahrungen und Beziehungen in der juristischen Szene (Netzwerk). Jeder Mensch hat unterschiedliche Persönlichkeitsmerkmale, diese sind manchmal dominant und dann klar erkennbar, es gibt auch andere Fälle, die unauffällig erscheinen und trotzdem ganz eigene Merkmale besitzen. Die „Clusterung" von Typologien oder Persönlichkeiten zu erstellen und Verallgemeinerungen zuzulassen, ist kein zielführender Zugang für die Beschreibung von Menschen in juristischen Berufen. So sind zwar in juristischen Berufen doch ausgeprägte „Verhaltenszüge" immer wieder zu beobachten, und es können in der Praxis bestimmte Aspekte solcher Typologien erkannt werden, doch wäre eine Typologisierung von Juristen zu kurz gegriffen und würde im Widerspruch zu einem psychoanalytischen Menschenbild und einer entsprechenden individuellen Herangehensweise an das Individuum stehen.

Es macht einen Unterschied, ob man beobachtet und erkennt, was für Muster an Verdrängungsmechanismen und Persönlichkeitsanteilen bei Menschen in ihrem beruflichen Auftreten in Erscheinung treten und wie die individuelle Lebensgeschichte des einzelnen Betroffenen tatsächlich aussieht. Wenn man diese Eigenheiten der Menschen und die entsprechenden Beobachtungen berücksichtigt, kann man auf konkrete Menschen möglicherweise besser eingehen, sie verstehen und so dazu beitragen, einem Konflikt präventiv aus dem Weg zu gehen. In gewisser Weise sind daher die nächsten Absätze mit Vorbehalt geschrieben, da sie im Widerspruch mit dem humanistischen Grundgedanken des Verfassers über die Einzigartigkeit jedes Individuums stehen, und dienen eher der Beschreibung der gemachten Beobachtun-

---

174 In Kapitel 6.2.1 wird in Bezugnahme darauf näher eingegangen werden.

gen und einer Orientierung für die bessere Einordnung der Personen als einer nicht beabsichtigten Bewertung. Ausgehend von einem Neurosenmodell, das Zwiebel für Analytiker skizziert,[175] kann man unterschiedliche Schemata für Juristen erstellen:

- Der hysterische Jurist betrachtet eine Situation, einen Rechtsfall und die darin vorkommenden Beziehungen als eine Verführungssituation.
- Der zwangsneurotische Jurist sieht den Rechtsstreit als eine Kampf- oder Regelsituation, die sich um Unterwerfung und Auflehnung rankt.
- Der depressive Jurist betrachtet einen Rechtsfall als eine Art höheres Gerichtsverfahren oder eine Beichte, in der Schuld gebeichtet und verhandelt wird.
- Der paranoide Jurist sieht in seiner juristischen Arbeit gefährliche, permanent von Trennung bedrohte Situationen.
- Der narzisstische Jurist erlebt auch rechtlich relevante Situationen als eine andauernde Auseinandersetzung um Spiegelung und Anerkennung.
- Der schizoide Jurist bleibt in seiner kontaktarmen, gefühlsisolierten Beziehungsvermeidung.[176]

> Natürlich sind dies grobe Schematisierungen, die niemals in einer reinen Form vorliegen und sicherlich auch phasenspezifisch sind und von den jeweiligen Übertragungen des Analysanden und des Analytikers geprägt sind; diese eher unbewussten Beziehungsmuster – die sich umso mehr auswirken werden, wenn sie nicht immer wieder reflektiert und damit auch relativiert werden – prägen jedoch mehr oder weniger die anderen Voraussetzungen und sicherlich auch die zentralen Kernfunktionen.[177]

In den nächsten Kapiteln wird nun auf Paranoia, Narzissmus, Sucht und Zwang eingegangen. Es ist beobachtbar, dass gerade diese Verhaltensmerkmale bei Menschen, die im juristischen Umfeld tätig sind, in verschiedensten Ausprägungen und Kombinationen anzutreffen sind.

3.5 Paranoia in juristischen Berufen

Was heißt Paranoia im beruflichen Teil unseres Lebens? Das Unheimliche, von dem Freud in einem vielschichtigen Aufsatz geschrieben hat, wird hier akut. Schon Freuds Beschäftigung mit der Semantik des Unheimlichen ist Ausdruck dafür, was für gegensätzliche Bedeutungen in ihm stecken. Fritz Perls verwendet den Begriff der Gestalt als verlässliches Instrument des Begreifens; offene und unbestimmte Gestalten wirken sinngemäß unheimlich.

> Gestalt ist so alt wie die Welt. Die Welt und vor allem jeder Organismus erhält sich selbst aufrecht, und das einzige Gesetz, das konstant ist, ist die Bildung von Gestalten – Ganzheiten, Vollständigkeit. Eine Gestalt ist eine organische Funktion. Eine Ge-

---

175 Zwiebel, 2015, S. 39.
176 Ebd., S. 39.
177 Ebd., S. 39.

stalt ist eine letzte Erfahrungseinheit. Sobald eine Gestalt aufgebrochen wird, ist sie keine Gestalt mehr.[178]

Paranoide Persönlichkeiten wirken auf uns feindselig, sie agieren kritisch, und ihnen fällt so manches auf, was einem Normalsterblichen verborgen bleiben wird; man sieht ihnen ihre spezifische Störung nicht auf den ersten Blick an. Sie können schwer vertrauen und fühlen sich selbst bei freundlichen Kontakten angegriffen. Daher werden sie auch von ihrem Umfeld meist nicht verstanden und leiden darunter. Sie sind fixiert auf eine Bedrohung von außen; darauf konzentriert sich dann auch ihre paranoide Aufmerksamkeit. Die Bedrohung führt zu Wut und Enttäuschung und zu einer Distanzierung vom Mitmenschen, zu einem Rückzug. Das Bild des Verfolgungswahns wird im Allgemeinen am ehesten mit Paranoia assoziiert. Personen mit paranoiden Merkmalen und Anteilen fühlen sich schnell verraten und halten Kränkungen schwer aus, können schwer vertrauen, fühlen sich ihrer Umwelt schutzlos ausgesetzt. Ihre volle Aufmerksamkeit fokussiert sich daher auf Maßnahmen zum Selbstschutz. Auf vergleichbare Weise können auch ein Konflikt und eine Organisation paranoid wahnhaft begründet, ausgerichtet oder geführt sein. Auch da geht die gesamte Aufmerksamkeit darauf, „zu überleben", also sich zu schützen. Eine wörtliche Übersetzung von Paranoia bedeutet schlichtweg: „wider den Verstand". Nach ICD 10 Diagnostik handelt es sich bei Paranoia verkürzt um eine wahnhafte Störung; Kets de Vries beschreibt die Arbeit mit paranoiden Führungskräften, inhaltlich gilt das auch für Juristen:

> When dealing with people … you have to make your moves very carefully. Paranoids are not good collaborators. You must be prepared to encounter a lot of resistance. They will be hypercritical to everything you say and highly critical of it. They are quickly to react angrily or to counterattack. Paranoia attracts paranoia. You will have to monitor yourself carefully. Don´t allow yourself to be driven mad.[179]

Bei wirtschaftlichen Konflikten zwischen Unternehmen ist die Paranoia nicht immer auf den ersten Blick zu erkennen. Ähnlich wie die bereits beschriebenen Symptome von paranoiden Personen können auch ein Konflikt, ja eine ganze Organisation paranoid-wahnhaft begründet, ausgerichtet oder geführt sein. Gerade bei Rechtsstreitigkeiten ist das keine Seltenheit. Auch hier lassen sich leicht eine ganze Reihe von Fällen anführen, die aus rein rechtlicher Sicht nie den Gang zum Gericht gefunden hätten und nur mit den unbewussten Motiven der Streitparteien erklärt werden können.

3.6 Narzissmus im juristischen Alltag

Das Phänomen Narzissmus ist im Spannungsfeld Psychoanalyse und Recht weit verbreitet. Narzisstische Persönlichkeiten finden sich oft in wirtschaftlichen und auch in

---
178 Perls, 2014, S. 24.
179 Kets de Vries, 2016a, S. 28.

juristischen Spitzenpositionen. In vielen Fällen handelt es sich um intelligente, hart arbeitende Männer und Frauen, die auf ihrem Gebiet extrem begabt oder fähig sind. Im juristischen Alltag spielen Menschen mit narzisstischen Persönlichkeitsanteilen oftmals eine bedeutende Rolle. Die narzisstische Aufmerksamkeit ist klar fokussiert, auf den eigenen Erfolg und die Karriere. Es geht hier um Situationen, bei denen der Narzisst sich selbst vorteilhaft darstellen kann. So gewinnt er die Aufmerksamkeit der anderen Menschen für sich und nimmt diese Menschen als spiegelnde Selbstobjekte gekonnt für sich ein. Die narzisstische Aufmerksamkeit ist auf das eigene Wohl ausgerichtet. Der verständnisheischende Blick auf das Gegenüber dient vor allem der eigenen narzisstischen Aufladung, im Sinne der eigenen Wertsteigerung und generell der Selbstvergewisserung.

Ihre narzisstischen Bedürfnisse aber neutralisieren oder zerstören häufig das kreative Potenzial einer Organisation. Normale Selbstliebe verbindet sich mit einer Verpflichtung gegenüber Idealen und Werten und mit der Fähigkeit, andere zu lieben und ein tiefes Interesse an ihnen zu finden.[180] Was passiert, wenn man an der narzisstischen Schale vieler Führungspersönlichkeiten kratzen würde? Zum Begriff des Narzissmus wird viel geforscht, und er wird nicht selten eher beliebig für auffällige Personen, die im Rampenlicht stehen, verwendet. In der heutigen Gesellschaft spricht man viel über narzisstische „Egos" – eine Debatte, die erstaunlich ist, weil sie auch eine Scham von uns allen zeigt, obwohl doch ein gewisser gesunder Narzissmus unbestritten zum Überleben unerlässlich ist. Die Einsamkeit des narzisstischen Führers führt zu einem Teufelskreis. Denn irgendwann ist dieser effektive Manager, der letztendlich in dieser Organisation versucht, seine Einsamkeit zu überwinden, so erfolgreich, dass er auf dem Gipfel seines Erfolgs letztlich wieder alleine bleibt; ein trauriger Gedanke und ein Schicksal, dem man in der Berufswelt gar nicht selten begegnet.

> Narcisstic executives very frequently create toxic relationships with the people who work with or for them. … narcisstic executives like this kind of admiration. It's an emotional fix. They want others to approve of whatever they do, and they need to be in the limelight. … Narcists tend to see any form of disagreement as a personal attack. Their tantrums should be viewed as a regression to earlier feelings of helplessness and humiliation, which have turned into blind rage, re-enactment of childhood behavior. The difference is that, given the considerable power they now wield within an organization, the impact can be devastating.[181]

Viele Aspekte der Dynamik des Privat- und Familienlebens bergen das Risiko, im institutionellen Berufsleben wiederaufzuleben, insbesondere wenn die Institution derart geführt und gemanagt wird, dass solchen Phänomenen keine Beachtung geschenkt wird. Schon diese Tatsache selbst kann zum Wiederaufleben eines persön-

---

180 Zitat aus einem Manuskript des Verfassers zu einer Radiosendung des Senders Radio Orange vom 08.08.2018 um 19:00 Uhr.
181 Kets de Vries, 2016a, S. 8.

lichen Dilemmas aus der Vergangenheit führen, etwa wenn ein Elternteil die schädlichen Auswirkungen der Geschwisterrivalität ignorierte oder schlimmer, sie sich zu Nutzen machte. Organisationen werden in vielfältiger Hinsicht vom Wiederauftreten derartiger, oft weit zurückliegender Dynamiken im Seelenleben ihrer Belegschaft bedroht.

Welche gruppendynamischen Auswirkungen können sich ergeben, wenn diese einzelnen persönlichen Dilemmata aus der Vergangenheit auftreten? Im Falle des Narzissmus, könnte man sagen, ermuntert das Unbewusste den Einzelnen dazu, aus sich herauszugehen, sich selbst darzustellen und im Theater des Sozaillebens sein Publikum zu finden, das ihm durch seine Reaktionen erst Identität verleiht. In seiner narzisstischen Verkleidung agiert das heutige Unbewusste als eine Art sozialer „Streuner", der im Auftrag des Selbst nach identitätsstiftenden Spiegel- und Echobeziehungen Ausschau hält.[182]

Es gibt das Gefühl, dass es noch ein besseres, anerkannteres, interessanteres Betätigungsfeld geben muss. Beruf ist letztlich harte Arbeit; trotzdem kommt bei vielen die Illusion auf, dass es noch etwas darüber hinaus geben muss. Wir wollen alles aus uns herausholen, wissen aber gar nicht, was wir eigentlich mit dem „alles" meinen? Dieser erschöpfende Leistungsgedanke beginnt schon im Kindergarten; dabei werden die Bedürfnisse des Kindes nach Spiel und Entwicklungsraum schon früh eingeengt. Fürsorge und Verantwortungsgefühl werden als Pflicht verstanden, obwohl sie eigentlich freiwillig sein sollten: „Das Verantwortungsgefühl könnte leicht dazu verleiten, den anderen beherrschen und ihn für sich besitzen zu wollen, wenn eine dritte Komponente der Liebe nicht hinzukommt: die Achtung vor dem anderen."[183]

Kinder lernen deshalb so leicht, weil ihr klares Ziel darin besteht, den Eltern zu gefallen. Die nach Erich Fromm unbedingte Mutterliebe wird durch den Satz ausgedrückt: „Ich werde geliebt, weil ich bin."[184] Und vielleicht noch stärker wird die bedingte Vaterliebe ausgedrückt, wenn der Vater sagt: „Ich liebe dich, weil du meinen Erwartungen entsprichst, weil du deine Pflicht erfüllst, weil du mir ähnlich bist."[185] Abgesehen von dem im Zitat beinhalteten womöglich überholten Mutter- und Vaterbild wird dadurch die Lernbereitschaft durchaus verstärkt. Die Liebe wird dem Kind im Idealfall schon vor oder zur Geburt „geschenkt". Kann ein Kind sich in solch einem Umfeld entwickeln, wie soll es jemals ein reifer Mensch werden? Wie soll dieses Kind später mit Krisen umgehen? Jeder von uns wird an einem bestimmten Punkt seines Lebens mit einer Krise konfrontiert. Der Glaube, besonders zu sein, schließt ein, dass man unverwundbar und unantastbar ist. Die Kindheit ist dazu da, möglichst unverwundbar zu sein. Aber was geschieht, wenn die Kindheit der Leistung geopfert wird? Ein Ausweg aus dieser Verwundbarkeit ist der gesellschaftlich immer mehr in den Vordergrund tretende Narzissmus. In Organisationsformen sind

---

[182] Altmeyer, 2016, S. 114.
[183] Fromm, 2015, S. 51.
[184] Ebd., S. 68.
[185] Ebd., S. 73.

narzisstische Verhaltensmuster längst gesellschaftsfähig. Sie werden durch Aufstieg in der Karriereleiter oftmals auch belohnt und damit in ihrer negativen Wirkung noch gesteigert.

Ähnlich wie beim Narzissmus stoßen wir beim eigenen Altern, spätestens in der midlife crisis, auf eine ähnliche Form der Verletzlichkeit. Obwohl narzisstisch erfolgreich und obwohl das eigene Ansehen immer mehr steigt, führt der Erfolg letztendlich zur Einsamkeit, und die melancholischen oder depressiven Elemente können erst recht zutage treten. Der bloße Gedanke, dass man irgendwann allein ist und stirbt, ist vielleicht die größte narzisstische Kränkung. Dabei müssen wir die eigene Endlichkeit und Sterblichkeit eingestehen, die durch die körperlichen Alterungsprozesse vor Augen geführt wird. „Das Realisieren des eigenen Zerfalls ist – gleich ob Mann oder Frau – die schlimmste narzisstische Kränkung."[186] Dabei kennen wir alle unsere Momente, in denen das Altern manifest wird und wir uns dagegen auflehnen, obwohl das ganz zwecklos ist. Eine vergleichbar tiefe Wunde kann in uns schon früher der Tod der eigenen Eltern hinterlassen.

> Der Glaube, etwas Besonderes zu sein, schließt ein, dass man unverwundbar, unantastbar ist – jenseits biologischer Gesetze und jenseits der Gesetze des menschlichen Schicksals. Jeder von uns wird an einem bestimmten Punkt seines Lebens mit einer Krise konfrontiert … Plötzlich offenbart sich die Gewöhnlichkeit der eigenen Existenz, und die weitverbreitete Ansicht, im Leben ginge es nur aufwärts, wird in Frage gestellt.[187]

Der Narzissmus ist also eine Illusion und führt unweigerlich zur Vereinsamung; Ersatzbefriedigung in Partnerschaften, sozialen Medien und ähnliches sind nur Surrogat-Beziehungen. Die Illusion der Inszenierung, des Selfies, des perfekten Ichs, des zweiten Ichs, der eigenen Wahrnehmung, all das erspart den Eintritt in eine echte Gemeinschaft. Erfüllung gibt es nur im Wir. Das von sich selbst enttäuschte Ich wendet sich gegen sich selbst und zieht sich in Depression oder in den Kampf zurück, was nicht selten im Burn-out endet. „Wer bin ich wirklich?", diese Frage bleibt zu oft unbeantwortet. Vieles spricht dafür, dass sich in den liberalisierten Gesellschaften des Westens neben dem sozialen und kulturellen Wandel auch ein psychischer Wandel vollzieht. Die eigene Identität ist das seelische Hauptproblem unserer Zeit, nicht mehr die Sexualität. Es scheint so, als ob das Leiden am Selbst jenes Leiden am Trieb ersetzt hätte, mit dem das Ich in der sexualfeindlichen Kultur zu Freuds Zeit noch beschäftigt war.[188]

Narzissmus kann sich auch gut getarnt in Gruppen wiederfinden. Nicht der Mitarbeiter, sondern die Organisation und damit deren Repräsentanten stehen im unternehmerischen Bereich im Mittelpunkt und sind souverän. Als Einzelner oft ohnmächtig, überträgt der Mitarbeiter seine Stimme an das Wohl des Unternehmens.

---

186 Kets de Vries, 2009, S. 60.
187 Yalom, 2013, S. 17.
188 Altmeyer, 2016, S. 35.

Dadurch wird dieses auf unheimliche Weise mächtig.[189] Der Einzelne fühlt sich jedoch weiter schwach und findet immer mehr Gefallen an Vertretern, die Allmacht vorgaukeln und das Blaue vom Himmel versprechen. Medien unterstützen diese Haltung, diese Suche nach dem Unmöglichen in der Welt der Wirtschaft, indem sie Strahlemänner und -frauen nicht entzaubern, sondern sich von deren Faszination selbst angezogen fühlen. Für sie werden Lob und Tadel ein Instrument, um an der Macht der Mächtigen teilzuhaben. Sie unterwerfen sich den Mächtigen, die damit noch allmächtiger werden, aber sie partizipieren auch an deren – unheimlicher – Machtlust. Diese Repräsentanten glauben in der Folge auch an ihre Einzigartigkeit, der Narzissmus ersetzt immer mehr die konkrete Leistung. Allmachtsfantasien sind im heutigen Wirtschaftsleben allgegenwärtig – ist auch das ein Aspekt einer Krise? Monumentale Bauten wie Kirchen, Banken, Ämter gab es immer, um die bereits von Geburt an ohnmächtigen Bürger vollends „von oben herab" zu überwältigen. Es ist dabei stets um den Drang gegangen, sich über andere zu erheben oder mit anderen durch Rituale wie etwa Lob und Tadel an deren Macht teilzuhaben.

3.7 Die selbstzerstörerische Kraft der Sucht

Wenn im Beruf bestimmte Erlebnisse eintreten, die es unmöglich machen, mit Affekten umzugehen, so wird oft zu naheliegenden und gesellschaftlich anerkannten Strategien gegriffen, um so seelischem Leid zu entgehen. Es wird dann begonnen zu völlern, zu viel zu trinken oder uns in Situationen und Beziehungen zu begeben, um einen Ausweg aus der seelischen Spannung zu finden. Aus Filmen wie „The Wolf of Wall Street"[190] sind Szenen in Erinnerung, in denen in Handelsabteilungen von Banken wilde Orgien gefeiert werden. Dabei kommt es auch zu Drogenkonsum und anderem Suchtverhalten. All dies wird im Film überzeichnet; in der Realität spielen der Missbrauch von Drogen, Alkohol, Medikamenten etc. in juristischen Berufen und Banken eine beachtliche Rolle. Aber nicht nur dort, überall dort, wo beruflich eine große Anspannung maximal gefordert wird, findet man dieses Phänomen. Das Verhalten der Betroffenen wird oft bei aufmerksamer Beobachtung dem Konsum von verbotenen Drogen und anderen Substanzen zuzuschreiben sein. Sucht ist in allen Berufen, die Stress verursachen, präsent, da es vielfach um Schicksale von Menschen geht, die hohen finanziellen und/oder emotionalen Einsatz erfordern.

> Das süchtige Verhalten besteht in dem anhaltenden, starken, unwiderstehlichen Drang, bestimmte durch Drogen bzw. andere Substanzen oder auch durch Tätigkeiten, wie leidenschaftliches Glücksspiel etc. hervorgerufene innere Zustände und Befindlichkeiten von Entspannung oder Anregung immer wieder aufzusuchen oder herbeizuführen.[191]

---

189 Vergleiche dazu aus dem Blickwinkel der institutionalisierten Abwehr Kapitel 6.3.4.
190 Scorsese, 2013.
191 Mentzos, 2017, S. 173.

Aus psychiatrischer Sicht ist Sucht ein bestimmtes (suchtartiges) Verhalten und gilt, wenn sie länger anhaltend auftritt, als Krankheit. Sucht hat eine Symptomatik, eine Vorgeschichte und einen Verlauf, sie ist aber auch ein generelles Phänomen und nicht nur eine Krankheit. Aber gerade die Autodestruktivität des Suchtkranken, vor allem des Alkoholikers, führt oft genug zum Tode.

Auch nüchtern fehlt vielen Süchtigen scheinbar die Berechtigung zu leben und sie suchen sich daher immer neue Wege zur Selbstzerstörung oder um „Russisches Roulette" zu spielen. Der tödliche Ausgang von Suchterkrankungen, er ist nicht nur ein „Betriebsunfall", eine unbeabsichtigte Nebenwirkung.[192]

Eine psychodynamische Erklärung der Sucht liefert etwa Mentzos in seiner Darstellung des Sucht-Modus der Konflikt- und Traumaverarbeitung.[193] Erst in einer tieferen Betrachtung mithilfe der Psychoanalyse wird klarer, dass ein Suchtmittel ein Substitut für ein anderes Bedürfnis darstellen kann. Mentzos erläutert vier Ansätze zur psychodynamischen Erklärung der Sucht. Sein erster Ansatz ist rein triebhaft und erklärt die Sucht als Ersatzbefriedigung, da die primäre Triebbefriedigung aufgrund von Blockierung, Verdrängung oder sonstigen Gründen unmöglich war. Der nächste Entwicklungsansatz sieht die Sucht als Schutz gegen eine unerträgliche intrapsychische Anspannung. Auch dieser Ich-psychologische Ansatz scheint kurz gegriffen.

Die selbstpsychologische Auffassung begreift die Sucht als Ersatzbefriedigung einer pathologischen Regulierung von narzisstischen Defiziten. Die Regulation des Selbstwertgefühls wird durch Suchtmittel (notdürftig) kompensiert. Das Suchtmittel erzeugt einen diffusen Zustand, und damit werden Minderwertigkeitsgefühle, Selbstverachtung und narzisstische Kränkung nicht mehr so lustfern empfunden.[194] Diese Theorie unterstützt die Möglichkeit, dass Erfolge und Leistungen im Beruf ebenso stimulierend wirken können wie ein Suchtmittel.

Der vierte Ansatz stammt aus der Objektbeziehungstheorie. Der Süchtige erlebt demnach das Suchtmittel als Beziehungsobjekt, welches ambivalent besetzt ist. Es wirkt einerseits beruhigend und entlastend, aber andererseits bringt es Leid, Schuldgefühle und seelische Zerstörung bis hin zum Tod. Es ähnelt dem sadomasochistischen Modus der Konflikt- und Trauma-Verarbeitung.

Das Ausmaß der Selbstzerstörung wird im objektpsychologischen Ansatz klar herausgearbeitet, es steht damit im Gegensatz zur Selbstheilungsthese der Ichpsychologie.[195] Demzufolge kann sich jeder Verarbeitungsmodus, jede Bewältigungsstrategie suchtartig entwickeln. Die dabei jeweils erfahrene kurzfristige Entlastung und Entspannung führen eben zum suchtartigen Verhalten. Aufgrund dieser psy-

---

192 Rost, 2009, S. XXXIII.
193 Mentzos, 2017, S. 173 ff.
194 Ebd., S. 174.
195 Rost, 2009, S. 104.

chodynamisch pathologischen Beziehung zum Suchtmittel ist die Sucht schwirig psychodynamisch zu therapieren.[196]

Die Sucht stellt zuweilen auch eine narzisstische Ersatzbefriedigung dar, sie dient der Ausweitung der Ich-Grenze. Ein Rausch führt zur Einschränkung der Realitätsprüfung, die Einverleibung der Wunderdroge löst Spannungen und hilft in Drucksituationen, wobei die Droge als Selbstobjekt dient. Joyce McDougall versucht eine psychoanalytische Annäherung an das Suchtphänomen und kommt unter anderem zum Schluss, dass das Fehlen innerer Objektrepräsentanten nicht durch Substanzen oder Objekte aus der Außenwelt wettgemacht werden kann.[197]

> Zuweilen wandelt sich dieses Bedürfnis in die unablässige Suche nach Konflikten mit anderen (wohinter sich häufig eine paranoide Dimension verbirgt) und in den Versuch, sich einer Verfolgungsangst zu entledigen ... Diese Linderung seelischen Leids lässt erneut das doppelte narzisstische Ziel erkennen: die Wiederherstellung des beschädigten Selbstbilds bei Aufrechterhaltung der Illusion allmächtiger Kontrolle durch Rückgriff auf die Sucht.[198]

Dies führt zu Trotz gegenüber dem inneren mütterlichen Objekt, das als abwesend empfunden wird und durch das stets verfügbare Suchtmittel ersetzt werden soll; es gibt aber auch den Trotz gegenüber dem inneren Vater und der Gesellschaft, denn beide kommen offenbar ihren Pflichten nicht nach.

3.8 Zwänge können Geborgenheit vermitteln

Oft ist gerade bei Juristen zwanghaftes Verhalten zu beobachten: Perfekte Kleidung, ein über-sauberer Schreibtisch, ritualisierte Handlungen, geregelte Bürozeiten – der „Zwängler" kann sich nicht verstecken und ist nach außen hin nur allzu sichtbar. Aber was steckt hinter diesen Zwangshandlungen und dem Zwangsdenken? Krankheitswertige Zwangsstörungen sind noch wesentlich ausgeprägter als die eben beschriebenen Symptome.

Ein Zwang macht den inneren Konflikt des Menschen gut sichtbar, beim Zwangsdenken läuft beim Betroffenen neben dem Zwangswunsch gleichzeitig eine Zwangsbefürchtung. Der Zwang bringt Kalkül, Kontrolle und Intellekt in Anschlag, der Zwangsneurotiker hat das Gefühl, die Folgen von Handlungen werden „magisch" kontrolliert, daher hält er sich gehorsam an seine selbst etablierten Gewohnheiten. Der Grundkonflikt, der ihn steuert, ist: Gehorsam versus Auflehnung. Die Befolgung der Zwangshandlungen führt zu vermeintlichem Schuldabbau.

Freud beschreibt in seiner Fallstudie über den Rattenmann die Geschichte des Rechtsanwalts Lanzer, der wegen einer Zwangsstörung bei ihm in Behandlung war.[199]

---
196 Mentzos, 2017, S. 175 f.
197 McDougall, 1997, S. 268 f.
198 Ebd., S. 272 f.
199 Siehe ausführlicher unter Kapitel 6.4.3.

Die Zwangsvorstellung erscheint oftmals in derart entstellter Weise, dass sie schwer enttarnt und damit behandelt werden kann. Freud schreibt sinngemäß, dass ihre Entstellung sie erst lebensfähig mache, denn das bewusste Denken ist genötigt, sie in ähnlicher Weise misszuverstehen wie etwa den Trauminhalt.[200]

> You will encounter many executives displaying obsessive-compulsive behavior in your work – organizations are packed with them. Their own strict standards color the way they look at the world, which for them is the only „right one". Predictably, this behavior does not make for relaxed or close interpersonal relationships … As you might expect, trust is a big issue for obsessive-compulsives and explains their difficulty in delegating and sharing responsibilities … they are obsessed with getting things right to the point where they cannot tolerate the possibility of having made a mistake.[201]

Dieses Verhalten führt bei zwanghaften Menschen häufig nicht zur Beruhigung, sondern übersteigert diese zu einem Gefühl der Geborgenheit, womit Mentzos die Wirkung eines Zwangs beschreibt: „Offenbar wandelt die Befolgung der Zwänge das böse Objekt in ein gutes, verzeihendes – aber eben leider nur für eine kurze Zeit. Offenbar fühlt sich Patientin bei dieser kurzfristigen Geborgenheit so gut, dass sie sie immer wieder herstellt."[202]

---

[200] Freud, Band 7, 1973, S. 85.
[201] Kets de Vries, 2016a, S. 60 f.
[202] Mentzos, 2017, S. 107.

4. Juristische Arbeit zwischen Gerechtigkeit und Gericht

In diesem Kapitel geht es um eine Einführung in die Methodenlehre der Rechtswissenschaften. Es geht um die Fragen: Wie funktioniert Recht in der Theorie? Wie ist das Rechtswesen insgesamt aufgebaut? Welche Schulen gibt es? Was sind bedeutsame Konzepte?

Die Rolle des Rechts in der Schaffung und Aufrechterhaltung von Frieden – wie Freud im Briefwechsel mit Einstein schreibt – kommt im öffentlichen Diskurs oft zu kurz. Die Gerechtigkeit selbst spielt dabei keineswegs eine nebensächliche Rolle. Meine Untersuchung kommt nicht ohne das Postulat der friedensstiftenden Kraft des Rechts aus. Die Rolle des Rechts schafft einen Ausgleich zur Aggression und damit einen Gegenpol zu ungeregelter Macht. Umgekehrt könnte nur in einer konfliktfreien Gesellschaft kein Bedarf an psychoanalytischen Ansätzen vorhanden sein. Eine vollständig durchanalysierte Gesellschaft erscheint jedoch lebensfremd und wäre ähnlich gefährlich wie chemisch reines Wasser. Weiter wird diskutiert, ob Recht in der Lage ist, für Gerechtigkeit zu sorgen.

In diesem Kapitel wird auch die Konfliktlösungskompetenz von Juristen beschrieben. Dies wird anhand von rechtlichen Streitfällen, auch vor Gericht, dargestellt; Strafrecht wird ausgeklammert. Es handelt es sich jeweils um Konflikte zwischen Organisationen, da bei derartigen Streitfällen gute Grundvoraussetzungen in Hinblick auf den Ressourceneinsatz bestehen: Beide Streitparteien haben von Beginn an theoretisch gleichwertige Möglichkeiten. Recht ist jedoch kein Allheilmittel für die Lösung aller Konflikte und in seinem Einsatz beschränkt. Zu viele Möglichkeiten und Motive sind vorhanden, für all die kann das Recht keine Antworten bereithalten.

> Recht, wie wir es verstehen, ist nämlich nur eine von mehreren Möglichkeiten, gesellschaftliche Konflikte zu lösen, und auf den ersten Blick nicht gerade die attraktivste – Geld und Macht sind reizvoller.[203]

4.1 Rechtstheorie

Recht in Kürze zu erklären, ist schwer möglich. Recht hat aus Sicht der Rechtsphilosophie viel mit Realität, mit Richtigkeit, mit Recht als Friedensphänomen, also mit der Frage nach der Gerechtigkeit des Rechts zu tun. Angesichts der Pluralität menschlicher Wert- und Gerechtigkeitsvorstellungen muss ein positivistisches Rechtsverständnis aber von der grundsätzlichen Trennung von Recht und Gerechtigkeit ausgehen und die Frage der Legitimation von Recht und Staat der Philosophie überlassen.[204] In vielen Fällen erhält das Recht seine Legitimität im konkreten Fall, der entschieden werden will. Dafür gibt es ein wissenschaftlich fundiertes metho-

---

203 Brugger et al., 2013, S. 107.
204 Potacs, 2015, S. 18.

dologisches Konzept, das in jeder Rechtsordnung anders konstruiert ist. Die leeren Paragrafen allein können noch keinen rechtlichen Erkenntnisgewinn liefern, sie beginnen erst mit der kontextuellen Tatsachenarbeit zu leben. Dabei ist es meist so, dass jede Konfliktpartei gute Argumente für ihren Standpunkt liefert, sowohl inhaltlich auf der Sachverhaltsebene als auch mittels juristischer Sachargumente. Welche Entscheidung kann in diesen Fällen als gerecht angesehen werden? Damit eine Entscheidung als gerecht angesehen werden kann, wird sie einem unabhängigen Dritten übertragen, nämlich dem Richter. Dieser soll neben seiner gesetzlichen Autorität rechtliche Entscheidungen nach nachvollziehbaren Kriterien fällen. Wenn dies funktioniert, entsteht Vertrauen in die Rechtsordnung, und die Ordnung kann sich fortentwickeln.

Die juristische Methodenlehre ist eine Art „Recht der Methode"[205], eine Anleitung im Sinne einer Metarechtsordnung, um sich in der juristischen Wissenschaft entsprechend zu orientieren. Eine allumfassende gesetzliche Regelung ist nicht denkbar, da Auslegungsregeln gesetzlich weder durchgehend normiert sind noch ihre eigene Interpretation gänzlich den Charakter einer Rechtsvorschrift hat.[206] Nach Bydlinski ist die Jurisprudenz im engeren Sinn gleichbedeutend mit Rechtsdogmatik, worunter er dreierlei versteht: Positives Recht wird verbindlich und auf intersubjektiv verstehbaren und konsequent festgehaltenen Gründen zugrunde gelegt, praktisch konkretere Rechtsregeln werden daraus gewonnen, und dieses Ziel wird auf nachprüfbare und nachvollziehbare Weise zu erreichen versucht. Mit rationalen Verfahren werden sprachliche Analysen verstanden, die historisch-kausale Aufklärung der Gründe einzelner Rechtsnormen, das logische Bemühen um ein möglichst widerspruchsfreies Rechtssystem sowie etwa das Nachschlagen in den entsprechenden Gesetzbüchern, eine beschreibende Erfassung sozialer Vorgänge und Zustände sowie die konkrete Beweisaufnahme im Einzelfall. All dies soll möglichst praktikabel ausgestaltet sein.[207]

Rechtliches Denken und juristische Arbeit werden vielfach als klar und stringent dargestellt. Je gründlicher man sich mit der Materie befasst, desto klarer wird die Unterschiedlichkeit und Vielfältigkeit der rechtlichen Ausgestaltung; Patentrezepte hat die Rechtswissenschaft nicht zu bieten. Wohlgemerkt ist eine unerreichbare und missverständliche Wahrheitsfindung nicht das Ziel der Rechtswissenschaften, dafür gibt es die Philosophie und andere Wissenschaften. Im Film „Misconduct" wird das plakativ ausgesprochen: „Es gibt keine Wahrheit im Rechtswesen, alle Menschen lügen. Suchen Sie nicht mehr danach, Sie finden sie nicht."[208]

---

205 Kramer, 2013, S. 41.
206 Ebd., S. 46 f.
207 Bydlinski, 2011, S. 16 f.
208 Al Pacino als Charles Abrams in Shimosawa, 2016.

4.1.1 Rechtliche Grundlagen von Platon bis Hegel

Schon Ausdrücke wie Begriffsjurisprudenz, Wertungsjurisprudenz oder Interessensjurisprudenz zeigen die Vielfalt in der Grundlagendiskussion der Jurisprudenz. Umso mehr ist gerade in der Praxis der Fokus der juristischen Arbeit auf gesamtheitliches juristisches Denken und entsprechende Rechtsgewinnung zu legen. Rechtsethische Grundsätze, Juristenweisheit, richterliche Erfahrungen und Rechtswahrheiten und Standeskunst runden dieses doch eher diffuse Bild ab. Ein eindeutiges juristisches Verfahren gibt es schlichtweg nicht.

> Die Tätigkeit der Juristen muss sich daher soweit als irgendwie möglich an den allgemeinen, d. h. von der Rechtsgemeinschaft und ihren berufenen Repräsentanten anerkannten, Wertungen orientieren. Diese sind am leichtesten feststellbar, wenn und soweit sie in textlich festgelegten Normen konkretisiert und formuliert sind. Der Jurist hat sich daher über die textlich gefassten Normen des positiven Rechts, die er bei der Lösung seines Problems als relevant erkennen kann, nicht hinwegzusetzen, sondern sie anzuwenden.[209]

Der Jurist kann also die Gesetzestexte präzisieren und interpretieren und so in ein möglichst widerspruchsfreies Konzept gießen, die Geltung der Normen ist dafür die Voraussetzung. Bydlinski nennt das dafür erforderliche Werkzeug „kritisches Denken". Es genüge dafür, dass der Jurist die betreffenden Regeln als Vorschriften des geltenden Rechts identifizieren kann, mehr sei für die Ausübung des rechtlichen Berufs nicht erforderlich. Dieses Buch verfolgt einen breiteren Ansatz. Zusätzlich zur dargestellten absoluten rechtlichen Ordnung und dem kritischen Denken ist ein Ansatz zu untersuchen, der den Menschen und seine Eigenheiten entsprechend berücksichtigen kann.

Recht kann aus Sicht der Rechtstheorie eingeteilt werden zunächst in Naturrecht, als eine von menschlicher Setzung unabhängige (präpositive) Rechtsordnung, die sich aus der Natur des Menschen ableitet.[210] In dieser Arbeit geht es jedoch um positives, gesetztes Recht. Dabei gelten generelle Aussagen unabhängig von einer speziellen Rechtsordnung, trotzdem meist jedoch abhängig von einer spezifischen Ordnung. Als Voraussetzung für die weitere Auseinandersetzung mit rechtlichen Begriffen und deren Einordnung in ein Rechtsgefüge ist vorauszuschicken, dass die empirische Funktion der positiven Rechtsordnung aus dem formellen Aufbau von Rechtsordnungen und der formalen Erscheinungsform von Rechtsvorschriften besteht.

Erkenntnistheoretische Lehren der Rechtswissenschaften befassen sich hauptsächlich mit Hermeneutik, Diskurstheorie und der Grundnormlehre. Der Rechtsrealismus hat seinen Fokus auf der Beschreibung des menschlichen Verhaltens und bezieht sein Erkenntnisinteresse auf die Vorhersehbarkeit von Entscheidungen.[211]

---

209 Bydlinski, 2011, S. 34.
210 Potacs, 2015, S. 15.
211 Ebd., S. 35.

Huntington Cairns hat in seiner „Rechtsphilosophie von Platon bis Hegel" folgende Zusammenfassung seiner Arbeit gegeben, die uns zeigt, wie weit selbst die größten Geister davon entfernt waren, ihre Meinungsverschiedenheiten zu lösen oder doch zumindest über deren Inhalt einig zu sein:

> Uns wurde von Plato gelehrt, dass das Recht ein Mittel sozialer Kontrolle ist, ein Leitfaden guten Lebens, der Weg zur Erkenntnis der Wirklichkeit, der wahren Wirklichkeit des Aufbaues der Gesellschaft; von Aristoteles, dass es eine Verhaltensregel ist, ein Vertrag, ein Ideal der Vernunft, eine Entscheidungsregel, ein Mittel der Ordnung; von Cicero, dass es die Übereinstimmung zwischen Vernunft und Natur ist, die Unterscheidung zwischen dem Gerechten und dem Ungerechten, ein Gebot oder ein Verbot; von Thomas von Aquin, dass es eine Anordnung der Vernunft für das bonum commune ist, geschaffen und verkündet von dem, dem die Sorge für die Gemeinschaft obliegt; von Bacon, dass die Sicherheit die erste Notwendigkeit des Rechts ist; von Hobbes, dass das Recht ein Befehl des Souveräns ist; von Spinoza, dass es ein Plan des Lebens ist; von Leibniz, dass sein Charakter von der Struktur der Gesellschaft bestimmt wird; von Locke, dass es eine vom Gemeinwesen aufgestellte Norm ist; von Hume, dass es ein Gebilde von Vorschriften ist; von Kant, dass es eine im Interesse der Freiheit und durch universale Regeln bewirkte Harmonisierung von Einzelwillen ist; von Fichte, dass es eine Beziehung zwischen Menschen ist; von Hegel, dass es eine Entfaltung unter Verwirklichung der Idee des Richtigen ist.[212]

Die Vielschichtigkeit von Recht wird in diesem Zitat gut erkennbar. Das Recht hat sich über die Zeit und in den unterschiedlichen Kulturen und Ausprägungen weiterentwickelt. Der Rechtsstaat konnte sich als Grundpfeiler unserer modernen Welt etablieren. In einem funktionierenden Rechtsstaat mit klar umrissener Gewaltentrennung und ohne (überbordende) Korruption wird die Kulturentwicklung im Sinne Freuds ermöglicht.

4.1.2 Kelsen und die „Reine Rechtslehre"

In diese Reihe der theoretischen Rechtsentwicklung ordnet sich dann die „Reine Rechtslehre" von Hans Kelsen ein. Diese versteht unter einer Norm „Willensakte", wonach sich Menschen in einer bestimmten Weise verhalten sollen. Als Rechtsnorm kann demnach ein im Rahmen einer im Großen und Ganzen wirksamen Normenordnung geltender Willensakt verstanden werden.[213]

> Daraus, dass etwas ist, kann nicht folgen, dass etwas sein soll; sowie daraus, dass etwas sein soll, nicht folgen kann, dass etwas ist. Der Geltungsgrund einer Norm kann nur die Geltung einer anderen Norm sein. Eine Norm, die den Geltungsgrund einer anderen Norm darstellt, wird figürlich als die höhere Norm im Verhältnis zu einer niederen Norm bezeichnet.[214]

---

212 Ehrenzweig, 1973, S. 45.
213 Potacs, 2015, S. 39.
214 Kelsen, 2017, S. 346.

4. Juristische Arbeit zwischen Gerechtigkeit und Gericht

Die reine Rechtslehre versucht in gewisser Weise das positive Recht als reine Wissenschaft, ohne den Einfluss des Menschen und der menschlichen Psyche zu verstehen. Kelsens kannte Freud und las ihn auch, unter anderem „Totem und Tabu" erschienen 1912/13, „Massenpsychologie und Ich-Analyse" erschienen 1921, und die beiden späteren kulturphilosophischen Studien „Das Unbehagen in der Kultur" von 1929/30 beziehungsweise die „Zukunft einer Illusion" von 1927. Kelsen schrieb auch Beiträge in den psychoanalytischen Zeitschriften „Imago" und dem „Almanach" des internationalen psychoanalytischen Verlags und referierte um 1920 vor der Wiener Psychoanalytischen Gesellschaft. Freud war für Kelsen der große Aufklärer, der mit den metaphysischen Fragestellungen in der Psychologie wie Seele etc. aufräumte und die Mechanik sozialer Mythen aufgeklärt hat.[215]

In frühen Schriften spricht Kelsen davon, dass der Wille „keine realpsychische Tatsache" darstellt, sondern bloß eine „juristische Konstruktion".[216] Vor diesem Hintergrund geht es Kelsen um die Begründung einer „ausschließlich auf Erkenntnis des Rechts" gerichteten Lehre, die danach strebe, sich „dem Ideal aller Wissenschaft, Objektivität und Exaktheit, soweit als irgend möglich anzunähern".[217] Die Theorie der Grundnorm besagt daher: Nur unter der Annahme, dass man die Anordnungen der Rechtsordnung befolgen soll, können diese Regelungen als „objektiv gültige" aufgefasst werden.[218] Kelsens Unterscheidung von Sein und Sollen hat viele Kontroversen in der Rechtsphilosophie ausgelöst. Die verifizierbare Frage nach dem Sein bezieht sich auf die Beschreibung von Tatsachen, die die Schaffung von Rechtsnormen bestimmen; die Frage nach dem Sollen dagegen fußt auf der Darstellung dieser Normen als Grundlage von Pflichten.[219] Ob dieser Ansicht zu folgen ist, wird nicht näher hinterfragt, interessant erscheint der Standpunkt im Vergleich zur Psychoanalyse, die derartige „realpsychische Tatsachen" um den weiten Begriff des Unbewussten erweitert hat. Demnach unterliegt der Wille nicht nur realpsychischen, sondern auch unbewussten Mechanismen. Die Verfassung hat demnach Züge eines starken Über-Ichs im Sinne Freuds, das uns auf unserem Weg durch das Leben begleitet und jedem Staatsbürger im Sinne des Gleichheitsgebots eine Richtschnur des Handelns auferlegt.

> Die Tatsache, dass irgendjemand irgendetwas befiehlt, ist kein Grund, den Befehl als gültige, das heißt für den Normadressaten verbindliche Norm anzusehen. Nur eine kompetente Autorität kann gültige Normen setzen; und nur auf einer zur Normsetzung ermächtigenden Norm kann solche Kompetenz beruhen. Dieser Norm ist die zur Normsetzung ermächtigte Autorität ebenso unterworfen wie die zum Gehorsam gegenüber den von ihr gesetzten Normen verpflichteten Individuen.[220]

---

215 Barta, 2001, S. 14.
216 Potacs, 2015, S. 40.
217 Ebd., S. 83.
218 Ebd., S. 85.
219 Ehrenzweig, 1973, S. 46.
220 Kelsen, 2017, S. 348.

Die Rechtssoziologie beschäftigt sich mit Alltagserfahrungen, die zweifellos die Grundlage für jedes Handeln und Verhalten darstellen.[221] Darauf basierend wurde die „Theorie des richterlichen Verhaltens" begründet. Demnach wenden Richter bei ihren Entscheidungen nicht nur Normen des Rechts an, sondern scheinen auch an andere Entscheidungsmechanismen gebunden. Dadurch kann es zu unterschiedlichen Prognosen des Verhaltens von Richtern kommen. Rechtsdogmatisch ist das umstritten und wird abgelehnt, ist aus der Sicht der Rechtstheorie sogar unzulässig, da damit unterstellt wird, dass Richter neben gesetzlichen Normen auch andere Entscheidungskriterien verwenden und so das geschlossene System des Rechtswesens insgesamt unterwandern. In der Theorie sind richterliche Entscheidungskriterien nur rechtswissenschaftlichen Kriterien unterstellt, letzten Endes müssen Richter ihre Entscheidungen mit juristischen Argumenten untermauern und dies auch schriftlich festlegen. Diese Urteile können dann auf dem Rechtsweg, also im Instanzenzug überprüft und damit Rechtssicherheit sichergestellt werden.

4.1.3 Der Stufenbau der Rechtsordnung

Idealtypisch sind Rechtsordnungen durch einen Stufenbau nach dem Erzeugungszusammenhang geprägt, der sich von individuellen Normen wie gerichtlichen Urteilen oder Verwaltungsakten über generelle Normen wie Gesetze bis hin zur Verfassung oder allenfalls zur „historisch ersten Verfassung" (von der sich eine bestimmte Verfassungsordnung ableitet) erstreckt.[222]

Die Lehre vom Stufenbau der Rechtsordnung ist ein Grundpfeiler des positiven Rechts. Ihre große Bedeutung liegt im Konflikt der Selbstregelung jeder positiven Rechtsordnung. Irgendwann werden Rechtsnormen erzeugt, angewandt und möglicherweise auch aufgehoben; damit das alles funktioniert, muss es eine klare Über- und Unterordnung der Rechtsnormen geben.

Im Rahmen der Stufenbaulehre ist auch das Case Law zu betrachten. Im Gegensatz zum Common Law wird in dieser Ausformung der Rechtsfindung gerichtlichen Urteilen eine größere Bindungswirkung zugestanden. Dies führt zu einem höheren Ausmaß an richterlicher Rechtsschöpfung, denn Gerichte sind dann an vorangegangene Entscheidungen gebunden. Der Richter ist in dieser Ausgestaltung nicht nur Vollzieher des Rechts, sondern er erzeugt auch Recht. Diese Entwicklung hat Einfluss auf die Ausgestaltung des Richterberufs, gerade für Richter in zweiter und dritter Instanz, die immer mehr in den Blickpunkt der Rechtserzeugung treten. Freilich führt dies auch zu einer höheren Attraktivität und Verantwortung des Richterberufs.

---

221 Potacs, 2015, S. 21 f.
222 Ebd., S. 104.

4.1.4 Die Methoden der Rechtsgewinnung

Die führenden methodologischen Grundauffassungen werden Interessens- und Wertungsjurisprudenz genannt. Ihnen beiden ist gemein, dass sie realitätsnahe, d. h. praktisch brauchbare und nachvollziehbare, Theoriekonzepte sind und sich dabei jeweils auf Deduktion und Induktion stützen.

Bei den meisten Vorgängen, in denen es um Rechtsgewinnung geht, treffen Deduktion und Induktion zusammen. Methodologisch liefern daher zweifellos jene Lehren die brauchbarsten Ansätze, die dem logisch-deduktiven Element in der Rechtsgewinnung seinen Raum lassen, die Notwendigkeit darüberhinausgehender induktiver Denkschritte aber durchaus anerkennen und die beiden Methoden auch nicht allzu streng trennen.[223]

Unter Deduktion versteht man hier die Anwendung einer maßgeblichen Regel auf einen konkreten anzuwendenden Rechtsfall. Hier ist die generelle Regel, dass ein Obersatz eine Rechtsfolge anordnet; diese gilt dann für den Untersatz, wenn die individuellen Merkmale Anwendungsfälle des Obersatzes sind. Jede Rechtsanwendung wurzelt in einer solchen Deduktion. Die Problematik der Rechtsanwendung liegt in der Vorbereitung des Ober- und Untersatzes, bis daraus endgültig Schlüsse gezogen (oder verneint) werden können.[224] In der Praxis kommt diese idealtypische Darstellung meist nicht vor, meist sind Sachverhalte nicht deckungsgleich unter den Tatbestand einer Rechtsnorm zu subsumieren. Es bedarf vielmehr einer Vielzahl von Subsumtionsschritten, die jeweils andere Rechtsnormen nach sich ziehen können, wobei deren Reihenfolge und die Vollständigkeit zu beachten sind. Vor Interpretation und Anwendung der maßgebenden Normen ist es auch notwendig, einen Überblick über die in Frage kommenden Regeln zu erhalten. Damit keine der Normen für die Prüfung übersehen wird, kommt als grundsätzliches Werkzeug der juristischen Methodenlehre eine entsprechende Falllösungstechnik zur Anwendung.

Die Rechtsanwendung erfordert von Beginn an induktives Denken mit dem Ziel, die zu einer Norm gehörigen Wertungen und Zwecke zu erfassen und für die Rechtsgewinnung nutzbar zu machen.[225]

4.1.5 Tatsachenarbeit und Feststellung des Sachverhaltes

Es ist eine verbreitete juristische Überzeugung, der Tatsachenarbeit ihr juristisch bedeutendes Substrat abzusprechen. So ist in der Praxis die Sachverhaltsermittlung oft den Nichtjuristen überlassen; Ermittlungsarbeit im Strafrecht wird etwa von Exekutivbeamten erledigt. Die Feststellung des Sachverhaltes ist aber eine wichtige Basis für die weitere juristische Arbeit. Werden die Weichen in der Ermittlung falsch gestellt, so wird die Falllösungstechnik zur Makulatur, der Rechtsfall kann sich dann in eine völlig falsche Richtung entwickeln. Es geht hier auch nicht darum, sämtliche

---
223 Bydlinski, 2011, S. 417.
224 Ebd., S. 396.
225 Ebd., S. 416.

Teilaspekte eines Tatbestandes zu untersuchen, sondern um das Herausheben von rechtlich relevanten Merkmalen. Die rechtliche Relevanz von Sachverhaltselementen hängt stark von den anzuwendenden rechtlichen Maßstäben ab,[226] sie ist daher eine eminent juristische Aufgabe. Dazu kommt die Anwendung des hermeneutischen Zirkels, also das Hin- und Herwandern zwischen Sachverhalt und Rechtsordnung, als praktisch die einzig denkbare und zielführende Herangehensweise an einen juristischen Fall. Mittels dieser Vorgangsweise wird ausgeschlossen, dass man wesentliche Rechtsvorschriften nicht berücksichtigt und relevante Sachverhaltselemente im Dunkeln bleiben.

> Sicheres Wissen zu verlangen, dass der festgestellte wirklich der ganze rechtlich relevante Sachverhalt ist, wäre utopisch … Die Rechtsordnung kann freilich mit ihren normativen Mitteln einen einmal unterlaufenen Fehler rechtlich für die Zukunft bedeutungslos machen, indem sie dem fehlerhaften Rechtsakt Rechtskraft[227] verleiht, um die praktischen Auswirkungen der Unsicherheit einmal zu beenden.[228]

Die involvierten Personen haben die Erfahrung und das Interesse, einen Sachverhalt genau zu ermitteln – das ist für den juristischen Konflikt ein ganz wesentliches Element. Ohne Sachverhalt gibt es keine gesicherte Aussage zu jeglichem Verfahren. Die Ermittlung einer objektivierbaren Wahrheit oder jedenfalls eines objektivierbaren Tatbestandes ist das Ziel der juristischen Streitbereinigung. Realistisch betrachtet, gibt es je nach Sichtweise mehrere Perspektiven auf einen Sachverhalt und daher auch mehrere Möglichkeiten, „Wahrheiten" im Sinne von unterschiedlichen Narrativen zu konstruieren. Ein guter Jurist, vor allem im Bereich des Unternehmensrechts, ist in der Lage, Alternativen zu parteilichen „Wahrheiten" aufzubauen und auch zu akzeptieren. Diese Alternativen sind in Vergleichsverhandlungen dann auch oftmals der Schlüssel zu einer Auflösung der Auseinandersetzung und stellen vor Gericht wichtige Elemente der Beweiswürdigung dar.

4.2 Das bewegliche System der Auslegungsmethoden

Für die Auslegung von Rechtsnormen gilt das gleiche wie beim Umgang mit Sprache im sonstigen alltäglichen Leben: Die Berücksichtigung des allgemeinen Sprachgebrauchs ist oberstes Gebot. Semantische Regeln betreffen vor allem die sprachliche Verständigung mittels Wörtern und Sätzen: Die Rechtswissenschaften nennen das Wortsinninterpretation. Um der unbestimmten Alltagskommunikation ein weiteres Element hinzuzufügen, wird auf die Erfahrungen mit dem Sprachgebrauch Bedacht genommen. Dafür wird die Pragmatik, also die Berücksichtigung des situativen Kon-

---

226 Ebd., S. 419.
227 Rechtskraft bedeutet, dass man gegen einen rechtskräftigen Akt keine Möglichkeiten der Berufung mehr hat; der rechtskräftige Rechtsakt wird Teil der Rechtsordnung, man kann sich später bei vergleichbaren Fällen auf diesen berufen.
228 Ebd., S. 424 f.

texts, für zusätzliche Regeln der Kommunikation herangezogen. Der Situationszusammenhang, der Zweck oder die Entstehungsgeschichte einer Äußerung sind hier relevant. Juristen subsumieren unter diese pragmatische Methode die systematische, die teleologische und die historische Interpretation. Semantische und pragmatische Aspekte der sprachlichen Sinnermittlung sind oft nicht zu trennen. Daher spricht Potacs von einem „beweglichen System der Auslegungskriterien"[229]. Aber selbst die Prüfung durch dieses System führt nicht zur Unfehlbarkeit der Auslegung. Schon Kelsen[230] hat festgestellt, dass alle bisher entwickelten Interpretationsmethoden stets nur zu einem möglichen, niemals zu einem einzig richtigen Resultat führen.

Die Interpretation soll eine Methode entwickeln, die es ermöglicht, den festgestellten situativen Rahmen adäquat auszufüllen. Die übliche Theorie der Interpretation will glauben machen, dass das Gesetz, auf den konkreten Fall angewendet, stets nur eine einzige richtige Entscheidung liefern könne und dass die positivrechtliche „Richtigkeit" dieser Entscheidung im Gesetz selbst begründet ist. Sie stellt den Vorgang dieser Interpretation so dar, als ob es sich dabei nur um einen intellektuellen Akt des Klärens und Verstehens handelte, als ob das rechtsanwendende Organ nur seinen Verstand, nicht aber seinen Willen in Bewegung zu setzen hätte, und als ob durch eine reine Verstandestätigkeit unter den vorhandenen Möglichkeiten eine dem positiven Recht entsprechende, im Sinne des positiven Rechts richtige Auswahl getroffen werden könnte.[231]

Die Vieldeutigkeit der meisten Rechtsnormen hat mehrere Gründe, unter anderem politische, aber auch die bewusste Verwendung möglichst breiter, zur Abstraktion geeigneter Begriffe. Rechtssicherheit kann nur mittels entsprechend fundierter Interpretationskenntnis der Rechtsanwender gewonnen werden. Der Grad der Abgrenzung zwischen Auslegung und Rechtsfortbildung ist eng, oft wertabhängig und verläuft eher fließend. Rechtsfortbildung ist dann anzunehmen, wenn aus der Interpretation eine Lösung nicht möglich erscheint, ohne die Regeln des alltäglichen Sprachgebrauchs zu überschreiten, und dadurch eine Interpretation nicht mehr begründbar ist. Das so erzielte Ergebnis birgt damit einen zusätzlichen Wertungsanspruch in sich.

4.2.1 Die Auslegungsmethoden im Einzelnen

Unter Wortsinninterpretation ist eine Sinnermittlung aufgrund der ähnlichen Bedeutung von Worten im alltäglichen Sprachgebrauch zu verstehen.[232] Die Interpretation nach dem Textzusammenhang kann als Sammelbegriff für verschiedene Interpretationstechniken angesehen werden, bei denen sowohl systematisch als auch systematisch-teleologisch auf andere Textstellen Bezug genommen wird. Die „sinn-

---

229 Potacs, 2015, S. 137.
230 Kelsen, 2017, S. 602.
231 Ebd., S. 601 f.
232 Potacs, 2015, S. 157.

volle Auslegung" spielt im beweglichen Spiel der Auslegungsregeln eine wichtige Rolle. Die „golden rule" besagt, dass bei der Auslegung von Rechtsvorschriften „Widersprüchlichkeiten, Absurditäten und erhebliche Unzuträglichkeiten zu vermeiden sind"[233].

Die rechtskonforme Interpretation stellt den Sinngehalt der Rechtsvorschrift in Übereinstimmung mit einer den Rechtssetzer verpflichtenden Norm, die jeweils im Zusammenhang mit der auszulegenden Norm steht.[234] Diese Regel entspricht einer Auswahlfunktion, die dann zur Anwendung kommt, wenn der Sinngehalt einer anderen Auslegungsregel zweifelhaft erscheint.

Die teleologische Interpretation legt Rechtsvorschriften nach dem Zweck der Regelung aus. Bei der Ermittlung des Zwecks einer Vorschrift aus ihrem Kontext spielen Sach- und Werterfahrungen eine wichtige Rolle.[235] Bei der teleologischen Auslegung geht es um die Ermittlung der realen Auswirkungen einer Norm, wodurch eruiert werden kann, welche Interpretation dem Zweck der Norm am ehesten entspricht.

Bei historischer Auslegung einer Norm geht es um die Bewertung und Anwendung der Rechtsnormen in einer konkreten Ausformung. Um zu verstehen, was den Gesetzgeber zum Erlassen der Norm veranlasst hat, ist es für die historische Auslegung erforderlich, sich selbst möglichst in die Rolle des Gesetzgebers zu versetzen, dies im Sinne eines hermeneutischen Vorganges. Die historische Interpretation ermittelt die geschichtlichen Begleitumstände und berücksichtigt den spezifischen Rechtssetzungsprozess zur Entstehungszeitpunkt einer Rechtsnorm. Vor allem die Hinzuziehung von Erläuterungsmaterialien als ergänzenden Auslegungsmitteln spielt hier eine Rolle.

4.2.2 Analogie, Reduktion und Gesetzeslücke

Analogie und Reduktionen werden dann für die Anwendung von Rechtsvorschriften verwendet, wenn man zur Ansicht gelangt ist, dass der Gesetzgeber nur bestimmte Fälle vor Augen hatte und gerade den nun benötigten nicht bedachte, der Gesetzgeber aber mehr wollte, als er explizit zum Ausdruck gebracht hat. Bei der Reduktion wird umgekehrt eine Vorschrift auf einen von ihrem semantischen Sinngehalt erfassten Sachverhalt eben nicht angewendet.[236] Dies gilt zumeist dann, wenn der Rechtstext überschießend dargestellt bzw. formuliert wurde.

Die Gesetzeslücke wird von Kramer weitgehend in Anschluss an Canaris folgendermaßen definiert:

Eine Lücke liegt vor, wenn das Gesetz – ausgelegt innerhalb der Grenzen seines möglichen Wortsinns – „planwidrig" eine Regelung vermissen lässt, „obwohl die Rechtsordnung in ihrer Gesamtheit eine solche fordert". Oder mit anderen Worten: „Eine Lücke

---

233 Ebd., S. 175.
234 Ebd., S. 167.
235 Ebd., S. 170.
236 Ebd., S. 192 f.

ist eine planwidrige Unvollständigkeit des positiven Rechts, gemessen am Maßstab der gesamten geltenden Rechtsordnung."[237]

4.3 Ist das Recht ein Friedensphänomen?

In der Kultur Europas und der westlichen Welt hatten die im Verlauf des Prozesses der Zivilisation entstandenen gewaltfreien Räume der bürgerlichen Gesellschaft eine neutralisierende Funktion, diese Räume sind durch die Zentralisierung des Gewaltmonopols beim Staat und dessen Brechung durch die Gewaltenteilung entstanden. Derselben Logik folgte der Versuch, überstaatliche Neutralisierung des nationalstaatlichen Rechtswesens durch große räumliche (OSZE[238]) und weltweite (UNO[239]) Instanzen zu schaffen, die natürlich auch mit Sanktions- und Machtmitteln ausgestattet sein müssen, um wirksam zu sein. Die Gewalt wird dabei durch Regelungen des Rechts ersetzt. Die Austragung eines rechtlichen Konflikts ist ein Instrument menschlichen Fortschritts und trägt den Geist des Friedens in sich. Wo früher ein Opfer gebracht wurde, setzen sich nun die Streitparteien zusammen und versuchen eine friedliche Lösung ihres Streits. Der rechtliche Streit hat in der modernen Zivilisation eine bedeutende Stellvertreterfunktion. So wie früher mit der Gabe von Tieropfern die Gewalt von bestimmten, zu schützenden Individuen abgewendet wurde, wird dies heute in rechtlichen Auseinandersetzungen, und zwar unter Verzicht auf Gewalt, also opferlos, erreicht.

> Bei Gott ist alles schön und gut und gerecht; die Menschen aber halten Einiges für gerecht, anderes für ungerecht, sagt Heraklit. Deshalb sind die Figuren, die in den Tempeln verehrt werden, keineswegs immer schön, immer gnädig oder auch nur immer tugendhaft. Denn, wie Heraklit gesagt hat: Das auseinander Strebende vereinigt sich, und aus den Gegensätzen entsteht die schönste Vereinigung, und alles entsteht durch den Streit („polemos").[240]

Diesem Streit werden die rechtsstaatlichen Prinzipien entgegengesetzt. In einem modernen Rechtsstaat ist die Gerichtsbarkeit eine der drei tragenden Säulen der Gewaltentrennung des Staates. Die Legislative erstellt Gesetze, während die Exekutive das Gewaltmonopol hat und Gesetzesverstöße ahnden darf. Die unabhängige Gerichtsbarkeit hält über alle Rechtsakte – zwischen Staat und Bürger, aber auch zwischen Bürgern ohne Beteiligung des Staates – ihre „schützenden Hände". Die Gleichheit des Bürgers vor dem Gesetz ist dabei ein wesentliches Grundrecht.

> Ein funktionierender Rechtsstaat und seine Regeln hängen von mehreren Faktoren ab, von denen drei wichtige Kategorien genannt werden. Erstens: Regeln funktionieren und werden eingehalten, wenn wir uns im gesetzten Recht identifizieren können; dann

---

237 Kramer, 2013, S. 191.
238 Organisation für Sicherheit und Zusammenarbeit in Europa.
239 United Nations Organisations, ein direkter Nachfolger des Völkerbundes.
240 Campbell, 2015, S. 57 f.

ist uns klar, dass diese Regeln Sinn machen. Zweitens, wenn Regeln nicht eingehalten werden, müssen Sanktionen verhängt werden. Drittens: Die Regeln müssen für alle gleichermaßen gelten. Überall dort, wo Korruption oder totalitäre Regierungsformen herrschen, ist die Kluft zwischen Recht und Gerechtigkeit offensichtlich; persönliche Macht wird dann höher gewichtet als eine funktionierende Legislative, Judikative und Exekutive. Geld und Macht haben in korrupten Systemen einen höheren Stellenwert als die Rechtsstaatlichkeit. Korruption ist der Feind von Rechtsstaatlichkeit und Demokratie. Korruption bringt uns zurück in ein chaotisches Umfeld, in dem Blutrache das Leitprinzip der menschlichen Gesellschaft war. Menschen können nur dann geordnet zusammenleben, wenn für alle klar ist, nach welchen „Regeln" gespielt wird, und wenn sich alle Menschen an diese sinnvollen und sanktionierten Regeln halten.[241]

Klarerweise findet die Jurisprudenz keine Antwort auf Konflikte, sie entwickelt jedoch transparente und sanktionierte Handlungsanweisungen, die bei einem Konflikt mit den daran Beteiligten angewendet werden soll, und definiert, in welchem gesetzlichen Rahmen sich ein Konflikt bewegen darf und was passiert, wenn dagegen verstoßen wird. Dabei ist die Sanktion immer davon abhängig, wie ein Repräsentant der unabhängigen Gerichtsbarkeit den Konflikt beurteilt. Diese Regeln sind jedoch rein juristisch und auf äußere – beweisbare – Merkmale angewiesen.

Was ist nun die Rolle des Rechts in unserer Gesellschaft und beim einzelnen Individuum? Oder anders gefragt, wer sind die Eltern des Rechtsstaates? Ist Recht aus Sicht Freuds ein für jedermann geltendes Über-Ich, ein Regelwerk, das in der zivilen Gesellschaft für uns alle unabdingbar ist? Ist das Recht eine gute Mutter, die uns vor der Macht, der Gewalt des unsichtbaren, aber überall spürbaren Vaters schützen kann? Benötigen wir das Recht, um Interessenskonflikte gewaltfrei ausgleichen zu können? Die Kinder, die aus dieser Beziehung entstehen, sind diejenigen, die Kulturentwicklung in sich tragen. Die Kinder des Rechtsstaates bringen uns voran und schaffen den Ausgleich zwischen Gewalt, Thanatos und Aggression auf der einen Seite, und Recht und Libido auf der anderen. Ein anderer Teil entsteht aus der eigenverantwortlichen Beschäftigung mit sich selbst. Beide Teile bilden zusammen die von Freud formulierte Kulturentwicklung; das Recht ist ein bedeutender Beitrag dazu, und so wie sich die Gesellschaft verändert, tun das auch die Rechtswissenschaften.

4.3.1 Die Gerechtigkeitsdebatte von „juristischen Psychosophen"

In den Lehrbüchern über Methodologie und Rechtstheorie finden sich immer wieder Abhandlungen über die Zusammenhänge zwischen Recht und Gerechtigkeit. Albert A. Ehrenzweig stellte in den 1970er-Jahren den Versuch an, in einer Monografie die Rechtswissenschaft der Psychoanalyse anzunähern. Der Titel seines Werks, „Psychoanalytische Rechtswissenschaft", verspricht einiges an psychoanalytischem Gedankengut. Schon bald wird aber klar, dass es Ehrenzweig in seinen Bemühungen um die Integration der Psychoanalyse ins Rechtswesen eher um den Gerechtigkeitsbegriff

---

241 Schall, 2022, S. 4.

4. Juristische Arbeit zwischen Gerechtigkeit und Gericht

ging. Er strapaziert dabei ausdrucksstarke Begriffe und Überschriften wie etwa „Von der Philosophie zur Psychosophie" und macht sich auf seiner humanwissenschaftlichen Reise von Philosophie und Soziologie hin zur Jurisprudenz viele Gedanken über die Funktionsfähigkeit unseres Rechtssystems. Ehrenzweigs Streifzug zwischen den so unterschiedlichen Wissenschaften ist vor allem im zweiten Teil seines Buches lesenswert. Hier geht er auf die ihm wichtige Gerechtigkeitsdebatte ein. Er beschreibt die drei großen Kränkungen der Menschheit[242] und kommt dann rasch auf Freud zu sprechen.

> Wir dürfen und müssen also großzügig sein bei der Betrachtung der nach-Freud'schen – oder sei es auch: der nicht-Freud'schen – Zukunft der neuen Wissenschaft. Aber wir müssen klar mit der vor-Freud'schen Vergangenheit brechen. Vielleicht brauchen wir sogar einen neuen Namen für die neue Wissenschaft. Mit einigen Bedenken hätte ich sie gerne „Philopsychie" genannt. Denn es ist nun die Psyche (Seele) mehr als die Sophia (Weisheit), die uns den Schlüssel liefert. Aber der Missklang dieses Wortes hat mich veranlasst, „Psychosophie" vorzuziehen, und auch diese Wortbildung möchte ich nur vorschlagen und sie dann ihrem eigenen Schicksal überlassen.[243]

Das „Silo-Denken" der einzelnen wissenschaftlichen Fachrichtungen hat eine weitere Verbreitung dieser Wortschöpfung bisher verhindert. Ehrenzweig ist zu folgen, wenn es um die Errungenschaft Freuds und die Auswirkungen auf die weitere Entwicklung unserer Gesellschaft geht. Die Auseinandersetzung mit der Psyche ist in alle wissenschaftlichen Bereiche eingedrungen, sie wurde mitgedacht und findet sich in vielen Disziplinen wieder. Die Wirtschaftswissenschaften, die Metaphysik, die Ethik, die Kulturwissenschaften und selbst die Rechtsphilosophie und das Strafrecht haben bei der Psychoanalyse Anleihen genommen. Insgesamt ist die Psyche und ihre Bedeutung doch nicht allzu tief in andere Wissenschaftsbereiche durchgedrungen.

Viele Menschen haben vor dem Begriff der Psyche genauso wie vor dem Begriff des Rechts großen Respekt, jedenfalls das Recht hat viele Eigenschaften eines Über-Ichs, manchmal sogar etwas Gottähnliches. Das Recht als Kriterium im öffentlichen Diskurs zu bemühen, ist aktuell ein starkes Argument. Es scheint, als ob Rechtssätze wenig hinterfragt werden und man sich hinter dem Recht gut „verstecken" kann. Recht in unserem funktionierenden Rechtsstaat anzuzweifeln, ist eine Tabuzone; darauf lässt sich – vor allem in der Öffentlichkeit – niemand gerne ein. Das Recht wird aber auch immer wieder für politische Inszenierungen und Propaganda missbraucht[244]. Dieses hohe Ansehen und dieses Nicht-Hinterfragen von rechtlichen Expertisen hat einerseits mit der Rolle des Rechtsstaates zu tun, andererseits mit der Einschätzung des Rechts als Über-Ich, also einer ganz strengen moralischen Richtschnur in unserem Leben.

---

242 Ehrenzweig, 1973, S. 169 f.
243 Ebd., S. 170.
244 Siehe dazu ausführlicher Kapitel 5.7.1.

4.3.2 Das Gerechtigkeitsdilemma

Jeder Mensch erwartet, dass Recht und Gerechtigkeit möglichst nahe beieinander liegen. Die Erkenntnis, dass hier oft eine Lücke, ein fühlbares Loch klafft, erschüttert das Vertrauen in das jeweilige Rechtssystem. Recht soll der Gerechtigkeit dienen, und darin sind sich im Prinzip all jene einig, die in einem geschlossenen System wohnen, das sich Regeln unterwirft. Die Frage dabei ist jedoch, welchen Inhalt ein solches ideales Recht hat. Eine Vielzahl von Gerechtigkeitstheorien sieht einen engen Zusammenhang zwischen Gerechtigkeit, Gleichheit und Freiheit und dem „Gemeinwohl"[245]. Alle großen Religionen und Philosophien sind sich letztlich einigermaßen einig, dass sie auf das große Glück der Menschheit und auf eine bessere Welt abzielen. Bereits zu Beginn seiner Monografie beschreibt Ehrenzweig die Gleichstellung von Recht und Gerechtigkeit als den entscheidenden Sündenfall:

> Der Dualismus von Recht und Gerechtigkeit hat die Rechtsphilosophie Jahrtausende hindurch durchdrungen und bildete die Wurzel solcher wiederkehrender politischer Probleme wie des zivilen Ungehorsams ... Ja, er erfüllt sich in jedem von uns in der Trennung zwischen Ego und Ich ... Aber es ist dem Menschen aufgegeben, das Recht als teil ewiger Wahrheit zu verstehen. Aber schon mit Heraklit begann die Einheit von Recht und Gerechtigkeit auseinanderzubrechen.[246]

Wie geht ein Jurist mit der Erkenntnis um, dass Gerechtigkeit nur entfernt mit Recht zu tun hat, und an jeder Straßenecke rechtliche Konflikte darauf warten, von ihm gelöst zu werden? Wie wichtig ist dem Juristen die Messlatte der Gerechtigkeit in seinem Beruf? Es ergeht ihm möglicherweise ähnlich wie dem Arzt, der nicht immer so heilen kann, wie er sich das idealerweise vorstellt. Der Jurist unterliegt auch diesem Dilemma zwischen einem idealistischen Anspruch und der alltäglichen Auseinandersetzung mit seinem Beruf, der oft nur entfernt mit seinem ursprünglichen Motiv zu tun hat, ja es geht oftmals gar nicht primär um rechtliche Fragen. Es wird aber aus juristischer Sicht für unser Thema immer dann spannend, wenn wir um eine Lösung ringen, die nicht auf der Hand liegt. Spannend ist es auch, wenn Juristen unbedingt gewinnen wollen, auch um den Preis, dass dies ethisch schwer vertretbar scheint.

Es ist Ehrenzweig zu folgen, wenn er sagt, dass „Gerechtigkeit ein Trugbild bleibe, auch wo sie ausdrücklich im Recht verankert sei."[247] Das positive Recht habe vielmehr mit Vernunft zu tun. Was als vernunftgeborene „Gerechtigkeit" erscheinen mag, ist nur allzu oft nicht mehr als eine rhetorische Floskel, in den Worten Fausts im Prolog im Himmel: „Er nennt's Vernunft und braucht's allein, nur tierischer als jedes Tier zu sein."[248]

Überall dort, wo Korruption herrscht, ist die Kluft zwischen Recht und Gerechtigkeit offensichtlich, denn dort kann das Vertrauen in eine unabhängige Gerichts-

---
245 Rüthers, 2016, S. 213 ff.
246 Ehrenzweig, 1973, S. 37.
247 Ebd., S. 173.
248 Aus Goethe, Faust, Prolog im Himmel.

barkeit nicht so stark sein, und es wird die persönliche Macht höher gewichtet als die Funktion einer funktionierenden Gerichtsbarkeit, die Gesetzmäßigkeiten unterliegt und von außen gelenkt wird. In einer korrupten Umgebung herrschen völlig andere Regeln, die nicht Inhalt dieser Arbeit sind.

4.4 Eine Eingrenzung auf Rechtsstreitigkeiten zwischen Unternehme(r)n

Immer wieder ist zu beobachten, dass in Beziehungen der Streit als ein Weg dient, der dann eingeschlagen wird, wenn der Pfad der Harmonie verlassen wird. So kann etwa der Rosenkrieg auch als letzter verbleibender Weg interpretiert werden, um trotz Chaos und Unverständnis weiterhin in Beziehung zu bleiben. Der Konflikt dient also als eine Art Strohhalm, um eine Beziehung, wenn auch mit pathologischem Einschlag, aufrechtzuerhalten. Wenn Liebe in Hass umschlägt, erscheint das zuerst immer als unverständlicher Umbruch der Gefühle. Vielleicht liegen aber Liebe und Hass näher beieinander, als es scheint. Kann nicht auch der Hass ein Liebesbeweis sein? Diese Umkehrung einer funktionierenden Beziehung in einen Konflikt hat möglicherweise viel mit dieser Grundambivalenz der Gefühle zu tun. Wenn ein konsensuales Miteinander aus verschiedenen Gründen, wirtschaftlich, finanziell, persönlich etc., nicht mehr aufrechtzuerhalten ist, kann der fortgesetzte Konflikt zu einer Kommunikationsform werden, um trotzdem noch weiter miteinander in Verbindung zu bleiben.

Es stellt sich die Frage, warum sich diese interdisziplinäre Arbeit auf das Rechtsgebiet des Zivilrechts konzentrieren möchte. Der Ausgangspunkt der Überlegungen war, wie bereits beschrieben, der Briefwechsel zwischen Einstein und Freud. Dabei ging es um die Rolle des Rechts als eines wesentlichen Meilensteins hin zur menschlichen Kulturentwicklung. In der Literatur wird vor allem der strafrechtliche und speziell der forensische Bereich des Rechts untersucht. Bloß in der rechtlich orientierten Forensik, in der es um die Erforschung von Tätermotiven geht, wird auf Erkenntnisse der Psychoanalyse, aber mehr noch der Psychologie, gesetzt. Im Strafrecht ist der Staat durch den Staatsanwalt als verpflichtende Partei im Verfahren vertreten. Der Staat prägt dadurch die prozessuale Ausrichtung in Strafverfahren. Dieser Bereich des Rechts erscheint daher nicht so relevant für unsere Fragestellung; der Grund dafür liegt wohl darin, dass Beziehungen zwischen zweipersonalen Rechtsfällen beziehungsweise Rechtsgeschäften jeweils gleichberechtigt sind und der Privatautonomie unterliegen.

Daraus folgt, dass all jene Rechtsgebiete, bei denen der Staat die Rolle einer Partei beziehungsweise des Vertragspartners einnimmt, dieser Voraussetzung nicht unbedingt entsprechen und daher für diese Untersuchung nicht hilfreich sind. Insbesondere ist damit das Strafrecht gemeint. Es gibt dort für die private Partei nur im Ausnahmefall die Möglichkeit, einen einmal gestarteten Prozess einzustellen. Der Staat hat daher eine bestimmende Rolle, und es kann nicht von einem Interessensausgleich ausgegangen werden. Auch beim Offizialdelikt beziehungsweise Tätigwerden des Staates im Verwaltungsrecht ist die Rolle des Unbewussten nicht so stark wie im privatautonomen Handeln zwischen zwei natürlichen oder juristischen Personen, die Vertragsparteien sind. Denn im Verwaltungsrecht geht es um klar geregelte Rechtsnormen, das Zusammenspiel von Verwaltung und Bürgern, die wenig bis keinen Spielraum für Auslegungen, geschweige denn für Unbewusstes zulassen.

Die Abgrenzung vom Strafrecht und vom öffentlichen Recht liegt daher auf der Hand. Vor allem, weil im Verwaltungsrecht und im Strafrecht der Staat eine bedeutende Rolle spielt, die die Beziehungsebene zwischen den Streitparteien „schief" – also nicht ausgeglichen – erscheinen lässt. Hier sind die Voraussetzungen ganz andere. Oft übernimmt der Staat in solchen Fällen eine führende Rolle, und insbesondere bei Offizialdelikten hat nur der Staat die Möglichkeit, das Verfahren weiterzuführen oder einzustellen. Freilich funktioniert diese These nur in einem modernen Rechtsstaat.

4.4.1 Streit auf gleicher Augenhöhe und Waffengleichheit

Besonderes Augenmerk für dieses Buch gilt den Konflikten zwischen Unternehmen, Institutionen oder anderen unternehmerischen Organisationen. Für die Zwecke dieser Arbeit sind das Unternehmensrecht und insbesondere die Konflikte zwischen Unternehmen aus mehreren Gründen zweckmäßig: Unternehmen haben – anders als Privatpersonen – im juristischen Konflikt die Wahl der Ressourcen. Privatpersonen müssen oft aufgrund wirtschaftlicher Restriktionen Konflikten aus dem Weg gehen bzw. sich an Möglichkeiten und Berater halten, die ökonomischer arbeiten, Konflikte und ihre rechtliche Austragung aber damit auch anfälliger für „Fehler" machen. Sie haben nicht die Qualität, die eine wissenschaftliche Betrachtung erfordert. Die Umwelteinflüsse und Fehleranfälligkeit bei privaten Konflikten sind hoch. Der typische Rechtsstreit im privaten Bereich, etwa Nachbarschaftsstreitigkeiten, werden daher nicht weiter untersucht. In Unternehmen gibt es geschulte interne Experten, Unternehmen haben in der Regel auch externe Berater, die meist schon Vertrauen erworben haben. Man kann davon ausgehen, dass diese externen Berater ihr Geschäft verstehen. Unternehmen sind auch wirtschaftlich getrieben, Konflikte werden primär mit der ökonomischen Brille betrachtet. Dabei gilt grundsätzlich ein rationaler Ansatz, denn Vertreter von Unternehmen sind dem wirtschaftlichen Wohl des Unternehmens verpflichtet. Grundsätzlich kann daher davon ausgegangen werden, dass Konflikte und Fragestellungen im Zusammenhang mit einem Konflikt rational und vernünftig zustandekommen und genauso auch entschieden werden.

Trotz dieses Anspruchs auf Rationalität und vernünftige Nutzung der Ressourcen ist im Unternehmensbereich vielfach zu erkennen, dass „sinnlose" Konflikte ausgetragen werden, ja ohne Erklärung der Streitparteien ist die Motivation des Konflikts oft gar nicht ersichtlich. Unternehmen wissen, dass ein Konflikt, der in ein Gerichtsverfahren mündet, wesentlich kosten- und ressourcenintensiver ist als die außergerichtlichen Möglichkeiten einer Streitbereinigung. Dabei macht ein Blick auf die Funktionsweise von Organisationen Sinn und wird im Weiteren untersucht werden. Haben Organisationen eine eigene Beharrungskraft, die uns Menschen ähnlich ist?

In Transformationsprozessen oder organisatorischen oder geschäftlichen Umbrüchen wird etwa die Aussage getätigt, dass die Organisation durch Rechtsverfahren überfordert wird. Eine gut geführte und mit Leben ausgestattete Organisation ist aber stark belastbar; woran diese Belastbarkeit liegt, ist aus sichtbaren Prozessen und Beobachtungen oft nicht erkennbar.

4.4.2 Unterliegen Organisationen psychodynamischen Prozessen?

Der Schluss liegt nahe, dass dies mit unsichtbaren Wirkfaktoren zusammenhängt. Diese mögen in den einzelnen Mitarbeitern, den Führungskräften oder sonst wo begründet sein. Sie haben teilweise etwas mit unbewussten Vorgängen zu tun. Diese Vorgänge betreffen einerseits die einzelnen Menschen in diesen Organisationen, aber es ist genauso denkbar, dass diese Organisationen selbst ein Unbewusstes haben; ähnlich können Gruppen auch ein kollektives Unbewusstes haben. Verfahren, egal ob gerichtlich oder außergerichtlich, haben jedenfalls einen hohen Grad an psychologischer Komplexität. Als nicht Beteiligter kommt man dabei leicht zu der scheinbaren Erkenntnis, dass es an den Partikularinteressen der involvierten Parteien oder Personen liegen muss, wenn es zu keiner vernünftigen und raschen Bereinigung des Konfliktes kommt, und so betrachtet der Streit vor dem Richter vielleicht auch nur eine Ersatzhandlung darstellt.

Ausgangspunkt von Rechtsgeschäften sollte jeweils der freie Wille beider Parteien sein, miteinander zu kontrahieren bzw. aus freien Stücken miteinander eine rechtliche Beziehung einzugehen. Meist gibt es im Vorfeld ein gemeinsames Interesse, etwa den Ankauf einer Sache zwischen Unternehmen A und Unternehmen B. Erst im Zuge des Geschäftes kommt es zur Auseinandersetzung. Das Privat- und Unternehmensrecht stellt einen guten Ausgangspunkt für diese Untersuchung dar. Dieser Gedanke erscheint gerechtfertigt, sofern als Grundlage dafür ein funktionierender Rechtsstaat vorhanden ist. Eine der Voraussetzungen dafür ist das Gewaltmonopol.

Im klassischen Privatrecht stehen auf beiden Seiten jeweils juristische Personen; diese wiederum werden durch natürliche Personen vertreten. Und all diese Personen unterliegen den psychodynamischen Prozessen von Bewusstem und Unbewusstem. Daher werden wir hier die Untersuchungen auf das Privatrecht und speziell auf außergerichtliche und gerichtliche Auseinandersetzungen beschränken. Sobald der Staat als Vertreter auftritt, gelten diese Regeln nur noch mittelbar.

4.5 Organisatorisch-rechtliche Aspekte eines Konflikts

Die Phasen eines rechtlichen Konflikts können sehr unterschiedlich definiert werden. Es gibt Phasen im Konflikt, die präventiv so behandelt werden, dass es zu keiner weiteren Auseinandersetzung kommt. Es gibt außergerichtliche Vergleichsgespräche und die Streitschlichtung unter Beiziehung eines Dritten, zuerst noch ohne Einschaltung eines Richters, nämlich eines Schiedsrichters oder manchmal eines Mediators.

Was muss alles passieren, damit der homo oeconomicus, also jemand, der rational denkt und handelt, einem dritten Richter, der in der Regel weniger Sachverstand hat, das Zepter des Handelns überträgt? Wie kann es so weit kommen? Welche Strategie, welche persönlichen Elemente sind zu berücksichtigen? Wie kann ich dem Richter das Leben erleichtern? Wie kann ich meine Wahrheit verkaufen? Welche Argumente und Rechtsfragen sind dem Richter angenehm, passen in sein Weltbild? Zu den einzelnen Phasen und ihren Eigenheiten wird in der Folge Stellung genommen.

Im Sinne eines narratologisch-hermeneutischen Zugangs werden in dieser Arbeit ausgewählte Einzelfallbeschreibungen beispielhaft geschildert. Es handelt sich zum einen um einen Fall, der nicht vor Gericht gelandet ist, sondern durch ein Schiedsverfahren geklärt wurde, zum anderen um einen gerichtsanhängigen Fall. Da im präventiven Bereich gerade ein Konflikt verhindert werden soll, ist hier konsequenterweise kein Fallbeispiel dafür angeführt. Das ideale Szenario wäre ein gut verhandelter Vertrag, der darauf ausgelegt ist, Fragen und Möglichkeiten zu potenziellen Konflikten, die aus dem Inhalt des Vertrags entstehen können, bereits im Vorfeld zu identifizieren und präventiv Prozesse, Vorwarnmechanismen und Gesprächsverpflichtungen vorzusehen. Das Hauptaugenmerk gilt also der außergerichtlichen Streitbereinigung und dem Gerichtsverfahren.

4.6   Präventive Maßnahmen

In der präventiven Phase gilt es darüber nachzudenken, wie zukünftige Konflikte zwischen den (Vertrags-)Parteien verhindert werden können. Dazu ist es erforderlich, einen Vertrag so zu verfassen, dass möglichst außergerichtliche Streitschlichtungsmechanismen – vielleicht sogar verpflichtend – vorgesehen sind. Gesetzliche Maßnahmen, Verordnungen, vertragliche Formulierungen, die einen Streitschlichtungsmechanismus vorsehen, können präventiv verankert werden. Das umfasst neben der Verpflichtung, vor einem Gerichtsverfahren das Gespräch zu suchen, auch die Einbindung von Personen als Schiedsrichtern bei komplexen Materien und die eventuelle Heranziehung von Psychoanalytikern, um psychische Grundkonflikte zu erkennen bzw. den latenten vom manifesten Vertragsinhalt zu trennen. In dieser Phase sind überwiegend juristisches Wissen und Erfahrung gefragt, d.h., ein Vertrag hat auf alle zukünftigen Unwägbarkeiten einzugehen und auch die gesetzlichen Voraussetzungen zu erfüllen. Die psychoanalytische Komponente liegt zumeist im Zuhören, im Verstehen, was die Vertragspartner beabsichtigen und was aus Sicht der jeweiligen Vertragspartei mögliche Stolpersteine werden können. Vielleicht wird in dieser frühen Phase bei manchen Vertragsinhalten ein Gefühl der Unsicherheit spürbar, sodass man sich dann im Vertrag besonders auf Klärung von Unsicherheiten konzentrieren und auch die Streitschlichtung mitberücksichtigen kann.

4.7 Der außergerichtliche Vergleich

Im außergerichtlichen Vergleich sind die Parteien noch der Souverän des Verfahrens. Solange man miteinander reden kann, besteht die Chance, eine Lösung des Konflikts zu finden. Wesentlich ist dabei die Fähigkeit der Parteien, zu erkennen, dass es keinen eindeutigen Sachverhalt und somit auch keine eindeutige Wahrheit, also keine klare Antwort auf die Rechtslage gibt. Es ist Verständnis für den Rechtstandpunkt der Gegenseite zu entwickeln. Das Hineinfühlen in die „Haut der Anderen" ist dazu ein hilfreiches Gedankenexperiment. Es ist unmöglich, den jeweiligen Standpunkt zu 100 Prozent zu verteidigen bzw. Recht zu bekommen. Das Gute am Vergleich ist, dass die Maschinerie der Experten noch gezähmt werden kann und dadurch die Kosten noch eingrenzbar sind. Jedenfalls haben in diesem Stadium die Praktiker noch die Oberhand. Für eine außergerichtliche Lösung ist es jedoch Voraussetzung, dass man Unsicherheit, vor allem juristische Unsicherheit, zulassen kann. Weiter müssen die Parteien bereit sein, einen außergerichtlichen Vergleich intern und öffentlich vertreten zu können. Freilich gibt es oft die Vereinbarung, dass man zu den Vergleichsthemen Stillschweigen vereinbart. Bei Vergleichsgesprächen zeigt sich immer wieder das Phänomen, dass Bewegung in die Gespräche kommt, sobald beteiligte Personen wechseln. Steckt etwa vorher der Prozess fest, so wird durch eine andere personelle Zusammensetzung des Verfahrens plötzlich das Unmögliche möglich. Dieser Umstand zeigt deutlich, dass oft keine Rechtsfrage im Zentrum eines Konflikts steht, sondern dass die Beziehung im Vordergrund steht und vielleicht zwischen den Parteien gestört war.

In der außergerichtlichen Phase ist der Konflikt noch zweiparteilich, das heißt, noch kann man sich ganz auf das Gegenüber konzentrieren. Es geht vor allem darum, die richtigen Personen zu finden, um zu vermitteln und um die richtigen Argumente und Sachverhaltselemente zu evaluieren. Denkbar ist es auch, eine Teilbereinigung des Konflikts anzustreben und zu überlegen, welche Teile des Konflikts ausgeklammert werden können. Die persönliche subjektive Komponente in dieser Phase ist wahrscheinlich entscheidend dafür, ob und wie man die gestörte Beziehung zwischen den Streitparteien wieder reparieren kann.

Besonders interessant sind solche Konstellationen unter Berücksichtigung des Aspekts, dass es bei vielen Fällen um Konflikte zwischen Unternehmen geht, die scheinbar im Berufsleben keine Emotionen zeigen. Gerade in diesen Fällen kommt aber der persönlichen Komponente ein erstaunlich hoher Stellenwert zu. Die handelnden Akteure entwickeln eine hohe Identifizierung mit dem Unternehmen, gerade dann, wenn es sich um Eigentümer führender Unternehmen handelt. Eine ebenso hohe Identifizierung kann aber auch in großen, etwa börsennotierten Gesellschaften festgestellt werden. Dass es dabei oft um Machtspiele und psychoanalytisch gesehen „um den Phallus" geht, kann nicht von der Hand gewiesen werden. Das wird an folgendem Beispiel deutlich dargestellt:

4.8 Fallbeispiel – „Die goldene Füllfeder"

Bei diesem Fall geht es sich um das Auseinanderbrechen einer langjährigen professionellen Vertriebspartnerschaft zwischen zwei Unternehmen. Beide sind in unterschiedlichen Branchen jeweils im Retailbusiness tätig. Historisch gab es starke Verknüpfungen, die mittlerweile sowohl gesetzlich als auch vertraglich so gut wie entflochten worden sind. Kern der Zusammenarbeit ist die gemeinsame Nutzung von Verkaufsstandorten mit dem Ziel, damit Kosten für beide Seiten zu sparen und die Kundenfrequenz gegenseitig zu nutzen. Im Laufe der Jahre haben sich sowohl die Märkte als auch die Geschäftsmodelle der beiden Unternehmen gewandelt. Der Druck des Kapitalmarktes führte zu einer höheren Ertragserwartung auf beiden Seiten, und der zugrunde liegende Kooperationsvertrag wurde von beiden Seiten verstärkt in Frage gestellt. Auch der Fokus auf das eigene Unternehmen ohne Rücksicht auf den Partner und auch der Wechsel von handelnden Personen haben die Spannungen intensiviert. Vor einigen Jahren wurde die Kooperation noch durch eine zusätzliche Vereinbarung grundlegend auf neue Beine gestellt. Damit, so meinte man damals, sei ein Schritt für eine weitere langfristige Zusammenarbeit gesetzt worden. Die fortschreitende Digitalisierung hat jedoch diese Vorgangsweise überholt; beide Seiten waren letztlich mit der bestehenden Vereinbarung nicht mehr zufrieden. Nun schien der Erfolgsdruck so groß, dass beide Seiten begannen, den jeweils anderen als Sündenbock zu missbrauchen.

Da man jedoch in der Praxis aufeinander angewiesen war und ein gemeinsames Vertriebsnetz führte, musste man weiterhin miteinander umgehen. Die persönlichen Beziehungen auf allen Ebenen der beiden Organisationen wurden dabei auf eine harte Probe gestellt. Die Vertreter des Managements suchten lange Zeit das Gespräch, Versuche zu einer anderen Form der Kooperation wurden angestellt, jedoch waren die wirtschaftlichen Rahmenbedingungen und die jeweiligen Erwartungen so stark festgeschrieben, dass keine sinnvolle Einigung mehr möglich schien. Die Emotionen auf beiden Seiten spitzten sich zu; letzten Endes kamen beide Seiten zur Einsicht, dass der Weg des Konsenses verlassen werden müsse, um eine Veränderung erreichen zu können. Die Auflösung der Zusammenarbeit wurde immer wieder angedroht oder als Drohpotenzial in den Raum gestellt. Besonders die Beziehungen auf oberster Ebene schienen belastet. Vor allem Meldungen zur Kooperation, gestreut über die Medien, setzten das Topmanagement beider Seiten zusehends unter Druck. Auf „working level" funktionierte die Zusammenarbeit noch länger professionell, im Topmanagement entwickelte sich jedoch immer mehr eine persönliche Kampfsituation, und so schien es aufgrund des hohen Erfolgsdrucks keine andere Konsequenz mehr zu geben als einen offenen Konflikt.

Beide Seiten, so hatte es den Anschein, konnten weder miteinander noch ohneeinander. Also suchte man nach einem Ausweg, der darin bestand, dass Juristen die Verträge und die Rechtslage klären sollten. Der Auftrag lautete an beide Seiten, eine möglichst friktionslose und außergerichtliche Streitschlichtung anzupeilen. Dies erwies sich aufgrund der bestehenden, komplexen vertraglichen Konstruktion als ein

„Husarenritt". Die vertragliche Konstruktion sah nämlich vor, dass bei Auseinandersetzungen ein Streitschlichtungsmechanismus in Kraft zu treten hat. Nur für den Fall, dass dieser nicht zu einer Lösung findet, soll der Weg zum Schiedsgericht beschritten werden. Eine Schiedsvereinbarung sollte einen vertraulichen Umgang mit dem Konflikt ohne Einbindung der Medien und der Öffentlichkeit sicherstellen. Es ist gut vorstellbar, dass hinter dieser Strategie des vorweggenommenen Streitschlichtungsmechanismus der ökonomische Wunsch steckte, miteinander in Beziehung zu bleiben, wenn auch nur streitbar.

4.8.1 Mitverpackte Destruktivität und narzisstische Kränkung

Im vorliegenden Fallbeispiel ging es neben den wirtschaftlichen Engpässen spürbar auch um narzisstische Kränkungen auf Managementebene. Das Schlüsselerlebnis war dabei das Aufeinandertreffen des Topmanagements mit dem Ziel, ein gemeinsames Verständnis für die weitere Zusammenarbeit zu entwickeln. In einer alten Vereinbarung über die Spielregeln der Kooperation wurden auch mehrere Ebenen eines Streitschlichtungsmechanismus vorgesehen: Es sollten bei Nichteinigung auf operativer Ebene die beiden Präsidenten des Aufsichtsrates zu Beratungen zusammentreffen. Ein solches Treffen wurde koordiniert und im Beisein der jeweiligen Vorsitzenden des Aufsichtsrates, der Vorstände und deren Experten durchgeführt. Es wurde festgelegt, sich spezielle Themen nochmals gemeinsam anzusehen. Bei einem weiteren Treffen war so der Versuch entwickelt worden, einen Berechnungsmodus der jeweils neu vorgeschlagenen Modelle der zukünftigen Zusammenarbeit zu entwickeln. Dabei ging es bald schon um die Zusammensetzung der Vertriebskosten. Die Sitzung verlief konstruktiv bis zu dem Zeitpunkt, als die eine Seite die andere fragte, ob denn in der Kostenzuordnung die Overheadkosten für das Management enthalten seien. Darüber wurde dann diskutiert, bis die konkrete Frage auftauchte, ob denn auch die „goldene Füllfeder" des Vorstands in die Kosten eingerechnet wurde. Alsbald wurde die Diskussion sehr emotional, und es wurde schnell klar, dass kein Konsens mehr erreicht werden konnte.

Im Nachhinein hat die Seite, die die goldene Füllfeder verrechnen wollte, wahrscheinlich ihre überzogenen Standpunkte bereut, denn sie hat im weiteren Fortschritt des Konflikts nur noch verloren. Jedenfalls hat sie die Konfliktsituation sowohl für ihre Reputation als auch geschäftlich von Beginn an falsch eingeschätzt. In diesem Fall wurde ein Mitglied des Managements zur Verantwortung gezogen und verlor seine Position, während der „adoleszente" Vorstand, dessen Verhalten eher einem pubertierenden Jugendlichen entsprach, nach wie vor an der Spitze des Unternehmens blieb. Die Kooperation war beendet; beide Seiten versuchen in der Folge, ihren eigenen Vertrieb auf neue Beine zu stellen.

4.8.2 Der Wunsch des Managers, geliebt zu werden

Die Entstehung dieser Entwicklung kann auch so gedeutet werden, dass – neben dem Konflikt um die wirtschaftlichen Interessen der Unternehmen – der wahre Konflikt, also der persönliche Konflikt der Vorstände, verdrängt und in einen rechtlichen Konflikt um die wirtschaftlichen Interessen „mitverpackt" worden war. Freuds Konzept des Unbewussten ist eng mit der Verdrängung verknüpft. Verdrängt wird, was mit den Forderungen der äußeren Realität nicht vereinbar scheint und unlösbare Konflikte schafft. „So werden die libidinösen Strebungen der kindlichen Wunschwelt zum bedeutendsten Inhalt des dynamischen Unbewussten."[249] In unserem Fall führt uns das zum Wunsch des Vorstandes, geliebt zu werden. Dieser unerfüllte kindliche Wunsch wird umgewandelt in eine narzisstische, destruktive Wut auf den erfolgreicheren Geschäftspartner und das Streben, wenn schon das „eigene Spielzeug" nicht mehr so gut funktioniert und nicht mehr so hell strahlt, auch dem anderen „Kind" das „Spielzeug" zu vermiesen. Für diese Verhaltensweisen hat die Rechtsordnung klare Regelungen entwickelt. Die Gewähr dafür ist der Rechtsanspruch auf ein ordentliches Gerichtsverfahren. Vertraglich kann auch ein Schiedsverfahren vereinbart werden.

Die Personen und deren persönliches Verhältnis zueinander spielten in dem Fall eine wichtige Rolle. Auf der einen Seite stand eine eher mütterlich anmutende Juristin, auf der anderen Seite ein smarter Zahlenmensch; die operative Managementebene war auf einer Seite vertreten von einem ruhigen, um Konsens bemühten „Unternehmensführer", die andere Seite operierte mit einem narzisstischen Manager, der lehrbuchmäßig den „adoleszenten" Typ des Alphatiers verkörperte. Der Streit um die goldene Füllfeder kann auch umgedeutet werden als Streit um den Phallus der Vorstände, um den Machtanspruch und die wirtschaftliche und persönliche Potenz der beiden Führungskräfte. Der Umstand, dass eines der beiden Unternehmen erfolgreicher agierte als das andere, führte beim Vorstand zu gefühltem Macht- und Kontrollverlust. Der Kooperationsvertrag hat den Mechanismus rund um eine „väterliche" bzw. „mütterliche" Instanz installiert. So etwas funktioniert freilich nur dann, wenn sich die „Kinder" unterwerfen. In dem konkreten Fall war der Adoleszente nicht gewillt, sich den kompromissorientierten Ideen von Vater und Mutter unterzuordnen, und er probte weiterhin den Aufstand.

Der Adoleszente war in der Realität klarerweise ein erwachsener Mann – ein erfolgsverwöhnter Manager, gierig nach Erfolg, der nicht in der Lage war, seine Fehleinschätzung einzugestehen. Eine jede Illusion provoziert eine Suche nach permanenter Steigerung und ein Streben nach immer mehr, sie stellt auch eine Form von pervertierter Liebe dar. Nicht mehr der Erfolg steht dann im Zentrum, sondern die Verteidigung des eigenen Scheiterns. Dieses destruktive Verhaltensmuster beginnt schon in der Schule, denn vielfach wird nicht die Begabung gefördert, sondern die Schwächen. Durch eine solche Prägung erscheinen Unternehmer, Vorgesetzte und Kollegen im beruflichen Kontext oft als Konkurrenten, Feinde oder gar Hassobjekte.

---

249 Ermann, 2014, S. 30.

Suchen wir nach einem Namen für die Entstehung der Konfliktkultur, stoßen wir auf den Ödipuskomplex.[250]

4.9 Der vor dem Richter ausgetragene Konflikt

Ab dem Moment, da Vergleichsgespräche gescheitert sind, führt kaum mehr ein Weg an einer gerichtlichen Auseinandersetzung vorbei. Das bedeutet, dass die Parteien ab diesem Zeitpunkt viel Freiheit aufgeben und sich auf unsicheres Terrain begeben. Nicht von ungefähr kommt der Ausspruch: „Auf hoher See und vor Gericht ist man in Gottes Hand", im Sinne von: Es gibt keine Voraussagen. Sind bei Vergleichsverhandlungen die Parteien uneingeschränkt „Herren" des eingeschlagenen Weges und des gemeinsam definierten Prozedere, so ist bei Gericht der Richter die alleinige Instanz und Autorität. Die Parteien geben also ab diesem Moment ihre Privatautonomie ein Stück weit ab und unterwerfen sich den strengen prozessualen Regeln der Justiz. Diese mögen funktionieren, oftmals wird man bei Gericht aber mit Situationen konfrontiert, die zu denken geben. Bei einer gerichtlichen Auseinandersetzung wird es psychologisch gesehen weitaus komplizierter: Der Konflikt wird nun unter Beiziehung eines neutralen Dritten geführt, zumeist eines Richters oder eines Mediators[251]. In der Frühphase eines Streits ersucht das Gericht oft einen Mediator, „allparteiliche Gespräche" mit den Parteien zu führen, um eine Einigung zu finden. Die Auseinandersetzung wird also in der gerichtlichen Phase dreiparteilich.

Die Person und die Persönlichkeit des Richters bekommt viel Macht, denn er entscheidet darüber, ob ein Prozess formell zugelassen wird, er legt das Prozessprogramm, das Timing sowie die Zeugeneinvernahmen, die Beziehung und Auswahl von sachverständigen Experten fest. Bereits die Art, wie der Richter die Beweiswürdigung mit sich selbst ausmacht, würde reichlich Stoff für eine umfangreiche Untersuchung liefern. Schließlich ist es der Richter, der das Urteil verfasst. Dabei wirken viele persönliche Eindrücke und Befindlichkeiten des Richters mit.

Die Person des Richters ist also eine zentrale Figur. Persönlichkeit und Charakter des Richters entscheiden womöglich über Sieg oder Niederlage. Richter üben ihren Beruf nahe am Wortlaut des Gesetzes aus, sie protokollieren, was die Parteien in der Verhandlung vortragen, und schreiben, möglichst direkt darauf bezugnehmend, ihr Urteil. Richter prüfen kritisch den Sachverhalt und suchen eine Lösung für komplexe Rechtsfragen.

Im Gerichtsverfahren spielt die Zeugenbefragung eine wesentliche Rolle. Der Richter kann einem Zeugen Glauben schenken und seinen Ausführungen folgen, er kann die Aussage begründet finden, sie aber auch verwerfen. Auf jeden Fall ist die richterliche Beweiswürdigung ein starkes Instrument im Gerichtsverfahren.

---

250 Siehe dazu auch Kapitel 5.3.
251 Mediatoren können auch schon früher einvernehmlich bestellt werden. Es entspricht etwa dem Standardprozedere, dass Richter am Handelsgericht zu Beginn eines Verfahrens regelmäßig die Parteien auffordern, sich einer Mediation zu stellen.

Die Unsicherheit über die Glaubwürdigkeit einer Aussage eines Zeugen kann – mit Freud gesprochen – mit der Vorliebe der Zwangskranken für die Unsicherheit und den Zweifel verglichen werden. Das Wissen und das Urteil müssen dabei aber unbedingt dem Zweifel ausgesetzt bleiben.[252] Zur Bedeutung des Zeugen erneut ein Zitat Freuds, auch zur Versinnbildlichung der Rolle des Zeugen:

> Prähistorische Figuren, in denen eine kleinere Gestalt auf dem Kopfe einer größeren sitzt, stellen die Abstammung vom Vater dar: Die mutterlose Athene entspringt konsequenter Weise dem Haupte des Zeus. Noch in unserer Sprache heißt der Zeuge vor Gericht, der etwas beglaubigt, nach dem männlichen Anteil am Geschäft der Fortpflanzung, und schon in den Hieroglyphen wird der Zeuge mit dem Bilde der männlichen Genitalien geschrieben.[253]

Wie manifestieren sich nun „unbewusst wahrnehmbare" Anteile in einem Rechtsstreit?[254] Richter sind natürlich auch Menschen mit ihren Gefühlen und einer Menge an Lebenserfahrung. Viele üben diesen Beruf aus, um die Welt gerechter und friedfertiger zu machen. Jedenfalls haben viele Richter ein Gespür für einen fairen Richterspruch. Für die Verhandlungsteams kommt es daher entscheidend darauf an, den Fall richtig vorzutragen. Richtig bedeutet in diesem Zusammenhang, die Sachverhaltselemente und die Tatbestandsmerkmale so aufeinander abzustimmen, dass das gewünschte Ergebnis und die Darstellung zusammenstimmen. Wenn nun Rechtsstreitigkeiten „Geschichten" prozessieren, sind dann nicht auch die mit dem Streit verwobenen Personen von Übertragungsphänomenen geprägt? Dazu zählt der Richter; er merkt oft, was unter der Oberfläche abläuft. Auch einfühlsame Streitparteien merken das und können darauf reagieren. Gerade in einem Stadium, in dem der Streit bereits gerichtsanhängig ist, wird oft die „bessere Geschichte" vom Richter honoriert. Das kann dann zu einer Reise ins Unbewusste führen, sofern man einen Rechtsstreit nicht nur aus rechtlicher Sicht betrachtet, sondern auch als „storytelling".

Die von den Parteien vorzulegenden Unterlagen und Dokumente sind vom Gericht zu prüfen, vor allem auf ihre Echtheit und Richtigkeit. Dazu ziehen die Gerichte immer öfter sachverständige Experten zu Rate, diese sind Mangelware und daher teuer. Sobald die Expertenmaschinerie in Gang gesetzt wird, beginnt ein Gerichtsverfahren teuer zu werden. Die Kosten des Gerichtsverfahrens sind jedenfalls weitaus höher als die für einen außergerichtlichen Vergleich. Besonders in Verfahren zwischen Unternehmen kommt es aus den unterschiedlichsten Gründen immer öfter zu „Materialschlachten" – und das zum Missfallen des Richters, dessen Akt immer umfangreicher und komplexer wird. Ein fundiertes Urteil, das diese Komplexität berücksichtigt, ist jedenfalls eine große Leistung. In der Regel treiben nicht die beratenden Dienstleister die Verfahren auf die Spitze bzw. in die Länge, sondern die Streitparteien selbst. Freilich kommt es vor, dass Parteienvertreter ihrerseits mit

---

252 Freud, Band 7, 1973, S. 91.
253 Ebd., S. 91.
254 Siehe dazu ausführlicher unter 6.4.2.

komplexen Materien überfordert sind und ihren Beratern dann den Fall und auch das Management des Verfahrens anvertrauen. Der Sorgfaltsmaßstab der Experten erfordert eine genaue Überprüfung der Rechtssache und der einzelnen Sachverhaltselemente. Das ist aufwendig und damit auch kostspielig. In Verfahren, die wichtig sind, wird dabei auf eine kleine Gruppe von Experten zugegriffen, denen die Expertise zugetraut wird, komplexe Themen kompetent und zügig zu behandeln.

Ein Gerichtsverfahren verlangt hohe logische, strategische, persönliche und organisatorische Fähigkeiten. Die Komplexität und Optimierung eines Gerichtsverfahrens führen zu oftmals teurem Vorgehen, der ökonomische Einsatz von Ressourcen spielt eine entscheidende Rolle. Zusätzlich zur eigentlichen Rechtsfrage und der umfangreichen Recherchearbeit kommen weitere Aspekte, nämlich die formelle Maschinerie des Gerichts, die Benennung von Zeugen und die Berücksichtigung ihrer Aussagen, und das Recherchieren von Beweisen. Der rote Faden der eigenen Verhandlungsstrategie muss vorbereitet werden; ein minutiöser Verfahrensplan wird erstellt, der taktische und strategische Überlegungen gegenüber dem Richter, den Zeugen und Experten vorsieht. Es geht etwa um die Frage, ob man der „good guy" sein will oder aber ob man das Verfahren torpediert bzw. verzögert – etwa durch Befangenheitsanträge gegen Sachverständige oder Richter. Letzlich kommt es zu einem Urteil des Richters, dieses kann gut oder schlecht für den Betroffenen sein: Oft ist es erstaunlich, dass, sobald es einen Urteilsspruch gibt, dieser von den Parteien in der Regel akzeptiert wird. Da schwingt möglicherweise wieder ein Stück des in uns so tief verwurzelten Bildes des Jüngsten Gerichts mit.

5. Konfliktmanagement trifft auf Psychoanalyse und Recht

Beim Themengebiet Konfliktmanagement und auch bei der Konfliktbewältigung treffen nun Recht und Psychoanalyse ganz unmittelbar aufeinander. In diesem Kapitel wird der Konflikt definiert, es wird untersucht, wie ein Konflikt entsteht und auf welchen bewussten und unbewussten Ebenen er stattfindet. Dabei wird auf den Ödipus-Mythos referenziert, einen Mythos, dessen Auslegung die Menschen schon so lange beschäftigt. Wie entsteht ein Konflikt, welche Phasen durchläuft er, wie funktioniert Prävention, um einen Streit zu verhindern? Welche Form von Konfliktlösungskompetenz bringt jeder Einzelne mit, wozu sind Konflikte überhaupt gut oder schlecht? Die Art, wie ein Rechtsstreit gelöst werden kann, ist ein vielfältiger Vorgang und erfordert entsprechende Kompetenzen bei den involvierten Personen. Denn hinter äußeren Auseinandersetzungen verbergen sich oft eigene innere Konflikte, die bisher nicht ausgetragen werden konnten und nun nach außen projiziert werden; das gilt auch für Eigenschaften, Verhaltensweisen und Persönlichkeitsmuster, die einen bei sich selbst stören, bei anderen jedoch wahrgenommen werden. Gegen diese wird dann der „intrapsychische Kampf" eröffnet. Dies gilt jedenfalls im zwischenmenschlichen Kontakt, in der persönlichen Beziehungswelt. Gilt das aber womöglich auch für rechtliche Konflikte? Welchen Anteil haben dabei innere Abwehrmechanismen, wie stark wird der rechtliche Konflikt von einem „inneren Kampf" beeinflusst? Es wird weiters auf den Faktor Zeit und die Endlichkeit unseres Daseins in der Psychoanalyse und dem Rechtsstreit eingegangen. Anhand eines Fallbeispiels wird ausführlich ein psychodynamisches Modell für Konfliktmanagement erörtert werden.

5.1 Konfliktbewältigung und Kulturentwicklung

Der Zeitpunkt, als Menschen endlich in der Lage waren, Konflikte friedlich zu lösen, war ein großer Schritt in der Entwicklungsgeschichte; die Rechtswissenschaften haben dazu einen wertvollen Beitrag geleistet. Sigmund Freud geht in seinem Briefwechsel mit Albert Einstein auf die Bedeutung des Rechts im Zusammenhang mit Frieden und Gewalt und auf die Bedeutung des Rechts in der Kulturentwicklung der Menschheitsgeschichte ein:

> Sie beginnen mit dem Verhältnis von Recht und Macht. Das ist gewiss der richtige Ausgangspunkt für unsere Untersuchung. Darf ich das Wort „Macht" durch das grellere, härtere Wort „Gewalt" ersetzen? Recht und Gewalt sind uns heute Gegensätze. Es ist leicht zu zeigen, dass sich das eine aus dem anderen entwickelt hat, und wenn wir auf die Uranfänge zurückgehen und nachsehen, wie das zuerst geschehen ist, so fällt uns die Lösung des Problems mühelos zu.[255]

---

[255] Einstein & Freud, 1972, S. 26.

Im zitierten Briefwechsel zwischen Einstein und Freud ist Freud mit Einstein insofern einer Meinung, als er hervorhebt, dass die Überwindung der Gewalt durch Übertragung der Macht an eine größere Einheit, die durch Gefühlsbindungen ihrer Mitglieder zusammengehalten wird, zustandekommt.[256] Eine Verschiebung von Machtverhältnissen und die „ungleich mächtigen Elemente"[257] machen diese Idee gleich wieder zur reinen Theorie. Hier sieht Freud „die Entstehung von Rechtsunruhe in der Gemeinschaft, aber auch von Rechtsfortbildung".[258] Aus der Rechtsfortbildung erwachse in weiterer Folge auch „die kulturelle Wandlung der Mitglieder des Gemeinwesens."[259] Freud thematisiert im Weiteren das Gewaltmonopol des modernen Rechtsstaats, wobei er meint, dass Recht ursprünglich rohe Gewalt war und noch heute der Stützung durch die Gewalt nicht entbehren kann.[260] In diesem Zusammenhang soll nicht unerwähnt bleiben, dass in der öffentlichen Diskussion der Stellenwert des Rechtsstaates nicht so hoch eingestuft wird, wie es ihm zustehen würde. Diskussionen werden über Demokratieverständnis geführt, rechtsstaatliches Potenzial wird als selbstverständlich hingenommen und allfällige korrupte Elemente gerne von der Öffentlichkeit – quasi als Kavaliersdelikt – verdrängt. Recht und Kulturentwicklung auf eine Stufe zu stellen, ist daher – zumindest aus der Sicht eines Juristen – ein ehrenwerter Gedanke, ein breiter öffentlicher Diskurs über den Rechtsstaat erscheint durchaus angebracht.[261]

Freud spricht dem Recht eine bedeutende Rolle bei der Entstehung des Zivilisationsprozesses zu und nennt diesen Prozess „Kulturentwicklung". Er sieht darüber hinaus das Recht auch als taugliches Mittel bei der Bekämpfung des Thanatos. Diesen setzt er mit Aggression gleich und verbindet ihn auch mit dem Machtbegriff selbst. Als Ausgleich dazu kann das Recht gewissermaßen als Helfer der Libido dienen: „Alles, was Gefühlsbindungen unter den Menschen herstellt, muss dem Krieg entgegenwirken."[262]

Die Mechanismen des Rechts, also das Gesetzbuch, das Gerichtssystem, ein ausgeprägt formaler prozessualer Akt des rechtlichen Handelns und rechtlichen Arbeitens, all das hat eine lange Tradition und seinen Sinn im hohen Gut der Rechtsprechung. Die Zivilisation überlässt nur unter diesen Bedingungen eine zuvor persönlich realisierte Entscheidung einem Dritten, dem Richter, und unterwirft sich seinem Spruch. Dies kann nur erfolgreich funktionieren, wenn dafür allgemein anerkannte Regeln transparent und durchgängig gelten und an diesen festgehalten wird bzw. eine Regeldurchbrechung streng sanktioniert wird. Ein funktionierender Rechtsstaat, der allen Bürgern die gleichen Rechte sichert und die gleichen Pflichten auferlegt und darüber

---

256 Ebd., S. 29 f.
257 Ebd., S. 30.
258 Ebd., S. 30.
259 Ebd., S. 31.
260 Ebd., S. 36.
261 Siehe zur Rolle der Propaganda im Rechtsstaat auch Kapitel 5.8.1.
262 Einstein & Freud, 1972, S. 41 f.

hinaus keine Korruption zulässt, ist so gesehen der richtige Nährboden für jegliche Kulturentwicklung; das betrifft das Individuum und die Gemeinschaft im gleichen Ausmaß.

Für Freud war die Rolle der Kulturentwicklung durch Sublimierung ein wichtiger Ansatz, die Welt mittels Psychoanalyse zu verbessern. Auch die moderne Psychoanalyse befindet sich in einem vergleichbaren Paradigmenwechsel. Mentzos sieht darin „ideologische Prämissen enthalten, die nicht ohne weiteres akzeptiert werden können. Es ist fragwürdig, ob alle Formen kulturell wertvoller Tätigkeiten aus einer Sublimierung entstehen".[263] Es erscheint jedoch naheliegender, dass die Neutralisierung von Gewalt mittels Rechtsfortbildung nicht Triebverzicht darstellt, sondern eher eine Notwendigkeit einer tatsächlichen zivilisatorischen Weiterentwicklung der Menschen ist.

Freud argumentiert, dass das Recht die Macht einer Gemeinschaft sei, ganz im Sinne dessen, was Adler unter dem für die Individualpsychologie so bedeutenden Begriff des Gemeinschaftsgefühls subsumiert hat. Die Mitglieder einer Gemeinschaft werden durch Gefühlsbindungen zusammengehalten. Das funktioniert nach Freud so lange gut, als die gültigen Einschränkungen für alle gelten, um nicht wieder von der Rechtsherrschaft in die Gewaltherrschaft zurückzufallen.[264]

Die unterschiedlichen Verlaufsformen von äußeren Konflikten sind weitgehend aufgearbeitet; der Konflikt hat seine Geschichte, seine Formalkriterien, seine Spielregeln. Er kennt Gewinner und Verlierer, Rivalen, Streitobjekte; ganze Heerscharen von Menschen beschäftigen sich mit der Lösung von Konflikten. Ein erfahrener Jurist hat die Fähigkeit, zu erkennen, ob ein klarer Sachverhalt eine klare Antwort auf die Rechtslage gibt. Oftmals kommen die eigenen persönlichen Konflikte von Menschen in diesem Zusammenhang noch zu kurz. Wie schwer fällt die Einsicht, dass Gefühle wie Wut, Aggression, Ärger, auch Hass die Triebkräfte eines äußeren Konfliktes sind und der Weg zur juristischen Auseinandersetzung über den inneren Konflikt geführt werden sollte? Der Umgang mit Konflikten ist jedenfalls genauso faszinierend wie vielfältig.

5.1.1 Der Konflikt – Definitionen und verwandte Begriffe

Was ist ein Streit, und was ist ein Konflikt? Es folgt eine Abgrenzung jener Begriffe, die in der Arbeit verwendet werden. Das Wort Konflikt stammt aus dem lateinischen „configere": zusammentreffen, kämpfen. Gründe für Konflikte sind so vielfältig wie unser Leben, die meisten sind persönlicher Natur, können aber auch mit beruflichen Themen im Zusammenhang stehen. Oft steckt hinter äußeren Konflikten ein inneres Thema, die persönliche Verfassung, das Selbst oder die Ich-Struktur; Gründe für einen Konflikt sind oft auch Umwelteinflüsse, die Erziehung und intellektuelle Herausforderungen.

---

263 Mentzos, 2013, S. 66.
264 Einstein & Freud, 1972, S. 30.

5. Konfliktmanagement trifft auf Psychoanalyse und Recht

Der Begriff des Konflikts ist auch der Terminus, um einen inneren Widerstreit zu beschreiben; gleichzeitig könnte er auch das äußere Zerwürfnis umfassen, also den Einschluss von kriegerischen, sichtbar aggressiven Maßnahmen. Im Zusammenhang mit einem rechtlichen Konflikt werden auch die Begriffe des Rechtsstreites und der rechtlichen Auseinandersetzung verwendet, welche sowohl gerichtliche als auch außergerichtliche rechtliche Konflikte und Auseinandersetzungen bzw. Kontroversen umfassen. Der Duden schlägt für Konflikt folgende Definition vor:

> Durch das Aufeinanderprallen widerstreitender Auffassungen, Interessen oder ähnlich entstandene schwierige Situation, die zum Zerwürfnis führen kann. Mit kriegerischen Mitteln ausgetragene Auseinandersetzung zwischen Gegnern. Zwiespalt, Widerstreit aufgrund innerer Probleme.[265]

Als Synonyme schlägt der Duden folgende Wörter vor:

> Auseinandersetzung, Spannung, Streit, Uneinigkeit, Verstimmung; (gehoben) Hader, Zerwürfnis, Zwietracht, Zwist[igkeit]; (bildungssprachlich) Disharmonie, Kontroverse, Kampf, Krieg, Dilemma, Kalamität, Notlage, Schwierigkeit, Unentschiedenheit, Widerstreit, Zerrissenheit, Zwiespalt; (gehoben) Bedrängnis; (umgangssprachlich) Bredouille, Klemme, Zwickmühle.[266]

Der Konflikt umfasst also beides: die äußere und innere Seite des Streitfalls. Wie lassen sich weitere sowohl für den inneren als auch den äußeren Teil nachvollziehbar abgegrenzte Begriffe verwenden?

Den Streit definiert duden.de wie folgt: „heftiges Sichauseinandersetzen, Zanken [mit einem persönlichen Gegner] in oft erregten Erörterungen, hitzigen Wortwechseln, oft auch in Handgreiflichkeiten; (veraltet) Waffengang, Kampf"[267]; Synonyme zum Streit sind laut Duden: „Auseinandersetzung, Clinch, Differenz, Entzweiung, Fehde, Kollision, Krieg, Missverständnis, Reibereien, Reibung, Streitigkeit, Szene, Unstimmigkeit, Wortgefecht, Wortstreit, Wortwechsel, Zank, Zusammenprall, Zusammenstoß"[268].

Der Streit hat demnach eine emotionelle, persönliche Konnotation, die für die in der Arbeit gesuchte Begrifflichkeit gut passt. Auch die Begriffe Auseinandersetzung und Kontroverse scheinen passend für die Untersuchung; eine Recherche auf duden.de ergibt zu Auseinandersetzung:

> eingehende Beschäftigung mit etwas, Diskussion, Debatte, [Streit]gespräch, [mit Worten ausgetragener] heftiger Streit, Kontroverse, (zwischen Völkern) mit militärischen Mitteln ausgetragener Streit, Kampfhandlung, (Rechtssprache) auf dem Rechtsweg vorgenommene Aufteilung von gemeinschaftlichem Besitz.[269]

---

265 duden.de, Begriffsuche Konflikt, abgerufen im Internet am 14.08.2020.
266 Ebd.
267 Ebd.
268 Ebd.
269 Ebd.

Die Auseinandersetzung erscheint zu neutral und zu wenig „konfliktreich". Sie ist eine Vorstufe des Konflikts und wird mit weniger drastischen Mitteln geführt.

Kontroverse bedeutet laut Duden: „Meinungsverschiedenheit, Auseinandersetzung (um eine Sachfrage); Synonyme: Auseinandersetzung, Debatte, Diskussion, Geplänkel, Meinungsstreit, Polemik, Streit[gespräch], Streitigkeit, Uneinigkeit, Unstimmigkeit, Wortgefecht, Wortstreit, Wortwechsel, Zank, Zusammenstoß"[270]. Auch die Kontroverse ist eher als eine Vorstufe zum Konflikt einzustufen. Bei Mertens wird der Begriff des Konflikts als zentral für die Psychoanalyse nach Freud betrachtet:

> Konflikt beinhaltet das Zusammentreffen gegensätzlicher Positionen, den Widerstreit von Motiven, Wünschen, Bedürfnissen, Werten und Vorstellungen. Zu unterscheiden sind äußere und innere konflikthafte Belastungen, die in der Regel den Menschen bewusst und einer Verarbeitung und Lösung zugänglich sind. Innere unbewusste Konflikte werden von der Psychoanalyse als konstitutiv für das menschliche Leben und als ursächlicher Faktor in der Entstehung von Neurosen angesehen ... Bei Freud stand demnach der Konflikt von Anfang an im Mittelpunkt seiner psychoanalytischen Tätigkeit und Forschung. Freuds Anliegen war es, Neurosen nicht nur zu beschreiben und zu klassifizieren, sondern sie als Anzeichen eines Kräftespiels der Seele zu begreifen, als Äußerung von zielstrebigen Tendenzen, die zusammen oder gegenseitig arbeiten.[271]

Einen interessanten Ansatz bietet die Operationalisierte Psychodynamische Diagnostik OPD.[272] In der OPD ist die sogenannte Konfliktachse ein bedeutender Indikator für die Einordnung, Diagnose und weitere Therapie der in Konflikte verstrickten Klienten. Klinisch beobachtbare Phänomene und metapsychologische Theorien waren (im Zugang) für die Gründer der OPD zu weit voneinander entfernt, und die Mehrdeutigkeit gerade von psychoanalytischen Begriffen war im klinischen Bereich ein Problem. Es gab auch eine zunehmende Unzufriedenheit mit den Klassifikationssystemen DSM-IV und ICD-10; daher wurde der Arbeitskreis OPD[273] gegründet. In diesem werden alle Instrumente angeführt, die unbewusste Konflikte als anerkanntes Validitätsverfahren erfassen. Der Begriff „Konflikt" spielt in der OPD eine wesentliche Rolle:

> Konflikt kann für sich beanspruchen, ein Stück klassischer psychoanalytischer Diagnostik umzusetzen, die zentrale Rolle innerer Konflikte. Dabei können lebensbestimmende, verinnerlichte Konflikte den eher aktuellen, äußerlich determinierten konflikthaften Situationen gegenübergestellt werden ...[274]

---

270 Ebd.
271 Mertens, 2014, S. 489.
272 Arbeitskreis OPD, 2014, S. 54.
273 Ebd., S. 30.
274 Ebd., S. 35.

5.1.2 „Zum Streiten gehören immer zwei" – der abgespaltene Konflikt

Wir lernen schon früh in der Kindheit zu streiten und konflikthaftes Verhalten als „normal" zu betrachten. Im alltäglichen Sprachgebrauch gibt es das Sprichwort: „Zum Streiten gehören immer zwei". Mit dieser Erfahrung treten wir dann mit anderen Streitthemen in Konflikt und erleben so den Unterschied zwischen Subjekt und Objekt. Sich mit den Geschwistern zu zanken, sich von den Eltern abzugrenzen, gehört zu jeder natürlichen Entwicklung, im Berufsleben ist das nicht anders. Je nach beruflichem und sozialem Umfeld ist Streitkultur unterschiedlich ausgeprägt. Zu einem Streit gehören unabhängig vom Kontext jedoch immer mindestens zwei Personen. Wo aber endet das Subjekt, wer bin ich, und wo beginnt der andere? Wir sehen das Subjekt als etwas, das wir mit anderen Objekten in Verbindung sehen bzw. bringen. Allein kann das Subjekt nicht überleben, denn es braucht das Objekt und die Abgrenzung zu diesem. Diese Abgrenzung beginnt in der frühen Kindheit, sie zeigt sich besonders ausgeprägt in der Gruppe, in dem Bestreben, zwischen den Menschen Ordnung herzustellen. Die einzelne individuelle Beziehung zwischen den Menschen reicht nicht aus, mögliche Konflikte gerecht zu lösen und zu verarbeiten.

Oftmals ist es in Konflikten beobachtbar und naheliegend, dass wir eigene Anteile von uns abspalten und diese auf Dritte projizieren. Es wird während des Studiums der Rechtswissenschaften oder später in der Praxis viel zu wenig hinterfragt, wie stark die eigenen – abgespaltenen – Anteile Grund für den jeweiligen Konflikt sein können. Die Entstehung und die Tatsache eines Konflikts werden oft als gegeben akzeptiert. Wenig hinterfragt werden der eigentliche Ursprung und der Denkansatz, dass ein Konflikt nicht nur mit der anderen Person zu tun hat, sondern auch mit einem selbst. Bei einem Konflikt figurieren regelmäßig zwei Parteien mit unterschiedlichen Auffassungen und unterschiedlichen Wahrheiten. Der Streitgegenstand ist nach den Worten von Rene Girard[275] ein Hindernis, um das herum ein Konflikt ausgetragen wird, oftmals wird um dieses Hindernis gebuhlt.

Wesentlich für Konfliktkultur ist der jeweilige kulturelle und soziale Hintergrund für Auseinandersetzungen. Konflikte appellieren an ein Wertgefüge, etwas ist einem wichtig, wofür es sich zu kämpfen und zu streiten lohnt. Das Wertgefüge ist geprägt von der Frage: Wen und was begehre ich in meiner Auseinandersetzung denn eigentlich? Dieser eher philosophische Aspekt erscheint deshalb so wichtig, da auf diesem Weg der gesellschaftliche Aspekt von Konflikten überhaupt erst klarer erkennbar wird. Das Kind fragt sich auch nicht, ob die erste Liebe denn die wahre Liebe ist; es spürt diese Liebe, dieses Gefühl unmittelbar, und im Idealfall wird diese Liebe auch voll erwidert. Alles, was danach kommt, ist nicht mehr originär, sondern lediglich ein Derivat der Mutterliebe. Die Gesellschaft gaukelt uns aber vor, dass diese derivative Liebe weitaus besser und intensiver ist als die erste Liebe. Daraus ist auch das Verhalten in Berufskonflikten abzuleiten.

---

275 Girard, 2012, S. 211 ff.

5.2 Die Geburt des Konflikts

In der Menschheitsgeschichte herrschte lange Zeit die Blutrache vor; durch sie wurden Feindbilder sichtbar und bekämpft und solchermaßen Stämme zusammengehalten. Erst die frühen Formen der Gerichtsbarkeit und der Rechtsprechung haben das Ende der Blutrache gebracht. Diese hatte zu einer überbordenden Gewalttätigkeit geführt, während späterhin im religiösen Kontext der Akzent auf die Prävention von Gewaltanwendung gelegt wurde. Selbst hier aber blieb es bei einer nach wie vor gewalttätigen Praxis; Gewalt und das Heilige sind nach Girard[276] daher nicht zu trennen. Dies begann bereits in primitiven Gesellschaften in Form einer zentralen höheren Gewaltinstanz.[277] Nur diese höhere Instanz kann die endlose Blutrache im Keim ersticken. Dabei spielt das Opfer eine wesentliche Rolle, dieses verhindert, dass sich der Keim der Gewalt immer weiter fortpflanzt. Es hilft den Menschen, die Rache in Zaum zu halten. In Kulturen dagegen, in denen sich das Gerichtswesen entwickelt hat, verschwand die Wirkung des Opfers zunehmend und hatte so keine Existenzberechtigung mehr.[278] Der Fokus der Bemühungen lag dabei immer in der Unterbindung der endlosen Rache als reinster Form der Gewaltanwendung. Schon früh kann man drei Kategorien von Mitteln gegen Rache erkennen: die Präventionsmaßnahmen, Maßnahmen zur Dosierung und Erschwerung der Rache durch gütliche Einigung und schließlich das Gerichtswesen selbst, das nach wie vor ein unübertroffenes Mittel zur friedlichen Konfliktbereinigung darstellt. Die Wiederherstellung von Frieden im weiteren Sinne stellt einen wichtigen Wendepunkt für die gesamte Kulturentwicklung dar.

Laplanche definiert den Konflikt in der Psychoanalyse wie folgt: Man spricht in der Psychoanalyse von Konflikt, wenn sich im Subjekt gegensätzliche innere Forderungen gegenüberstehen. Der Konflikt kann manifest sein (zum Beispiel zwischen einem Wunsch und einer moralischen Forderung oder zwischen zwei sich widersprechenden Gefühlen) oder latent und dabei in entstellter Form im manifesten Konflikt zur Darstellung kommen oder sich in Symptombildung, Verhaltensstörungen, Charakterstörungen etc. äußern.[279]

Entwicklungspsychologisch beginnt die schwer zuzuordnende Beziehung zwischen Subjekt und Objekt im Konfliktfall schon früh in der Kindheit, vielleicht schon dann, wenn die Mutter den Säugling stillt. Melanie Klein[280] spricht von einem ange-

---

276 Ebd., S. 34.
277 Ebd., S. 30 f.
278 Ebd., S. 33.
279 Laplanche, 1973, S. 256 f.
280 Melanie Klein differenziert ihre Patienten: Die depressive Position umfasst grob gesprochen jene Personen, die sich auf sich selbst als vollständige Person beziehen und für sich in die eigenen Impulse in gewissem Masse verantwortlich fühlen können, ebenso wie sie zum Analytiker als ganzer Person eine Beziehung aufnehmen können. Jene, die noch in der paranoid-schizoiden Position fixiert sind, projizieren und spalten einen großen Teil ihres Selbst und ihrer Impulse ab und können sich zu sich selbst oder zum Analytiker

borenen Konflikt zwischen Liebe und Hass und sieht dabei „die Einflüsse des Neids auf die Entwicklung der Fähigkeit, dankbar und glücklich zu sein"[281]. Klein zeigt auf, dass es therapeutisch möglich ist, in der Beziehung zum Therapeuten abgespaltene Teile des Selbst wieder einzubeziehen und zu erkennen, wie Neid und Misstrauen dem Therapeuten zugeschrieben werden; an die Stelle von Neid und den Konflikten mit Dritten kann so Dankbarkeit treten: „Die Bereicherung der Persönlichkeit durch Integration der abgespaltenen Anteile des Selbst ... werden im Verlauf der Analyse wiedergewonnen."[282] Diese Art der Heilung wäre die Möglichkeit, auf den Streit mit Dritten adäquat zu reagieren und dabei rechtzeitig erkennen zu können, welche Streitanteile die eigenen sind und welche tatsächlich dem Objekt zugeschrieben werden können.

Frühkindlich entsteht aus dem Ich ein Objekt, das sich außerhalb befindet; plötzlich gibt es dieses „Außen", welches seine Grenzen hat. Eine jede Limitierung von Ressourcen führt zu einem Gefühl des Schmerzes und reduziert die Lust des Säuglings. Freuds Lustprinzip wird dabei auf eine schwere Probe gestellt, und es entsteht an seiner Stelle das Realitätsprinzip. Aus der Erfahrung des Mangels also könnte man die Geburt des Konflikts herleiten; Innen-Ich und Außenobjekt driften mehr und mehr auseinander. Nun könnte man sagen, der Wunsch, Interessen zweier Parteien zu vereinen, ist auch die Geburtsstunde des Rechtswesens. Interessensgegensätze auszugleichen und für jedermann geltende Regeln nicht nur individuell, sondern kollektiv zu gestalten, ist ein wesentlicher Teil unserer Zivilisation und damit ein entscheidender Beitrag zur Kulturentwicklung im Sinne Freuds.

5.3 Der Ödipuskomplex als Paradefall eines Konflikts

Unermüdlich illustriert der Mythos das Thema, dass das, was in der geschaffenen Welt Streit ist, nicht wahrhaft ist, was es scheint. Wäre der Kampf aus einem anderen Blickwinkel gesehen worden, so hätte sich herausgestellt, dass das ungestüme Chaos sich aus sich selbst heraus zersprengte und seine Bruchstücke an ihren Platz brachte.[283]

In der Streitkultur bedarf es offenbar eines Konflikts zwischen einem Helden und dem Underdog. Geschichten, die bereits Eingang in die Mythologie fanden, sind für die Erhellung der Streitkultur von besonderer Bedeutung. Für die Psychoanalyse ist die Geschichte des Königs Ödipus von zentraler Bedeutung. Die Besonderheit dieses Mythos wurde von Sigmund Freud entdeckt und die breitere Ödipus-Deutung von ihm begründet. Die Psychoanalyse geht davon aus, dass wir uns mit dem Schicksal des Ödipus identifizieren, weil es uns genauso hätte treffen können. Die kindliche

---

überhaupt nicht vollständig in Beziehung setzen. Die diversen Aspekte bei der paranoid-schizoiden Position stehen ständig im Kampf gegen das Verstehen und im Widerspruch zur Einsicht. Siehe v. a. Joseph, 1983, S. 992.
281 Klein, 1955, S. 245.
282 Ebd., S. 251.
283 Campbell, 2015, S. 307.

Wunscherfüllung des Vatermordes und des Inzests, also die Eroberung der Mutter, ist nach Freud in uns allen wirksam; daher berührt uns dieser Mythos auch noch nach Tausenden Jahren. Szondi beschreibt die Struktur des Tragischen, wie sie im „König Ödipus" zutage tritt, als die Einheit von Rettung und Vernichtung.

> Wie kein anderes Werk erscheint der König Ödipus in seinem Handlungsgewebe von Tragik durchwirkt. Auf welche Stelle im Schicksal des Helden der Blick sich auch heftet, ihm begegnet jene Einheit von Rettung und Vernichtung, die ein Grundzug alles Tragischen ist. Denn nicht Vernichtung ist tragisch, sondern dass Rettung zu Vernichtung wird, nicht im Untergang des Helden vollzieht sich die Tragik, sondern darin, dass der Mensch auf dem Weg untergeht, den er eingeschlagen hat, um dem Untergang zu entgehen.[284]

Der Widerstreit zwischen dem inneren Impuls der Eroberung der Mutter und den gleichzeitigen Schuldgefühlen wegen des gedachten Vatermordes ist nach Freud möglicherweise das Muster für den Urkonflikt, den wir Menschen seit jeher mit uns tragen. Dabei lässt sich auch gut erkennen, wie unterschiedliche Wahrheiten den Inhalt einer Geschichte prägen. Auf den ersten Blick sind der Vatermord und der Inzest eindeutig dem Ödipus zuzuordnen; die Verantwortung an dem Verbrechen ist jedoch nicht so klar zu erfassen. Die Schuldzuweisungen zwischen Ödipus und Teiresias sind ein gutes Beispiel dafür. Girard gibt dafür folgende Erklärung:

> Es ist unvermeidlich, dass wir dabei auf einen seltsamen, ja geradezu fantastischen Gedanken kommen. Wenn wir die Zeugenaussagen übergehen, die sich im zweiten Teil der Tragödie gegen Ödipus häufen, dann lässt sich vermuten, das Endergebnis des Mythos – weit davon entfernt, jene vom Himmel gefallene Wahrheit zu sein, die den Schuldigen erschlägt und alle Sterblichen aufklärt – sei nichts anderes als der getarnte Sieg einer Partei über die andere, der Triumph einer polemischen Lesart über eine andere, die Übernahme einer Version der Ereignisse durch die Gemeinschaft, die ursprünglich nur Tiberias und Kreon eigen war und die erst später, wenn sie zur Wahrheit des Mythos selbst geworden ist, allen und niemandem eigen ist.[285]

Mit anderen Worten, Ödipus hat durch diese Gewaltverbrechen symbolische Tabubrüche begangen, die seine Rolle festlegen. Er übernimmt die absolute Verantwortung für sein Tun und trägt symbolisch das Leid aller Menschen. Dabei wird der Konflikt von außen nach innen verlagert, Ödipus wird zum Symbol des Konfliktes selbst. Dieser Mythos wird noch nach Jahrtausenden von uns intensiv gefühlt und verstanden – als ein paradigmatisches Muster der Konfliktbewältigung. Girard schreibt dazu:

> Die Beständigkeit des Ödipus-Mythos über mehrere Jahrtausende, die Unantastbarkeit seiner Themen, der quasi religiöse Respekt, der ihm auch von der modernen Zi-

---

284 Szondi, 1961, S. 65.
285 Girard, 2012, S. 111.

vilisation entgegengebracht wird, all dies suggeriert bereits, dass die Wirkungen der kollektiven Gewalt völlig unterschätzt werden.[286]

Das Wissen um die Wirkung der Gewalt verstärkt die Wirkung erneut. Die Gewalt ist jedenfalls präsent und betrifft auch das Kollektiv, da sie ob der Schwere des Tabubruchs in Form des Inzests als Bedrohung empfunden wird. Diese Bedrohung macht nicht beim Individuum Halt, sondern breitet sich weit darüber hinaus in die Gesellschaft aus. Der Mythos lebt in der Person ebenso wie im nach außen gerichteten Konflikt. „Die Gewalt des Menschen wird immer als ihm äußerlich gesetzt. Deshalb verschmilzt sie im Heiligen und vereinigt sich in ihm mit jenen Kräften, die dann tatsächlich von außen auf dem Menschen lasten, Tod Krankheit und Naturphänomene."[287] Was treibt nun den Konflikt immer weiter voran? Wie kann der Gewalt Einhalt gewährt werden? Das funktioniert so lange nicht, als die ödipale Rivalität wirksam ist:

> Weil der Nachahmer und sein Modell sich auf das gleiche Objekt richten, kommt es zu Zusammenstößen zwischen Nachahmer und Modell. Die ödipale Realität bleibt bestehen, aber sie erhält eine ganz andere Bedeutung, sie ist durch die Wahl des Modells vorherbestimmt ... Der Nachahmer richtet sich in aller Unschuld auf das Objekt seines Modells, er will ohne Hintergedanken den Vater auch bei der Mutter ersetzen. Er gehorcht dem Zwang zur Wiederholung, der ihm von der ganzen Kultur, die auch vom Modell selbst übermittelt worden ist.[288]

Der Wunsch nach Gewaltlosigkeit verkennt die Aggression in Form der Gewalt in uns. Der Umgang mit der Gewalt zeichnet jedoch unsere Zivilisation aus. Zerstörerische Gewalt kann aber dank unseres Rechtssystems kanalisiert werden und damit auf uns schützend wirken. Die Schuld, die wir mit uns herumtragen und weiterführen müssen, könnte auch auf die Jurisprudenz übertragen werden. Insofern könnte man den Schluss ziehen, dass der Ödipuskomplex auch für die Rechtswissenschaften, vor allem bei rechtlichen Konflikten, eine wesentliche Rolle spielt. Aus dem Verhalten der Vertragsparteien vor und nach Abschluss von Rechtsgeschäften ist möglicherweise eine Typologie ableitbar. Die Einordnung und die Aufdeckung möglicher Beziehungsmuster bei Rechtsgeschäften und das Scheitern der damit in Verbindung stehenden Vereinbarungen bekommen so vielleicht eine eigene Systematik. Gerade hier zeigt sich der Mehrwert, den die Verbindung von Psychoanalyse und Rechtswissenschaften erbringen kann. In der Psychoanalyse ist die Beziehung zwischen Motiven und Sachverhalt besonders ausgeprägt; in der Rechtswissenschaft ist dagegen der Fokus auf den objektivierten Umsetzungsprozess maßgeblich. In der Zusammenschau der beiden ist es möglich, eine neue Sicht und einen breiteren Raum für den manifesten und latenten Teil des Konflikts zu entwickeln.

---

286 Ebd., S. 123 f.
287 Ebd., S. 125 f.
288 Ebd., S. 255.

Der schöpferische Prozess von Menschen hat als Ergebnis oft ein Werk, das in Anwendung des Ödipuskomplexes unterschiedlich gedeutet werden kann. Das Werk kann ein Kind der Schöpfung sein, es ordnet sich den Schöpfern unter, es kann aber auch so bestimmend werden, dass es gewissermaßen die Vaterrolle einnimmt. Genauso denkbar ist die mütterliche und umsorgende Rolle. Im psychoanalytischen Prozess beschreibt Thomas H. Ogden dies als „intersubjektives analytisches Drittes", wenn man die Beziehung zwischen Psychoanalytiker und Analysand betrachtet.[289] Dabei wird der intersubjektive analytische Dritte als ein drittes Subjekt aufgefasst, das durch das unbewusste Zusammenspiel von Analytiker und Analysand geschaffen wird.[290] Die unbewusste Erfahrung des Analysanden hat in der analytischen Beziehung Vorrang; seine Erfahrung ist das, was Analytiker und Analysand zum hauptsächlichen Gegenstand des analytischen Dialogs machen.[291] Der schöpferische Prozess stellt sich dabei nach Ogden unterschiedlich dar, lebendig oder tot. Im wirtschaftlichen Kontext würde man stattdessen wohl eher von konstruktivem bzw. destruktivem Verhalten sprechen.

5.4 Konflikte aus gemeinsamer Sicht von Psychoanalyse und Recht

Recht, wie wir es verstehen, ist nur eine von mehreren Möglichkeiten, gesellschaftliche Konflikte zu lösen und auf den ersten Blick nicht gerade die attraktivste – Geld und Macht sind womöglich reizvoller.[292] Die Jurisprudenz funktioniert nach klaren Regeln, sie verlangt genaues Hinhören und Hinschauen. Das Recht hat sein reales Objekt im konkreten Fall, der entschieden werden will. Die Crux ist freilich, dass in jedem Fall, der juristisch auch nur einigermaßen interessant ist, beide Seiten gute Gründe für ihren Standpunkt haben; beide halten das, was sie verlangen, für richtig und damit für gerecht. Zur Realität des Rechts gehört auch ein ausgeprägtes Streben nach Objektivität und das Anerkennen von Inhalten, die weder abgeschlossen feststehen noch unstreitig sind, an die aber eine adäquate Entscheidung anknüpfen muss, wenn sie dem Recht zum Durchbruch verhelfen will.

Das, was einen guten Analytiker oder Juristen auszeichnet, gilt gleichermaßen für beide unterschiedlichen Berufsbilder. Besonders für Juristen ist es ratsam, sich und

---

289 Ogden wurde als ein Psychoanalytiker bezeichnet, der seinen Patienten auf der Ebene der Stimme, der Metapher zuhört. In seinen eigenen Worten hat Thomas Ogden hervorgehoben, dass seine Position in der analytischen Welt nicht die eines Befürworters einer einzelnen Schule der Psychoanalyse war. Ogdens persönlicher Beitrag zur Psychoanalyse besteht in der Einführung des Konzepts des analytischen Dritten, sein Gebrauch von Träumerei (Reverie), eine überarbeitete Konzeption von Aspekten der analytischen Technik – einschließlich der Grundregel der Benutzung der Couch und der Traumanalyse.
290 Ogden, 1998, S. 1071.
291 Ebd., S. 1072.
292 Der Umgang mit Macht ist ein eigenes, umfassendes Thema, auf das hier nicht weiter eingegangen wird. Siehe dazu etwa die Monografie von Schmitz über Psychologie der Macht, 2012.

den jeweils aktuellen Fall, das Projekt, die unterschiedliche Sichtweise der Sachverhaltselemente kritisch zu hinterfragen. Bereits hier hat man die Chance, zu erkennen, worum es eigentlich geht. Oft steckt hinter rechtlichen Konflikten ein tieferer persönlicher Konflikt oder Probleme mit der Beziehungsfähigkeit. Dabei stellt sich eine ganze Reihe von Fragen: Worum geht es eigentlich meinem Gegenüber? Was ist die richtige Zusammensetzung für ein Team, um einen Fall, ein Projekt oder einen Streit richtig zu behandeln?

Meist liegt die Geburt des Konflikts schon vor dem Zeitpunkt, zu dem sich der Konflikt manifestiert.[293] Dieser latente Konflikt ist für die Menschen – ähnlich wie der Traum – schwer greifbar und schon gar nicht sichtbar. Die meisten Leser sind fasziniert von Freuds Werk „Die Traumdeutung", vom Inhalt, den Gedanken und darüber hinaus von seiner sprachlichen Präzision. Nach und nach entfaltet sich aber auch der Gedanke, ob nicht die Überlegungen und Methoden zur Erforschung des Unbewussten über den Weg der Traumarbeit für das juristische Arbeitsfeld einsetzbar wären? Ähnlich wie Freud im Traum einen manifesten und latenten Inhalt postuliert hat, so ist es, grob formuliert, denkbar, dass auch rechtliche Auseinandersetzungen manifeste und latente Inhalte haben. Vielleicht halten sich Juristen aufgrund ihrer Ausbildung und ihrer Persönlichkeitsstruktur gerne an den manifesten, rechtspositivistischen Teil der Auseinandersetzung. Der Blick auf einen möglichen latenten Inhalt geht dabei womöglich verloren. Es ginge also darum, zu untersuchen, wie denn beim juristischen Arbeiten, welches klaren Regeln unterliegt, mit diesem latenten unbewussten Teil umgegangen werden sollte. Nicht zuletzt für die Auseinandersetzung mit der Sachverhaltsebene ist das ein wesentliches Gebot. Juristische Arbeit bedeutet ähnlich wie bei der Psychoanalyse Erkenntnisgewinn auf der konsequenten Suche nach der Wahrheit. Dabei kann ein mögliches Resultat auch darin liegen, dass es mehrere (subjektive) Wahrheiten geben kann.

Ein Jurist ist vielfach mit Sachverhalten und Problemstellungen befasst, mit menschlichen Problemen, deren Ausgang er nicht vorhersehen kann; er muss aber – um den Schein zu wahren – oftmals so tun, als ob er wüsste, was zu tun sei. Zumindest muss er das Problem benennen, einen Rahmen schaffen und Vorgangsweisen festlegen. Abhängig von der subjektiven Erfahrungsbildung wird das Ergebnis unterschiedlich ausfallen. Nach Ogden gibt es – angelehnt an Melanie Klein und Wilfried Bion – drei unterschiedliche erfahrungsbildende Modi: die paranoid-schizoide Position, die depressive und – von Ogden neu etabliert – die autistisch-berührende Position; ein Erfahrungsbild, das noch keine Sprache, keine Bilder, sondern bloße banale Emotionen kennt.[294] Die Parallele zwischen der juristischen Welt und der

---

293 Siehe dazu ausführlicher Kapitel 6.1.2.
294 Von Interesse ist Ogdens einzigartige Perspektive auf den Gebrauch von Sprache in der Psychoanalyse, seine Methode in der Psychoanalyse schizophrener Patienten sowie die von ihm eingehend beschriebene Beziehung zwischen Psychoanalyse und Literatur. Ogden sah die Bedeutung der Psychoanalyse darin, den Patienten zu helfen, ihnen Lösungen nahezulegen. Siehe v. a. Ogden, 2006, S. VII.

Psychoanalyse wird so klarer. Oft erscheinen Konflikte und die handelnden Personen voller Unverständnis, und es erscheint geradezu unmöglich, mit ihnen über die scheinbar offen sichtbare Lösung des Konflikts zu sprechen. Das hat viele Parallelen zu dem, was Ogden und Klein mit der paranoid-schizoiden Position ihrer Patienten beschreiben.

Die genaue Analyse des gesprochenen Wortes spielt für Juristen eine wichtige Rolle. So wie Freud im Traum der Verschiebung, der Verdichtung, der Umwertung und Verkehrung ins Gegenteil eine große Rolle zuschreibt, ist es möglich, dass wir im Gesagten genauso wie im Nichtgesagten eine reiche Fundstelle für mögliche latente unbewusste Hinweise auf versteckte Motive der eigenen und der fremden Gedanken und Gefühle finden und so auch eine gezielte Auflösung eines Konflikts herbeiführen können. In jeder Auseinandersetzung gibt es einige Indizien, die auch für die Aufmerksamkeitsdebatte – für die Tatsachenarbeit in der Praxis des Juristen – von Interesse sein könnten. Die eigenen Schwachstellen in einem Sachverhalt beziehungsweise in der Argumentation werden dabei in der Regel von der eigenen Partei gar nicht oder nur beiläufig angeführt. Aus der Aufmerksamkeitsanalyse lässt sich möglicherweise diese Schwachstelle herausfiltern und für die eigene Argumentation verwenden. Ähnlich wie in der Traumarbeit werden also Inhalte, die verborgen bleiben sollen, verschoben beziehungsweise verdrängt.

Die Fähigkeit, sich etwas zuzutrauen, ohne es bis ins Detail verstanden zu haben, hängt mit dem Freud'schen Begriff des Unheimlichen[295] und mit Macht- und Ohnmachtsgefühlen zusammen. Seit unserer Jugend sind wir mit dem Gefühl der Ohnmacht vertraut; ihre scheinbar grenzenlose und daher unheimliche Freiheit überfordert die Menschen. Wer gibt Orientierung? Wer bestimmt, was richtig und falsch ist? Diese scheinbare Vieldeutigkeit erscheint unheimlich, schränkt ein, wird als Bedrohung wahrgenommen und löst Ohnmachtsgefühle aus. Das Gefühl der Allmacht entfaltet sich in der Fähigkeit, sich aufzulehnen und seinen eigenen Weg zu gehen. Es geht um Selbstbeherrschung und darum, keinem Bild, keinem Idol nachzujagen und sich von allen Formen der Unterwerfung zu lösen.[296] Manchmal scheint es, als ob wir an der Schwelle einer neuen Gesellschafts- und Wirtschaftsepoche wären, ohne dass wir über die dafür erforderlichen Worte und Wege verfügen würden. Wir produzieren ständig Fehlleistungen und haben das Gefühl, das richtige Wort, den richtigen Weg zu sehen, zu folgen; und doch spüren wir, dass etwas nicht stimmt. Die Ungewissheit, wie es weitergehen soll, macht uns verwundbar, unwissend und orientierungslos. So hat uns etwa die Erfahrung gelehrt, dass unsere Vorstellungen von Harmonie falsch funktionieren und wir deshalb nicht an ein Ziel kommen, weil uns dieses völlig unklar ist.

Ein juristisches Problem, ein Rechtsstreit erscheint im Vorfeld oft als diffus und bedarf einer Kraftanstrengung, um den Sachverhalt und die relevanten Rechtsnormen in jene Beziehung zu setzen, um aus rechtlicher Sicht die erforderliche Lösung

---

295 Freud, Band 4, 1970, S. 241.
296 Gemeint als Appell zur aktiven Mitarbeit an der Entwicklung einer echten Zivilgesellschaft.

zu erreichen. Auf dem Weg dorthin gibt es viele Unwägbarkeiten, denen man sich in unterschiedlicher Weise, hermeneutisch, heuristisch[297] oder auch durch Erfahrung und Sachverstand, nähern kann. Auch in der psychoanalytischen Theorie gibt es vieles, das nicht sofort einleuchtet, aber beim Nachdenken über Patienten oder Problemstellungen dann plötzlich verständlich wird. Nach Ogden geht es auch darum, den Analysanden zu unterstützen, um von den starren Formen organisierter Erfahrung freizukommen „und die Erfahrung seines Nichtwissens zu tolerieren. Wenn wir neue Wege zum Verstehen freilegen, kann das nicht nur das Selbstverständnis fördern, sondern … auch eine größere Vielfalt von Gedanken, Gefühlen und Empfindungen hervorbringen."[298] Das gilt im Umgang mit jeder Form von Unwissenheit. Anhand des Ödipus-Mythos sei es laut Ogden möglich, das Phänomen einer (tragischen) Undurchschaubarkeit von Konflikten zu erkennen. Es geht nämlich um das konjunktive Wissen des Ödipus, dass er gegen den Vater gekämpft habe, und nicht darum, ob er mittels dieser Erkenntnis anders gehandelt hätte. „Wenn wir aber nicht wissen, versagen wir uns die Möglichkeit der Selbstkenntnis."[299] So ist das Leben genau wie die analytische Arbeit ein ewiger Kampf, mit dem Wunsch, zu wissen und zugleich nicht zu wissen.

5.4.1 Die Dauer eines Konflikts – Freuds unendliche Analyse

Juristen sind gewohnt, Fälle, die sie bearbeiten, nach getaner Arbeit für sich abzuschließen. Der Zeitpunkt dafür lässt sich leicht feststellen. Auch das juristische Gedankengut kann man im Privatleben beiseiteschieben. Ein Konflikt, ein Rechtsstreit, ist gelöst, wenn dazu eine entsprechende Vereinbarung in Form eines Vertrags geschlossen wird, wenn ein Vergleich zustandekommt oder wenn ein Gericht ein rechtskräftiges Urteil gefällt hat. Die Parteien haben das Ende eines Konflikts so lange selbst in der Hand, wie sie nicht zu Gericht gehen. Zwischen zwei Parteien ist es möglich, rasch eine Einigung, ein Ende eines Streits, herbeizuführen. Anders verhält sich die Situation, sobald ein Dritter, in der Regel das Gericht, eingeschaltet wird: Der Richter muss den Fall gründlich von allen Seiten betrachten, bevor er in der Lage ist, ein Urteil zu fällen. Weiters hat er auf die Bestimmungen und Voraussetzungen für ein faires Zivilgerichtsverfahren Rücksicht zu nehmen. Das kann dazu führen, dass taktische Überlegungen von jeder der drei Seiten in den Konflikt einfließen. Nichts ist leichter, als ein Verfahren zu verzögern, und im Umkehrschluss ist es weitaus schwieriger, ein Verfahren zu beschleunigen, denn dies braucht das Wohlwollen aller drei involvierten Parteien. Zeit ist ein Faktor in der Jurisprudenz, die den Gerechtigkeitsanspruch einschränkt. Wenn die Frist für den Abschluss der Rechtssache naht, muss spätestens der hermeneutische Zirkel abgebrochen werden, denn rechtliches Arbeiten ist unweigerlich ergebnisorientiert.

---

297 Gigerenzer, 2008, S. 57.
298 Ogden, 2006, S. 1.
299 Ebd., S. 3.

Die schwer erträgliche Spannung zwischen einem subjektiven Bewusstsein, dem mit dem eigenen Verschwinden alles ins Nichts entgleitet, und einem objektiven Bewusstsein, für das die Welt und die Zeit einfach weitergehen, ist wohl kaum zu schlichten, sondern letztlich nur auszuhalten bis zum offenen Ende.[300]

In der Psychoanalyse geht es um das Zwei-Personen-Verhältnis zwischen Psychoanalytiker und Analysand, wobei jedoch nicht klar ist, wann Psychoanalytiker und Analysand eine Analyse beenden. Nach Freud hört man nie auf, Psychoanalytiker und Analysand zu sein. Die Prinzipien und Ideen der Psychoanalyse werden ein Individuum nach begonnener Analyse ein Leben lang begleiten. Dazu hat Freud einen seiner letzten publizierten Aufsätze geschrieben. Gleich eingangs beschäftigt sich Freud mit dem richtigen Timing, genauer gesagt, der Dauer einer psychoanalytischen Therapie. Er beschreibt Otto Ranks Idee, das Geburtstrauma als die eigentliche Quelle von Neurosen zu sehen, was ihm viel zu kurz gegriffen erscheint. Er vergleicht Ranks Idee mit der eines Feuerwehrmanns, der einen Brand löschen will, indem er bloß die für den Brand verantwortliche Petroleumlampe aus dem schon brennenden Haus entfernt.[301]

Der Beschleunigung der Kur hat allerdings Freud selbst noch befürwortet, als er 1914 (beschrieben 1918 in der „Geschichte einer infantilen Neurose") einen jungen Russen behandelte, bei dem er eine Selbsthemmung diagnostizierte; und als Mittel dagegen drohte er ihm das Ende der Kur an.[302] Er glaubte den Patienten bald gründlich und dauernd geheilt zu haben, was jedoch nicht der Fall war. Dabei spricht Freud auch von der Heilungsgeschichte, die er nicht viel weniger interessant als die Krankengeschichte findet. Freud war zwar ein Forscher, aber der Begriff Heilungsgeschichte zeigt klar, dass ihm darüber hinaus das Wohl der Patienten immer ein zentrales Anliegen blieb. Freuds Darstellung zur unendlichen Analyse zeigt auf, dass die Dauer einer Therapie schwer einschätzbar ist, ein Umstand, welcher der Psychoanalyse oft vorgeworfen wird: „Vorläufig steht uns nichts Besseres zu Gebote als die psychoanalytische Technik, und darum sollte man sie trotz ihrer Beschränkungen nicht verachten."[303] Ähnlich geht es Juristen, auch hier ist das Phänomen der unendlich lang erscheinenden Rechtsstreitigkeiten bekannt. Es kann Jahre dauern, bis ein Fall gerichtlich anhängig ist, und dann kann es noch Jahre bis zu einer rechtskräftigen Entscheidung dauern. Aber auch bei der juristischen Arbeit steht als Ultima Ratio zumindest derzeit noch kein besseres Mittel zur Verfügung als die gerichtliche Klärung.

---

300 Safranski, 2015, S. 249.
301 Freud, GW XVI, 2005, S. 60.
302 Ebd., S. 29 ff.
303 Freud, GW XVII, 1993, S. 108.

5.4.2 Das Motiv des Jüngsten Gerichts und das Konzept des Todestriebs

Das Motiv der Endlichkeit, des Todes, hat für Juristen eine hohe Relevanz. Gerade aus dieser Angst vor dem Tod, und im Sinne einer christlichen Vorstellung von dem Jüngsten Gericht, bauen Juristen ein funktionierendes Gerichtssystem und schaffen dafür ein strenges Regelwerk und strenge Verhaltenskodizes. Im profanen Leben wird dem Gericht in einem funktionierenden Rechtsstaat auch ein besonderer Stellenwert zugeschrieben, unabhängig davon, ob dies gerechtfertigt ist oder nicht. Auch dies ist ein Grund, weshalb Recht und Gerechtigkeit in unserer Weltordnung einander so nahestehen. Gerade in unserem christlich geprägten Weltbild hat das Gericht einen starken Stellenwert. Dabei sind wir stark vom Bild des Jüngsten Gerichts geprägt, das wir uns schon früh in der christlichen Erziehung eingeprägt haben: Da sitzt ein strenger Richter im Himmel und entscheidet über uns und unser Schicksal für die Ewigkeit. Das Jüngste Gericht hat auch die Funktion, über die Auferstehung des Individuums zu entscheiden. Juristen haben Macht, denn sie kennen die Geheimnisse ihrer Gesetzbücher und verstehen deren „Geheimsprache". Sie setzen sich mit Gerechtigkeit und ethischen Themen auseinander, wissen, wie Sprache in ihrem Beruf einzusetzen ist. Das verleiht ihnen Einfluss und die Macht über andere. Der philosophische Gedanke, dass Macht auch im Verzeihen, im Vergeben, liegen kann, spielt in diesem Kontext leider kaum eine Rolle.[304]

In Anlehnung an Empedokles[305] sieht Freud zwei Prinzipien sowohl im weltlichen wie im seelischen Leben, die in einem ewigen Kampf miteinander liegen. Empedokles nennt sie Liebe und Streit. Liebe strebt danach, die Ur-Teilchen der Elemente zu einer Einheit zusammenzufügen, der Streit dagegen will diese Mischungen rückgängig machen und desintegrieren: Erde, Wasser, Feuer und Luft sind hier bekanntlich die Grundelemente der Welt. Den Weltprozess dachte Empedokles als fortgesetzte Abwechslung von Perioden, in denen die eine oder die andere der Grundkräfte jeweils dominiert. Bei Freud kommt diese Polarität seinen beiden Urtrieben Eros und Thanatos sehr nahe.

> Mit der Theorie des Todestriebes, die aus der klinischen Erfahrung des Wiederholungszwanges und der Formulierung des primären erogenen Masochismus resultiert, ist die Einsicht verbunden, dass der Mensch unabhängig von seinen konkreten Lebensumständen die Bereitschaft hat, aggressiv gegen andere und sich selbst zu sein ....
> Einfach gesagt, wenn der Mensch von seiner Triebausrüstung her nicht anders als „auch" schlecht sein kann, dann wird kein reales System, kein Sozialismus, kein Wohlfahrtsstaat ihm dies austreiben.[306]

---

304 „Die Macht des Vergebens", ein Interview mit Eva Mose Kor, erschienen in *Die Presse*, 30.11.2006.
305 Freud, GW XVI, 2005, S. 91f.
306 Heenen-Wolff, 2010, S. 195.

Freud zitiert in diesem Zusammenhang auch Ferenczi und dessen Auseinandersetzung mit dem „Problem der Beendigung der Analyse"[307]. Demnach sei die Analyse kein endloser Prozess, sondern sie könne bei entsprechender Sachkenntnis und Geduld des Analytikers zu einem natürlichen Abschluss gebracht werden. Dabei bezweifelt er auch die Erwartung, dass man vom Analytiker als Teil seines Befähigungsnachweises ein gesteigertes Maß an seelischer Normalität und Korrektheit fordern solle. Die analytische Beziehung sei auf Wahrheitsliebe und Anerkennung der Realität gegründet, sie schließt daher Schein und Trug aus. Kritisch steht dem Freud'schen Thanatos etwa auch Türcke gegenüber, wenn er schreibt:

> Im metaphorischen Sinn kann man jede Triebregung als Todestrieb deklarieren, denn jeder will das Ende einer Entbehrung. Aber so unspezifisch war es bei Freud gerade nicht gemeint. Gewiss hat er Recht, wenn er sagt „das Leblose war früher da als das Lebende". Doch Unbelebtsein ist nicht der Urzustand des jeweiligen belebten Körpers, als wäre er zuerst dagewesen und hätte dann erst Leben eingehaucht bekommen wie der Erdkloß im Garten Eden den Odem Gottes. Ein belebter Körper ist von Anfang an ein Zellgebilde, eine organische Organisation, und die will sowohl Reizlosigkeit erlangen als auch Reize erleben. Sie will das Unmögliche: nicht den anorganischen Urzustand, sondern etwas, was noch nie war. Sie ist nicht regressiv, sondern utopisch.[308]

Das Motiv des Jüngsten Gerichts und Freuds Konzept des Todestriebs spielen bei inneren und äußeren Konflikten immer wieder zusammen. In der Therapie tritt laut Freud bei Patienten oftmals ein auffälliger Destruktionstrieb zu Tage. Es gibt keinen stärkeren Eindruck von Widerständen während der analytischen Arbeit als den von einer Kraft, die sich mit allen Mitteln gegen die Genesung wehrt und durchaus an Krankheit und Leiden festhalten will. Hält man sich die Erscheinungen des immanenten Masochismus vieler Menschen vor Augen, so zeigt dies die Macht von Aggressions- oder Destruktionstrieb, die sich vom Todestrieb herleiten lassen. Die negative therapeutische Reaktion und das Schuldbewusstsein der Neurotiker sind das dazu passende Symptom. Der Ursprung des Konflikts ist dafür für Freud ein wichtiger Punkt auf dem Weg der Entwicklung vom primitiven zum Kulturmenschen. Im Zuge der Kulturentwicklung findet eine erhebliche Verinnerlichung des Aggressionstriebes statt, und die internen Konflikte treten an die Stelle der Außenkämpfe.

Der Tod kennt keine Regeln; niemand kann mit ihm einen Deal oder ein Rechtsgeschäft abschließen. Der Tod verhält sich ganz anders als Juristen das tun, daher muss der Tod gerade für diese Menschen besonders bedrohlich wirken. Der Umgang mit dem Tod, auch mit dem Sterben, ist klarerweise eine höchstpersönliche Angelegenheit. Unabhängig von der Berufswahl ist jedes Individuum im Laufe seines Lebens mit dem Tod konfrontiert und findet dazu seinen eigenen Zugang. Dieser kann ein sichtbarer, aktiver Weg sein, sich damit auseinanderzusetzen, es kann aber auch

---

307 Ebd., S. 95.
308 Türcke, 2008, S. 150.

darauf hinauslaufen, dass man sich dem Thema verschließt und den Tod insgesamt verdrängt. Die Besonderheit des Verhältnisses von Juristen zum Thema Tod ist vielleicht ihr Umgang mit Gerichten selbst. Wie bereits vorher erwähnt, ist das Jüngste Gericht ein hochwirksames Bild, das wir alle mit uns herumtragen. Daran knüpft sich die Vorstellung, dass es möglicherweise eine finale Rechenschaft darüber abzulegen gilt, auf welche Art wir unser Leben geführt haben. Da sich Juristen zeit ihres Lebens mit Gerichten und Richtern befassen, erscheint es naheliegend, dass dieses Bild gerade bei ihnen eine mehr oder weniger bewusste Rolle spielt. Der Tod macht traurig, aber Trauer zu zeigen, wird in unserer Gesellschaft als Schwäche gedeutet: Gerade das wollen Juristen vermeiden, da sie sich auch in ihrem Gefühlsleben eher neutral geben und sich nicht in die Karten blicken lassen wollen. Vielleicht gibt es auch eine Art von Identifikation der Juristen mit dem Jüngsten Gericht, dem Richter über die Ewigkeit? Es wäre jedenfalls sinnvoll, das Todesthema wie das des Gerichts nicht zu verdrängen, sondern durch Rationalisierung eine lebbare Deutung zu konstruieren.

Ein weiterer Weg, um den Tod – zumindest gedanklich – zu bewältigen, ist die Arbeit selbst. Juristen haben einen hochrationalen Beruf, der wenig Raum lässt für das Irrationale. Das Planbare, das Gesetzliche, das Geregelte spielen eine zentrale Rolle, was dazu beitragen mag, die Angst – auch die vor dem Tod – zu mindern. Je bedrohlicher diese Angst sich aufbaut, umso entlastender ist es, sich in die Arbeit zu stürzen. In der juristischen Arbeit gibt es keine Bedrohung, die mit der Todesangst vergleichbar wäre, und doch leiden viele Juristen genau unter dieser Angst. Dabei ist eine gewisse Ähnlichkeit zur Autodestruktivität der Suchtkranken zu erkennen:

> Die Todesnähe wird im Suchtmittelmissbrauch gesucht, um den Tod zu überwinden, um sich vormachen zu können, ihn zu beherrschen, damit er einen nicht ereilt. Zugleich handelt es sich um einen Wiederholungszwang im klassischen psychoanalytischen Sinne. Das Trauma wird immer wieder aufs Neue wiederholt und durchlebt, um es beherrschbar zu machen, es zu überwinden.[309]

Häufig kann man beobachten, dass Juristen gesundheitliche Probleme mit ihren Augen, Ohren oder sonstigen Sinnesorganen haben. Die Angst, die Herrschaft über die Sinne zu verlieren, „von Sinnen" zu sein, begleitet sie oft ein Lebtag lang. Das Licht zu verlieren, wäre schon begrifflich nahe dem Tod, wenn auch etwas abgeschwächt. Vielleicht hilft ihnen diese gerichtete Angst symptomatisch, ihre Todesangst zu verdrängen. Die Todesstrafe, ausgesprochen von Menschen für – besser gesagt – gegen Menschen, ist ein großes ethisches und moralisches Thema; die Beschränkung der Arbeit auf das Zivilrecht schließt das Thema jedenfalls weitgehend aus.[310]

---

309 Rost, 2009, S. XXXV.
310 Todesstrafe und Todestrieb sind ein eigenes, stark rechtsphilosophisch geprägtes Thema, das gänzlich andere Fragen aufwirft. Es wird nicht weiter darauf eingegangen, beschränkt sich die vorliegende Doktorarbeit doch rein auf das Zivilrecht.

5.5 Juristischer Elfenbeinturm versus Praxis

Juristen sitzen, wie viele andere Berufsgruppen und Wissenschaftler, vielfach in ihrem Elfenbeinturm und haben auch Schwierigkeiten, über den Tellerrand ihres Fachs zu blicken. Die schriftliche Arbeit eines Juristen, so etwa die Erstellung von Schriftsätzen und Memos, erfolgt im Stillen, die ausführenden Personen bleiben in der Regel unsichtbar, was vielleicht damit zu tun hat, dass sich Juristen neutral verhalten. Dazu ist es erforderlich, Gefühle keinesfalls öffentlich zu zeigen. Diese Gefühle sind aber trotzdem vorhanden, sie werden nur anders verarbeitet. Umgang mit Gefühlen ist in der Regel für Juristen berufsbedingt zumindest nicht leicht. Freude, Trauer, Wut – all diese starken Emotionen werden nicht zugelassen. Was aber macht das mit den betroffenen Personen, wo landen die Emotionen, und wie wirkt sich das auf den Rechtsstreit aus? Auch die Rechtswissenschaften werden letzten Endes von Menschen betrieben, der Jurist ist ein Repräsentant der Einsicht, dass es auf der Welt gut und schlecht gibt. Diese Einsicht teilt er mit Psychoanalytikern.

Juristen leben mit der Erkenntnis, dass ein Konflikt etwas Alltägliches ist. In der Konsequenz bleibt daher nur ein funktionierendes Rechtssystem, um dem Todestrieb etwas gesellschaftlich entgegenzusetzen. Der Zugang zu anderen wissenschaftlichen Richtungen ist nicht systemimmanent. Das eigene System gibt scheinbar genug her; man ist selbstbewusst und beschäftigt genug, um sich lebenslang mit der eigenen Zunft zu befassen und damit offenbar problemlos sein Auslangen zu finden. Dieses Buch soll auch zeigen, wie hilfreich es sein kann, fächerübergreifend zu arbeiten. In diesem Fall gilt es, die Schnittstelle zwischen Recht und Psychoanalyse zu erkunden.

> As a management professor, I'm very familiar with Management Mandarins who sit in ivory towers, and with the snake-oil salesmen, business gurus who peddle faulty wares. I have been asking myself what needs to be done for their work to be more relevant. Does it have to be this way? Is there a way to create greater rapprochement with Business practitioners? Or is it hopeless to expect anything to change? I must confess that it also crosses my mind to wonder whether I'm the right person to criticize the current situation. After all, am I not said to be one of these so-called gurus myself?[311]

Viele als Rechtskonflikte getarnte und so angelegte „innere" Konflikte können anstatt mit der Hilfe des Rechtssystems eher mit Hilfe der Psychoanalyse abgewendet werden. Es können strittige Themen deutlicher sichtbar kommuniziert werden, wenn man in strukturierter Form das bloße Rechtsproblem vom „persönlichen" Problem abtrennt und nicht das „persönliche" Problem in ein juristisches verlagert. Dazu ist es erforderlich, auf mehreren Ebenen den Konflikt, seine Spieler, ihre Rolle und ihre Persönlichkeit zu analysieren. Vor allem die Persönlichkeitsstruktur und die Verarbeitungsmöglichkeiten von inneren Konflikten sollten dabei im Vordergrund stehen. Dabei können Anleihen in der Leadership-Forschung gemacht werden. Die einzelnen Personen zu betrachten, bildet den Ausgangspunkt; die nächste Phase bestünde darin, diese Personen miteinander in Beziehung zu setzen und diese Beziehungen

---

311 Kets de Vries, 2009, S. XX.

zu analysieren: Welche Konflikte werden dabei sichtbar? Und gibt es etwa die Möglichkeit in diesen Beziehungen, Abgrenzungen oder Veränderung zu erzielen? Eine weitere Phase würde darin bestehen, den Konflikt als eigene Person zu sehen und zu analysieren. Der Konflikt könnte eine Rolle als mächtiger, aggressiver Vater einnehmen und wie dieser auf die „streitbeteiligten Kinder" einwirken.

So wird mancher Konflikt dadurch verhindert, weil das Rechtssystem und der Rechtsstaat klare Regeln vorgeben, die dem Individuum im täglichen Leben eine Hilfestellung geben und sein Leben vereinfachen. Gerade aber die Psychoanalyse – als eine im Vergleich zur Rechtswissenschaft junge Wissenschaft – ist auf die Theorie und die Historie anderer Disziplinen angewiesen. Im Gegenzug profitieren die großen und alten Rechtswissenschaften vom Geist und den Erfahrungen der jungen Psychoanalyse.

Vieles von dem, was einschlägig über Leadership und andere Management-Gurus geschrieben wird, gilt durchaus auch für Juristen. Ein Unterschied liegt darin, dass Juristen gerne ihr rechtlich erworbenes Handwerkszeug verwenden; sie wissen daher, im Gegensatz zu Menschen aus anderen Berufsgruppen, wie wichtig die Rolle des Gesetzes und letztentscheidend die Rolle des Richters ist. Damit wirken andere Kräfte und Mechanismen auf das Berufsbild des Juristen ein als auf andere Berufe.

5.6 Bei Juristen ist Konfliktlösungskompetenz gefragt

Man erkennt die Juristen schon von außen: Sie tragen dunkle Kleidung, weiße Hemden gehören zur Standardausrüstung, womit nach außen Korrektheit vermittelt werden soll. Sie pflegen auch selbst einen strengen Verhaltenskodex und legen viel Wert auf ihren guten Ruf. Nicht immer gelingt das, oft geraten Juristen trotzdem in Verruf. Grundsätzlich sind Hierarchien für Juristen wichtig, sie halten sich gerne an Regeln und sind generell vorsichtig und abwägend. Was sie eint, ist ihr Bestreben, dass sie gleichzeitig behüten und sich selbst hüten. Insofern sind Juristen privilegiert, denn sie sprechen eine Art von Geheimsprache, nämlich die Sprache des Rechts; ähnlich wie die Mediziner werden sie von Laien nur schwer verstanden. Gleichzeitig bringt sie das innerhalb ihrer rechtlichen Gemeinschaft enger zusammen. Ausgestattet mit dieser Sprachbesonderheit und den übrigen Ritualen, dürfen sie Dinge tun, die für andere Menschen nicht möglich sind. So ist es Ihnen vor Gericht vorbehalten, mit dem Richter, dem Vertreter der Macht, zu sprechen. In größeren Gerichtsverfahren herrscht Anwaltszwang; dadurch bilden sie ein wichtiges Bindeglied zwischen der Bevölkerung und der Macht. Juristen lernen während des Studiums die Bedeutung von Rechtsnormen, die Lehre von den Rechtsquellen, den Interpretationsregeln und Auslegungsarten. Meist geht es mit Frustration einher, wenn sie bemerken, dass Recht und Gerechtigkeit auseinanderklaffen und nicht eins sind. Was zu kurz kommt, ist die Auseinandersetzung des Rechtsbegriffs mit dem Phänomen des Friedens und seiner elementaren Bedeutung für die kulturelle Entwicklung.

Allen Juristen ist gemein, dass sie die Sprache als Handwerkszeug verwenden und hochschätzen. Sie sind quasi Vertreter der schreibenden Zunft; Texte und texthermeneutisches Vorgehen gehören zu ihrem Handwerkszeug. Juristen lernen auch, mit komplizierten Anwendungsgebieten umzugehen. Sie bedienen sich des sogenannten Stufenbaus der Rechtsordnung und können so eine Vielzahl von unterschiedlichsten Gesetzen in Beziehung setzen. Im Laufe seines Studiums entscheidet sich ein Jurist, mit welchem Rechtsgebiet er sich später auseinandersetzen möchte. Hier ist vor allem die Weggabelung bedeutend, nämlich zwischen dem anwaltlichen, dem richterlichen Beruf, der Entscheidung, in die Wirtschaft zu gehen, oder Rechtswissenschaften in anderen Berufen auszuüben beziehungsweise einzusetzen. Gleichzeitig wird dadurch die Entscheidung getroffen, welche Rechtsgebiete und welche Art der Rechtsanwendung die Zukunft des Juristen beherrschen werden. Grob kann man unterscheiden, ob man zum Verwaltungsrecht, Zivilrecht, Unternehmensrecht, zum internationalen Recht, zu den Menschenrechten oder zum Strafrecht tendiert. Davon abhängig hat man mit völlig unterschiedlichen Arten von Rechtsfragen beziehungsweise Problemstellungen zu tun.

Es gibt für Juristen in ihrem Beruf die Möglichkeit, fast täglich Lösungskompetenz zu vermitteln. Juristen, die sich mit Konflikten auseinandersetzen, brauchen dafür einen Erfahrungsschatz, Fachwissen und den gewissen „Riecher", um auch zu einer allseits befriedigenden Lösung zu bringen. Damit verbinden sich folgende Fragen, die im Rahmen dieser Arbeit ausführlicher in Kapitel 6 behandelt werden:

- Zeigen Juristen, die mit rechtlichen Konflikten arbeiten, Typologien und Gesetzmäßigkeiten in ihrem Arbeiten?
- Warum haben sie sich für das Fachgebiet der Konflikte entschieden?
- Kann man zu dem juristischen Handwerkszeug auch zusätzliche Instrumente brauchen und verwenden?
- Hängt es dabei auch davon ab, welche Charakterzüge ein Jurist mitbringt – und welche Typen von juristisch arbeitenden Menschen sind wofür geeignet?
- Welche Ideen können dabei aus der Psychoanalyse angewendet und herangezogen werden?

Durch ihre eigenen Verhaltensnormen grenzen sich Juristen auch bewusst von anderen Berufsgruppen ab. Unter sich haben Juristen naturgemäß unterschiedliche Herangehensweisen an ihren Beruf. Das klassische Bild des Juristen ist: Er hört genau zu, was man ihm sagt; er schreibt alles auf, was er hört; er hinterfragt die ihm zugänglichen Informationen. Er versucht nach dem Briefing, Zeit zum Nachdenken und zum Recherchieren zu bekommen. Dafür zieht er sich gerne in seine eigenen vier Wände zurück. In einem Juristenbüro gibt es meist eine Vielzahl von Büchern, einschlägige Zeitschriften und auch sonst viel Papier zu finden. Juristen können einerseits viel reden, es gibt aber auch solche, die verschwiegen und ruhig an ihre Sache herangehen. Juristen können einerseits dazu neigen, Fragen zu beantworten, andererseits aber dazu, ausführliche Disclaimer[312] zu verfassen, um sich so aus der Verantwortung zu

---

312 Das ist ein Haftungsausschluss, der in vielen rechtlichen Arbeiten verwendet wird, um sich von bestimmten Inhalten des Textes haftungsmäßig zu distanzieren.

stehlen. Es gibt Juristen, die bewusst hinter dem Vorhang agieren, und es gibt solche, die gerne im Rampenlicht stehen. Aus der Erfahrung erscheint schon der Auftritt des Juristen für andere Berufsgruppen bedrohlich, und es wirkt immer als ein starkes Signal in einem Rechtsgeschäft beziehungsweise überhaupt bei geschäftlichen Kontakten, wenn Juristen zugezogen werden. Dies ist in vielen Fällen eben nicht als vertrauensbildende Maßnahme zu verstehen, und man merkt dann, dass ein Konflikt nicht mehr weit entfernt ist.

Richter können Urteile schreiben und rechtliche Konflikte für andere Menschen damit entscheiden beziehungsweise lösen. Rechtsanwälte können parteilich ebenfalls rechtliche Fragestellungen für ihren Mandanten so lösen, dass dieser davon profitiert. Unternehmensjuristen müssen im Interesse ihres Arbeitgebers wirtschaftliche Ideen mit ihrer rechtlichen Brille überprüfen und so eine juristische Filterfunktion ausüben. Sie stehen als „Counsel" für einen Ratschlag, damit ihre Kollegen, ihre Organe, aber auch die Eigentümer und das Unternehmen selbst keinen rechtlichen Risiken ausgesetzt werden. Es gibt Juristen, die lieber dogmatisch tätig sind und jene, die sich theoretischen Problemen stellen. Selbst Rechtsphilosophen gibt es und auch Juristen, die in anderen wissenschaftlichen Gebieten das Recht nur am Rande streifen.

Angelehnt an Lacans Präsenz des Analytikers[313] könnte man meinen, die Anwesenheit von Juristen bringe es mit sich, dass nun genauer darauf geachtet werden muss, was gesagt und getan wird. Denn alles, was gesagt wird, kann dann später gegen die jeweilige Partei ausgelegt werden. Lacan beschreibt beim Beginn der Analyse ein vergleichbares Verhalten bei seinen Patienten:

> Wir sehen hier – gerade im Akt der Aufnahme einer Analyse und also gewiss auch in ihren ersten Schritten – wie wir in empfindlichste Berührung geraten mit einer tiefen, allen Beteuerungen des Patienten anhaftenden Ambiguität, und mit dem Umstand, dass diese Beteuerungen an sich ein Doppelgesicht haben. Wir sehen die Dimension der Wahrheit sich auftun, die zunächst in oder sogar mit Hilfe einer bestimmten Lüge sich einrichtet.[314]

Juristen arbeiten in der Regel „hinter dem Vorhang". Sobald Juristen sichtbar werden, ist das als Zeichen zu sehen, dass es nun ernst wird. Im geschäftlichen Umgang entspricht es eher der Übung, dass man sich über Inhalte einigt und versucht, keinen Juristen zu Rate ziehen zu müssen. Juristen arbeiten in dieser Frühphase verdeckt, in späteren Phasen der Anbahnung eines Rechtsgeschäftes arbeiten Juristen dann wieder gerne exklusiv unter sich. So können sie in ihrer Sprache Vereinbarungen gemeinsam ausformulieren, verschriftlichen und so einen Vertrag formulieren und gestalten. Werden Geschäfte kontroversiell und streitig, so gilt das von ihnen aufgeschriebene Schriftstück als Maßstab für die weitere juristische Auseinandersetzung.

---

313 Lacan, 2015, S. 278f.
314 Ebd., S. 122.

5.7 Die Inszenierung des Konflikts – die Rolle der Öffentlichkeit

Die Propaganda im Zusammenhang mit dem Konfliktthema ist es wert, mit der psychoanalytischen Brille betrachtet zu werden. Gerade bei öffentlich wirksamen Konflikten und Rechtsfällen wird über die Beeinflussung via Öffentlichkeit und Medien, also public relations (PR), einiges außerhalb des juristischen Spielfeldes manipuliert und verändert. Im engen Zusammenhang mit einem offen ausgetragenen Konflikt steht also die Propaganda, und hier die Frage über die richtigen Themen und Argumente, die die Meinungsführer erreichen sollen. Hier bewegen wir uns im Bereich des Unbewussten, bei den latenten Inhalten und der Frage, wie ich die Gefühle der Menschen, der Richter, der Berater, der Medien erreiche? Der moderne Mensch scheint geprägt und getrieben von dem Gedanken, dass sein Bild nicht von ihm selbst geprägt wird, sondern vielmehr durch die Öffentlichkeit beeinflusst und so auch teilweise mitentschieden wird.

Es gibt den Wunsch, fast eine Sehnsucht, einen Konflikt zu bereinigen und dabei auf bekannte Lösungsmuster zugreifen zu können. Für Juristen sind dies rechtskräftige Entscheidungen und Judikate, idealerweise solche durch ein oberstes Gericht. Auch der Richter orientiert sich darüber hinaus, als Kind einer humanistischen Erziehung, an Geschichten und Mythen unseres Kulturkreises; mit diesen wurde er immerhin sozialisiert. Umso wichtiger, wie schon früher beschrieben, ist die richtige „Geschichte", die die Parteien für sich ins Treffen führen und in einen juristischen Jargon und die prozessualen Regeln verpacken. Nicht viel anders ist das szenische Verstehen und damit die Herangehensweise der Psychoanalyse: Die Deutung der Symptome und Äußerungen des Klienten lebt für den Analysanden wie für den Analytiker davon, dass sich das therapeutische Geschehen in szenischen Bildern verlebendigt, die man sich nicht detailliert genug ausmalen kann.[315] Aus diesem Wechselspiel zwischen sinnlicher Konkretheit und Abstraktion ergibt sich ja auch der Umstand, dass die meisten psychoanalytischen Abhandlungen mit szenischen Episoden ausgestattet sind. Auch bei Freud sind die nachhaltig wirksamsten Arbeiten zweifellos die Krankengeschichten wie der Fall Dora, der Wolfsmann, der Rattenmann, der kleine Hans usw.[316]

Wenn man als Jurist große Rechtsfälle managt, ist zu beobachten, dass die Inszenierung bei rechtlichen Angelegenheiten eine immer größere Rolle spielt. Gerade der Umgang mit den involvierten Parteien, aber auch mit der Öffentlichkeit, ist hier besonders wichtig, obwohl Juristen, wie bereits beschrieben, ihre eigene Sprache, ihre eigenen Codes verwenden. Diese müssen eben übersetzt werden und können auch die Form einer Art Öffentlichkeitsarbeit annehmen:

> Handelt es sich jedoch um das Einflößen von Ideen und Glaubenssätzen in die Massenseelen, zum Beispiel der modernen sozialen Lehren, so gehen die Führer anders vor. Sie bedienen sich hauptsächlich dreier sehr bestimmter Verfahrensweisen, der

---
315 Siehe dazu detaillierter unter 2.4.2.
316 Lorenzer, 2002, S. 80.

Behauptung, der Wiederholung und der Übertragung. Die Wirkung derselben ist eine sehr langsame, aber ihre Folgen sind dafür sehr dauerhaft.[317]

Le Bon war mit dieser Meinung ein früher Vorreiter dafür, wie man PR richtig einsetzt. Die Kernbotschaft muss so oft gebracht werden, bis man sie selbst nicht mehr hören kann, denn erst dann beginnt sie, sich zu übertragen und so bei anderen zu wirken. Es hat sich zu diesem Thema bereits ein eigener Beruf herausgebildet: „litigation and crisis PR". Spezialisten, die Gerichtsprozesse und Krisensituationen begleiten und geübt sind im Erkennen, welche Themen in welcher Verpackung vermittelt werden müssen, um ein ansprechendes Bild öffentlich und bei den „Stakeholdern" zu erzeugen. Eine zentrale Aufgabe ist es dabei, nicht nur den manifesten, sichtbaren Anteil des Rechtsfalles im Auge zu haben, sondern auch den unbewussten, latenten Teil zu kommunizieren: Es ist der Teil, der die Menschen berührt, der an das Gefühl von Recht und Ordnung appelliert. Ähnlich wie bei Mythen und Dramen hat hier die Inszenierung ein in der Seele der Menschen genau konstruiertes Aussehen. Es geht um Motive und Konstellationen, die wir alle in uns tragen und verstehen und von denen wir wünschen, dass sie so bleiben, wie sie sind. Es geht vielfach um innere Konflikte, und Aufgabe der Propaganda ist es, Lösungsvorschläge anzubieten, die im Sinne der Öffentlichkeit sind, Vorschläge, die nachvollziehbar sind, weil das kollektive Unbewusste diese Lösung kennt bzw. verlangt.

Die Inszenierung des Konflikts hat viel mit diesem „magischen Element" der Öffentlichkeitswirksamkeit zu tun. Wer in der öffentlichen Diskussion die besseren Karten hat, bekommt den Nimbus der Unverwundbarkeit, und das färbt auch auf die Einstellung bei der Konfliktbereinigung ab. So gesehen ist die Schlacht um die bessere PR ein wesentliches Instrument bei Auseinandersetzungen, die auch an die Öffentlichkeit gerichtet sind. Demjenigen, der Ruhm und Anerkennung, das griechische „kydos", hat, wird ein besseres Urteil zugetraut, da er ja als unverwundbar gilt.

> Kydos ist als quasi göttliches Prestige, als mit dem militärischen Triumph verbundene mystische Erwählung zu definieren. Im Kampf, insbesondere im Zweikampf zwischen Griechen und Trojanern, geht es um den kydos, der kydos ist die von der Gewalt ausgehende Faszination, wo immer sie sich zeigt, zieht sie die Menschen in ihren Bann und erschreckt sie, wer den kydos hat, dessen Macht verzehnfacht sich, wer ihn nicht hat, dem sind die Hände gebunden und er ist gelähmt, die Gegner des Siegers müssen eine außerordentliche Anstrengung unternehmen, um den Bann zu brechen und den kydos wieder zu erlangen.[318]

---

317 Le Bon, 2016, S. 116.
318 Girard, 2012, S. 223.

5.7.1 Fallbeispiel – der unsichtbare Rechtsstaat und die sichtbare Politik

Das Recht ist ein Friedensphänomen, und die Entstehung des österreichischen Rechtsstaates ist ein gutes Beispiel dafür.[319] Die österreichische Verfassung gibt uns Österreichern ein Fundament und die notwendige Stabilität für unser Zusammenleben. Das Vertrauen in die Verfassung hat zweifellos zur kulturellen und wirtschaftlichen Entwicklung Österreichs und seiner Bürger in den vergangenen Jahrzehnten entscheidend beigetragen. Österreichs Ex-Innenminister Herbert Kickl hat in einem ORF-Interview am 21. 1. 2019 erklärt: „Ich glaube immer noch, dass der Grundsatz gilt, dass das Recht der Politik zu folgen hat und nicht die Politik dem Recht." Kickl eröffnete damit eine Debatte über die Bedeutung einer menschlichen Errungenschaft, die im öffentlichen Diskurs meist zu kurz kommt: des Rechtsstaats. Der öffentliche Diskurs beschäftigt sich in Zusammenhang mit Politik und Recht zumeist mit der Demokratie und dem Demokratieverständnis; dabei wird der Rechtsstaat öffentlich viel seltener diskutiert, vielleicht weil es nicht so sehr um aktuelle Tagespolitik geht, sondern um das unsichtbare Zusammenleben von Menschen und um die Bedeutung von Stabilität und Vertrauen, insbesondere in staatliche Instanzen. Öffentliche Diskussionen kommen dann auf, wenn Aussagen plötzlich irritieren und Kritik auslösen. Warum also irritiert Kickls Aussage? Und was hat es mit der Bedeutung des Rechtsstaats auf sich?

5.7.2 Der Rechtsstaat wird in Frage gestellt

Artikel 1 des österreichischen Bundes-Verfassungsgesetz lautet: „Österreich ist eine demokratische Republik, ihr Recht geht vom Volk aus." Dieser erste Artikel der Verfassung ist die Basis für das Zusammenleben der Bürger in Österreich. Die oben zitierte Aussage Kickls, ob Recht der Politik oder umgekehrt zu folgen habe, gibt viel Spielraum für Interpretationen und regt zu einem weiteren Wortspiel an. Eine Zusammenschau von Kickls Aussage, wonach Recht der Politik folge, und die Verfassungsbestimmung, dass Recht vom Volk ausgehe, würde dazu führen, dass das Volk durch die Politik ersetzt wird. Das Volk besteht aus allen österreichischen Staatsbürgern, auch aus den gewählten Politikern als Amtsträgern. Wenn die Politik nun Recht machte, was bliebe dann dem Volk noch übrig vom Recht?

In dem Briefwechsel zwischen Albert Einstein und Sigmund Freud geht es unter anderem um das Verständnis und die Bedeutung von Recht. Darin schreibt Freud: „Das Recht ist die Macht einer Gemeinschaft." Die Herausbildung von Recht sieht Freud als wesentlichen Beitrag zur Kulturentwicklung, das heißt zur Weiterentwicklung der einzelnen Person und der Menschheit. Freud: „In der Anerkennung einer solchen Interessengemeinschaft stellen sich unter den Mitgliedern einer geeinigten Menschengruppe Gefühlsbindungen her, Gemeinschaftsgefühle, in denen ihre eigentliche Stärke beruht." Freud sieht das Recht als eine Basis des menschlichen

---

319 Teile des Textes wurden als Gastkommentar in *Die Presse* vom 25.01.2019 unter „Recht geht vom Volk aus" veröffentlicht (Schall, 2019).

Zusammenlebens in einer Gemeinschaft an. Dafür sei es aber notwendig, einen rechtlichen Konsens des Zusammenlebens beständig und dauerhaft herzustellen. Das Vertrauen in die Rechtsstaatlichkeit verbindet uns Österreicher und macht uns zu einer Gemeinschaft. Ein Rütteln an diesem Grundsatz hat irritiert, wie an der Reaktion zu Kickls Statement erkennbar ist. All das führt zu der Frage, weshalb wir uns nicht schon bisher stärker mit der Bedeutung des Rechtsstaates beschäftigt haben. Vielleicht liegt der Grund darin, dass wir Mechanismen, die funktionieren, einfach nicht genügend wahrnehmen.

Das rechtsstaatliche Verständnis ist in Österreich seit Jahrzehnten tief verwurzelt. Wurzeln sind jedoch nicht sichtbar, solange man nicht nach ihnen gräbt, und in Österreich hat es keinen Grund gegeben, danach zu graben. Das rechtsstaatliche Prinzip ist eine Grundlage der österreichischen Verfassung. In der Verfassung finden sich die wichtigsten Spielregeln für die Gewaltenteilung, also das Zusammenwirken von Gesetzgeber, Exekutive und Gerichtsbarkeit, für die Gesetzmäßigkeit allen staatlichen Handelns und für die Geltung der Grund- und Menschenrechte. Die Verwendung der Sprache und die polemische Uminterpretation von rechtlichen Begriffen, die eindeutig zugeordnet werden können, wurde an den erwähnten Aussagen des Innenministers offenbar. Der Rechtsstaat ist ein hohes und gesellschaftlich akzeptiertes Gut; den politischen Einfluss auf Kosten des funktionierenden Rechtsstaats zu erhöhen, heißt mit anderen Worten, den Rechtsstaat in Frage zu stellen.

5.8 Unbewusster Stellvertreterkrieg oder Rechtsstreit?

Im Hinblick auf die Bedeutung des Rechts in der heutigen Gesellschaft, das in alle Lebenslagen hineinreicht, ist die Erforschung der Motivlage der Menschen, die mit Recht zu tun haben, besonders spannend und nützlich. Alle Überlegungen, die das Innenleben von Menschen und Organisationen hinterfragen, sind schließlich psychoanalytisches Forschungsgebiet. Dennoch ist die Erforschung der psychologischen Beweggründe von Juristen bzw. Streitparteien in Rechtshändeln neu und modern. Die Rechtswissenschaft bringt als eine der ältesten geisteswissenschaftlichen Disziplinen viel an Erfahrung und Wissen mit, jedoch könnte der Einsatz der Psychoanalyse außerhalb des Einsatzortes in der Psychotherapie hier hilfreich sein. Umgekehrt erstaunt es, dass scheinbar noch wenig psychoanalytischer Geist in die Jurisprudenz eingeflossen ist.

Es lohnt sich, zu hinterfragen, wie die Motivation der involvierten Menschen, etwa zu Beginn eines Rechtsgeschäfts beziehungsweise bei der Entstehung einer juristischen Auseinandersetzung, ausgesehen hat. Die Frage nach der individuellen Motivation ist immerhin ein psychoanalytisches Spezialgebiet. Der innere Konflikt, der offenbar wird, bevor es überhaupt zu einem Rechtsgeschäft kommt, wurde weder in der Rechtswissenschaft noch in der Psychoanalyse tiefer erforscht. Die Frage ist, ob der Abschluss eines Rechtsgeschäfts doch in einigen Fällen auch als Ersatzhandlung oder als neurotisches Symptom angesehen werden kann. Es stellt sich daher die Frage, ob nicht auch im Unbewussten, im psychischen Innenleben einer Streitpartei, durchaus der Grund für eine unverständliche, verfehlte Entscheidung zu finden ist. Wie kann hier der Begriff des Unbewussten präzisiert werden? Die Jurisprudenz muss sich im Gegensatz dazu obligatorisch auf sichtbare und nachvollziehbare Beweise und manifeste Sachverhalte stützen, um das Vertrauen in ein filigranes theoretisches System zu verteidigen und zu rechtfertigen. Da sich das Recht jedoch rein auf objektivierbare Sachverhalte bezieht und dort auch seine Grenzen findet, könnte ein psychoanalytischer Zugang hilfreich sein, um eine etwas andere, jedoch weiterhin juristisch durchaus einwandfreie Sichtweise auf einen rechtlichen Sachverhalt zu erhalten.

Die gemeinsame Grundlage der Juristen ist das Gesetzbuch. Manch interner Konflikt kann mit dem Hinweis auf das Gesetz anders gelöst werden, als etwa eine subjektive Managemententscheidung den Streit erledigen würde. Dieser Unterschied beeinflusst auch die involvierten Personen und die Juristen. Vielleicht gibt es hier eine Ähnlichkeit zur Arbeitsallianz von Ärzten, Pflegern und Therapeuten im Krankenhaus, um den Patienten zu helfen. Juristen haben da vielleicht ein ähnliches Grundverständnis ihres Arbeitens. Sie haben gelernt, dass ihr Erfolg viel mit ihrem juristischen Verständnis zu tun hat. Juristen sitzen teils im eigenen Unternehmen, teils als externe Berater (mit eigenen Interessen) außerhalb des Unternehmens. Einen besonderen Status unter den Juristen genießen die Richter, denn sie sind es, die letztendlich und verbindlich einen Rechtsstreit entscheiden (aber trotzdem oft nicht lösen). Es gibt also in der Sphäre der Juristen möglicherweise eine etwas andere und eigentümliche Konflikt- bzw. Entscheidungskultur, getragen von Gesetzbuch und Gerichtssystem, die massiv Einfluss auf die „freie Entscheidung" ausüben kann. Diese spezifische Arbeitsauffassung zeigt gut, wie wenig Platz in diesem Arbeitsumfeld für Persönlichkeitsentfaltung vorhanden ist. Wozu auch? Das Gesetz bietet scheinbar ausreichend Platz und auch gesellschaftliche Akzeptanz und Zuspruch, um sich in die eigene, die persönliche Sphäre zu begeben.

5.8.1 Wie passen Streitkultur und Gefühle zueinander?

Was schafft nun Platz für Konfliktbewältigung? Um mit diesen Rahmenbedingungen umgehen zu können und erfolgreich zu arbeiten, wurde in Kapitel 3.4 untersucht, ob nicht insbesondere Juristen bei ihrer eigenen Konfliktverarbeitung zu spezifischen Persönlichkeitsmustern tendieren. Werden die durch den Beruf wiederholten Handlungen vielleicht besser und einfacher erledigt, wenn dafür neurotische Vorgänge gewählt werden?

Davon wird auch der rechtliche Konflikt zwischen Unternehmen keine Ausnahme darstellen. Besonders Juristen werden den unbewussten Teil von Konfliktfällen ausklammern und ignorieren. Mit etwas Abstand, aber auch mit dem „dritten Ohr" Theodor Reiks[320] und psychoanalytischem Sachverstand, wird womöglich rasch klar, dass im juristischen Alltag, ähnlich wie im sonstigen Seelenleben, das Unbewusste auch für privatrechtliche Vorgänge und Auseinandersetzungen eine nicht zu unter-

---

320 Reik, 1983, S. 72.

schätzende Rolle spielen kann. Ein wichtiges Ziel und auch eines der Motive für diese Untersuchung ist es, den Alltag von Juristen in seiner Vielschichtigkeit zu sehen und für neue Interpretationsräume zu öffnen. Vor allem aber sollten auch im Rechtsleben wieder mehr Gefühle zugelassen werden.

Effizienz und Transparenz unseres Rechtssystems heben Konflikte auf eine rechtliche Ebene, obwohl sie oft nicht dorthin gehören. Das Recht bietet Regeln, klare Konfliktbereinigungsmechanismen und damit die Chance auf die Genugtuung eines Sieges vor Gericht. So werden Konflikte von der persönlichen Beziehungsebene auf die rechtliche Ebene verschoben: Es werden Stellvertreterkriege geführt, die das Recht nicht lösen kann. Denn oft handelt es sich nur um die Folgen von schlecht gelaufenen Verhaltensweisen zwischen zwei Personen, und der (eigentliche) Konflikt muss so nicht persönlich und direkt geführt werden. Das Rechtssystem kommt hier unfreiwillig zum Handkuss, da es eine planbare und verlässliche Lösung mittels kompetenter und allgemein akzeptierter Rechtsregeln anbietet, die erprobt und funktionsfähig ist. Die mühsame Alternative dazu wäre oftmals Introspektion und die Beantwortung der Frage, woher denn der streitbare Konflikt eigentlich kommt und ob die Ursache nicht viel mehr mit einem selbst zu tun hat, mehr als einem vielleicht lieb ist. Da auch das Vertrauen in das und die Kenntnis des eigenen Seelenlebens nicht unbedingt verbreitet ist und auch in keiner Weise anerkannt bzw. geschult wird, ist die Beschäftigung damit auch nicht vordergründig im Fokus der Menschen, weder in ihrem Berufs- noch im Privatleben.

Viele Grundprinzipien der Psychoanalyse ließen sich auch auf andere Formen von Konflikten, etwa in Organisationen oder auf rechtliche Streitfälle, umlegen. Psychoanalytische Herangehensweisen könnten gerade für Prozesse mit komplexen, nicht klar sichtbaren Mustern hilfreich sein. Von diesem Gesichtspunkt aus ist die Psychoanalyse nicht nur eine Behandlungsmethode, die dem Patienten helfen soll, den Inhalt seiner unbewussten Fantasie zu modifizieren, sondern auch eine Technik, die darauf abzielt, den Patienten und im Fall dieser Arbeit die Streitpartei darin zu fördern, den unbewussten Inhalt auf andere Weise erfahren zu können.

> In einer Analyse muss mehr geschehen als nur eine Übertragung psychischer Inhalte von einem Modus in einen anderen. Der therapeutische Prozess, wie ich ihn verstehe, beinhaltet die Herstellung, Wiederherstellung oder Erweiterung einer dialektischen Beziehung zwischen verschiedenen Erlebnisqualitäten.[321]

Dieser Satz ist auch auf die Bearbeitung von anderen Konfliktformen übertragbar; vor allem die Darlegung von Ogdens Modell der verschiedenen erfahrungsbildenden Modi könnte dabei eine recht anschauliche Art sein, wie man mit der Erfahrung und Entdeckung von unbewussten Inhalten umgehen könnte. Da in der Jurisprudenz der persönliche, menschliche Aspekt bei einem Richter, Berater und den Vertretern der Parteien eine nicht minder zentrale Rolle einnimmt als in anderen Lebensbereichen, könnte hier die Psychoanalyse einen wertvollen Beitrag leisten. Dafür gilt es die Re-

---

321 Ogden, 2006, S. 29.

geln der Psychoanalyse, nämlich das Vordringen in das Unbewusste mittels eigener Techniken einerseits, und andererseits die Regeln des positiven Rechts, also die Gesetze und ihre Auslegungsregeln sowie das Gerichtssystem zu verzahnen. Das könnte auch positive Auswirkungen auf die „Streitkultur" der Gesellschaft haben.

5.8.2 Psychodynamische Konfliktmuster eines Rechtstreits

Da bei Rechtsfällen in der Regel natürliche Personen eine wesentliche Rolle spielen, ist es möglich, vielleicht auch naheliegend, dass neurotische Positionen wie innere seelische Konflikte und Abwehrmechanismen eine wichtige Rolle im juristischen Arbeiten spielen können, da sie eine perfekte Bühne für latente Inhalte bieten. Klarerweise wird es eine Vielzahl von Rechtsfällen und rechtlichen Fragestellungen geben, die klassisch manifest sind und nicht viel für unsere Untersuchung hergeben. Sofern aber solche latenten Inhalte existieren, sollten diese auch identifiziert werden. In einem weiteren Schritt wird es darum gehen, ob hier Gesetzmäßigkeiten abgeleitet werden können, wobei das Ziel darin besteht, Koordinaten für auftretende „neurotische" Positionen zu entwickeln. Das Bewusstwerden des erkannten latenten Konflikts müsste idealerweise, sofern die Regeln der Psychoanalyse anwendbar wären, zu einer Art Nachreifung führen. Die rechtliche Auseinandersetzung könnte sich entsprechend verändern, und das Potenzial des Konflikts könnte so entschärft werden.

Wie sind nun Konflikte einzuordnen und möglicherweise auch zu typisieren? Hilft dabei das Jung'sche Modell des kollektiven Unbewussten weiter?[322] Und gibt es ähnliche Methoden wie bei juristisch arbeitenden Menschen? Verschiedene Arten von Rechtsfällen und Verfahren sind denkbar, in denen ein neurotischer Konflikt sichtbar wird:

- Das hysterische, grundlose Streiten über Nebensächlichkeiten, dem aber fantasiereich eine riesengroße Bedeutung zugeschrieben wird: In diesem Fall werden alle erdenklichen Möglichkeiten ausgeschöpft, und auch übertriebener Einsatz und grenzenloses Weiterkämpfen wird einer raschen Lösung vorgezogen.
- Beim zwanghaften Konflikt geht es um vermeintlich wenig, doch gerade diese dogmatische Auseinandersetzung, am Wortlaut des Gesetzes orientiert, „sauber" zu bleiben, steht im Zentrum.
- Es gibt den Typus des Konflikts, bei dem jemand depressiv in der Opferrolle verharrt, mit dem Ziel, irgendwann symbiotisch zu verschmelzen. Hier gibt es eigentlich keinen Sieg, sondern nur die Sehnsucht aufzugeben.
- Der phobische Konflikt, der überall gefährlichen Situationen begegnet, der ständig in das Scheitern, bedingt durch Aufgabe und Verlustangst, getrieben ist.
- Der narzisstische Konflikt: Mindestens eine Seite ist überzeugt, zu gewinnen, alle Ressourcen werden in die Schlacht geworfen, um zu siegen, koste es, was es wolle.
- Der Konflikttyp des einsamen Schizoiden, der bis zum Umfallen geht und jede Nähe verweigert.

---

322 Ellenberger, 2005, S. 947.

Bei einem solchen Versuch einer Typologisierung ist jedoch Vorsicht angebracht. Es wird in der faktischen Arbeit hilfreich sein, erkannte Muster aufzugreifen, zu überlegen, was es damit auf sich hat und wie diese einen Konflikt beeinflussen. Da die handelnden Personen individuell unterschiedlich arbeiten, handeln und funktionieren, ist die gleiche Kritik angebracht, die bereits bei der Typologisierung von Menschen gemacht wurde.

5.9 Das psychodynamische Drei-Phasen-Konfliktmodell

Die Rolle der Psychoanalyse ist juristisch, gesellschaftlich oder politisch auf den ersten Blick nicht sichtbar, weil sie sich mit dem inneren Zustand der Menschen beschäftigt. Sie versucht, das innere Seelenleben mit Blick auf das äußere Zusammenleben zu regulieren. Sie versucht uns zu lehren zu verstehen, weshalb wir sind, wie wir sind und weshalb wir im Leben Handlungen setzen, die nach außen nicht durchschaubar und oftmals auch nicht nachvollziehbar sind. Dabei erscheinen gerade das Verhältnis und die Abgrenzung zwischen Selbst und Objekt eine bedeutende Rolle zu spielen. Ein äußerer Konflikt mit einem Objekt wird (im Normalfall) klar mit dessen Kontext verknüpft. Erst bei näherer – psychoanalytischer – Betrachtung wird sichtbar, dass der Kern des Konflikts auch bei einem Selbst liegen kann. Das Objekt wird dabei als Projektionsfläche benutzt, um mit der sonst nicht auszuhaltenden inneren Spannung fertigzuwerden. Und schon ist der innere zum scheinbar äußeren Konflikt geworden. Durch die oftmals mangelnde Einsicht in diesen Zusammenhang wird unser Rechtssystem vielfach zum Schauplatz von nicht ausgetragenen inneren Konflikten.

Stellvertreterkriege werden in Organisationen und Unternehmen ausgefochten, Führungskräfte vermeiden Entscheidungen und persönliche Verantwortung oft aus Haftungsüberlegungen und geben diese Verantwortung daher an das Gericht ab. Der Richter kann versuchen, derart entstandene Rechtsstreitigkeiten nach bestem rechtlichem Wissen und auch bestem Gewissen zu entscheiden, am inneren Grundkonflikt der Streitpartei hat sich dabei aber nichts geändert, da er selbst unbearbeitet und ungelöst bleibt. Dies wird nur für einen Teil aller rechtlichen Konflikte zutreffen. Gemeint sind persönliche Anteile und dazu die eher neurotischen Teile von Streitigkeiten zwischen Menschen, die, wie bereits geschildert, Stellvertreterkriege vor Gericht ausleben. In Ergänzung zu Freud könnte man meinen, wir brauchen das Recht, um Interessenskonflikte gewaltfrei lösen zu können, jedoch soll dabei nicht das Recht missbraucht werden, um etwa persönliche Feindschaften auszutragen oder auch psychischen Konflikten aus dem Weg zu gehen und diese auf andere Weise zu bearbeiten. Dieser Teil der Arbeit an sich selbst kann nicht vom Recht bzw. der Gerichtsbarkeit allein übernommen werden und auch nicht erledigt werden.

Psychodynamisch ist ein in der Folge dargestelltes Drei-Phasen-Modell ein Hilfsmittel, um aufzuzeigen, wie sich viele Rechtsstreitigkeiten im jeweiligen Verlauf entwickeln. Es geht um den Versuch, mit diesem Modell einige der intrapsychischen Beweggründe für die Entwicklung von Konflikten darzustellen. Ein Rechtsstreit kann psychoanalytische, im engeren Sinne juristische, aber auch gesellschaftspolitische

Aspekte haben. Dabei wird in manchen Fällen ein möglicher innerer Konflikt auf Juristen bzw. Gerichte übertragen. Diese Form der Konfliktlösung ist nie zufriedenstellend, denn der Grundkonflikt bleibt unbearbeitet.

Es gibt in der Zeitfolge mehrere Phasen des Umgangs damit. Diese Phasen werden anhand des vorher beschriebenen Falls näher vorgestellt und durchgespielt.

- Phase 1: Die Erfahrung der Vergangenheit wird uns auch diesmal recht geben – „Wir wissen es besser". Darauf folgen Verdrängung der Realität und der Versuch des Durchtauchens nach dem Motto: „Es wird schon gutgehen." Oftmals setzen die Betroffenen auf selektive Erfahrungen aus ihrer Vergangenheit und auf Analogien, freilich immer positiv gefiltert.
- Phase 2: Abspaltung auf den gemeinsamen Feind – „Die Anderen sind schuld." Irgendwann kommt der Punkt, an dem klar wird, dass etwas nicht mehr passt. Bevor das Eingestehen der eigenen Schuld und eigener Fehler stattfindet, bedient man sich der Abspaltung auf den Feind.
- Phase 3: Das eigene Schicksal in die Hände Anderer geben – „Das unabhängige Gericht wird darüber urteilen, wer recht hat". Auch wenn die Partei nicht recht bekommt, kann sie ihren Standpunkt weiter vertreten. Die Phase 3 führt oft dazu, dass Gerichtsverfahren zu keinem Ende kommen. Denn solange keine Entscheidung da ist, gibt es noch Hoffnung. Die Verantwortung scheint so gut bei einem Dritten aufgehoben zu sein. Hilfe und Ausweg aus einer paranoiden Situation kann bei derartigen Streitigkeiten nur noch die funktionierende Gerichtsbarkeit bieten. Ähnlich wie die religiöse Bedeutung des Jüngsten Gerichts in Weltreligionen, vor allem in der christlichen Tradition, erscheint es in unserer Kultur eine ganz große (manchmal vielleicht überzogene) Vertrauensposition der Gerichte zu geben. Ein Richter soll – fast gottgleich – in der Lage sein, Konflikte, die man selbst nicht lösen kann, zu erledigen. Dafür benötigt er eine große Portion an Autorität, und diese ist in modernen Rechtsstaaten durch die Rechtsordnung und deren Anerkennung und Durchsetzung so stark, dass man ihr eine solch riesengroße Lösungskompetenz zutraut. Damit in Verbindung steht auch das Bestreben, die eigene Verantwortung abzugeben. Das österreichische Zivilgerichtsverfahren sieht prozessual für das Gericht vor, dass – egal wie hoch der Streitwert ist – das Verfahren in der Regel von einem Einzelrichter geführt wird. Dieser Richter ist Herr des Verfahrens, das heißt, ihm obliegt dessen gesamte Organisation. Er kann Anträge zulassen, Schriftsätze beauftragen, Zeugen laden, Sachverständige beauftragen, Fristen setzen und Verhandlungen anordnen. All das macht er allein. Der Druck und das Ungleichgewicht im Vergleich zur „Materialschlacht" der Parteien sind offenkundig, was im Verfahren selbst etwa zur Folge hat, dass der Richter sogar selbst Protokoll führen muss. Er befragt also beispielsweise Zeugen und protokolliert auf Tonband, was seine Zeit dauert und bei großen Verfahren zu starker Belastung der Richter und auch regelmäßig zu Verzögerungen führt. In Schiedsverfahren ist die übliche Vorgangsweise, dass professionelle Protokollführer als Teil der Verfahrensorganisation von Anfang an

dabei sind und die Protokolle außerordentlich akkurat erstellen. Dieses Ungleichgewicht der Ressourcen führt in vielen großen Zivilverfahren dazu, dass ein Verfahren mit relativ einfachen prozessualen Mitteln in die Länge gezogen werden kann, ja es kann so zu einem unendlichen Verfahren werden.

5.9.1 Fallbeispiel – „Hoher Einsatz"

Das folgende Fallbeispiel zeigt anschaulich, wie schwierig es für Juristen ist, eine bereits schwer belastete Vertragsbeziehung zwischen Parteien so zu behandeln, dass ein Konflikt vermieden werden kann. Im hier geschilderten Fall ist dies nicht gelungen, ganz im Gegenteil, durch die Umstände des Falls und die Spezifika der Parteien wuchs sich der Streit zu einem finanziellen Risiko für beide Seiten aus, das zeitweise als existenzbedrohend wahrgenommen wurde. Es handelt sich in diesem Fall um einen Streit zwischen einem Dienstleistungsunternehmen und einem Kunden. Streitpunkt war ein wirtschaftlich und finanziell bedeutender Auftrag. Da auf beiden Seiten die Medien involviert wurden, gibt es in diesem Konflikt nicht nur drei Seiten, nämlich Dienstleister, Kunde und Gericht, sondern auch eine vierte Seite – die Öffentlichkeit. Die Medien spielten von Beginn des Konflikts an eine wichtige Rolle. Medial wurde beidseitig eine Propagandamaschine gestartet. Beide Seiten versuchten auch medial ihren Standpunkt öffentlich zu transportieren.

Im Rahmen des Zivilverfahrens folgte ein Mediationsversuch, eine Reihe von Vergleichsversuchen, ja es gab Situationen, da schien es, als ob ein Vergleich nahe bevorstehen würde. Aus unterschiedlichen Gründen und unerklärbaren Motiven scheiterten alle diese Versuche. Logische, wirtschaftliche, rationale Motive spielten dabei eine Rolle. Politische Motive waren zwar spürbar, wurden jedoch unterschiedlich und erratisch interpretiert. Der verfahrensführende Richter begann hochmotiviert und hat mit seiner offenen Art immer wieder beide Seiten zum Nachdenken über die Sinnhaftigkeit des Verfahrens angeregt. Das Gericht selbst hat dem Richter viel Zeit für dieses Verfahren zur Verfügung gestellt. Nach einer gewissen Zeit scheinen sowohl das Gericht als auch der Richter mürbe geworden zu sein: Schriftsätze wurden ausgetauscht, Zeugen einvernommen, Sachverständige beauftragt, um umfangreiche Fragen gutachterlich zu beantworten. Bereits die Auswahl der Gutachter war komplex und hat viel Zeit gekostet, und immer neue Zusatzfragen zogen das Verfahren weiter in die Länge. Auch der Richter wurde von beiden Streitparteien mit Befangenheitsanträgen in Frage gestellt, ergebnislos.

Die Kosten des Verfahrens waren für beide Seiten hoch (gerichtliche Gutachter, Privatgutachten etc.), denn beide Seiten hatten ein gut ausgestattetes Experten- und Beraterteam engagiert. In großen und komplexen Wirtschaftscausen ist es üblich, sich nicht von einer, sondern sogar von mehreren Anwaltskanzleien vertreten zu lassen. Universitätsprofessoren sekundieren, Experten werden für Spezialfragen beigezogen. Mediale Begleitung erfolgt unter Einbindung von Medienprofis auf beiden Seiten, die das Verfahren mit immer neuen Eingaben befeuern.

Es stellt sich die Frage, ob es neben den wirtschaftlichen und rechtlichen Argumenten noch andere bisher nicht beleuchtete Motive bei so einem Konflikt gibt. Diese können generell bei Auseinandersetzungen mit einfließen und eine so starke Abwehr bilden, dass eine Bereinigung oder Bewältigung nicht möglich ist.

Vielleicht ist das Verfahren nur deshalb so lange nicht erledigt, weil die beiden Streitparteien keine gemeinsame Sprache gefunden haben. Sie verstehen sich nicht, und sie haben sich von Anfang an nicht verstanden. In zeitlich naher Abfolge kommt es zum Rücktritt von Führungspersönlichkeiten, und in weiterer Folge auch zum Rücktritt vieler in den Streit involvierter Personen. So haben sich die mit dem Fall beschäftigten Personen schon mehrfach geändert. Der CEO ist ein anderer, die Juristen sind andere.

5.9.2 Die Sichtweise des Kunden anhand des Drei-Phasen-Modells

Die verwendete Bewältigungsstrategie des Kunden war nicht auf Lösung ausgerichtet. Alle beteiligten Personen hatten bei jeder Auflösung des Konflikts eigentlich nur zu verlieren. Den Schlüsselpersonen blieb daher nichts anderes übrig, als zu verdrängen, es gab daher ein enges Zusammenspiel dieser Menschen. Das gemeinsame Feindbild war klar und geradezu willkommen: Einem Dienstleister kann gut der schwarze Peter angelastet werden. Bei dem Konflikt wird eine paranoide Grundhaltung manifest, und sehr viel Aggression und Destruktivität kommen seitens des Kunden ins Spiel. Lange und teure Rechtsstreitigkeiten haben oftmals einen Hintergrund, der etwas mit der Persönlichkeit der beteiligten Subjekte bzw. der Organisation zu tun hat. Der Konflikt wird einfach weitergereicht, und der Richter kümmert sich um seinen Ausgang; was offenbleibt, sind der Einfluss und die Motivlage der handelnden Schlüsselpersonen. Der persönliche innere Konflikt bleibt ungelöst. Diesem Gedanken folgend, verhindert unser Rechtssystem in vielen Fällen eine reife und echte Konfliktbewältigung. Ein Rechtsstreit ermöglicht eine projektive Identifikation bei Menschen; der Sündenbock wird verurteilt und öffentlich an den Pranger gestellt. Diese Taktik ist nicht ungefährlich, denn es kann auch ein mögliches Bauernopfer zum Helden aufsteigen, meist jedoch als Antiheld scheitern. Im Zuge dessen wird die betroffene Seite dann unglaubwürdig und riskiert, alles zu verlieren.

Der latente, innere Konflikt betrifft in diesem Fall nicht so sehr den strittigen Vertrag, sondern die Verantwortung der führenden Manager. Die verantwortlichen Personen haben in der Vergangenheit mit ihren Prognosen oftmals recht behalten, und es erschien ihnen undenkbar, dass sich ein solcher Trend auch umkehren könnte. Plötzlich wurde aus der Erfahrung und der vermeintlichen Verantwortung einer Person plötzlich eine finanziell bedrohliche Situation für die gesamte Organisation. Durch Weitergabe der Drohgebärden an den Geschäftspartner entstand so ein gemeinsamer Feind und der Glaube, dass man gemeinsam den Feind auch besiegen könne. Der Kunde befindet sich im Überlebensmodus, ist doch das finanzielle Risiko so hoch, dass die gesamte Organisation damit in den Ruin getrieben würde.

Erinnern wir uns zurück an das psychodynamische Konfliktmodell:

Phase 1: „Wir wissen es besser, und es wird schon gutgehen". Das Management vermittelt der Organisation den Eindruck, das Gerichtsverfahren könne gewonnen werden. Die Organisation ist immer noch im Glauben, dass das Verfahren keine Auswirkungen auf den Einzelnen haben wird. Bei dem Konflikt erscheint es auffällig, dass der Grund der Auseinandersetzung, die finanziellen Auswirkungen auf den Kunden, zwar eingegangen, aber dann nicht wahrgenommen, vielleicht sogar verdrängt wurden. Die Verantwortlichen auf Kundenseite konnten, zusätzlich unterstützt durch geschickte Öffentlichkeitsarbeit, jahrelang so tun, als ob das Problem gar nicht existierte.

Phase 2: Abspaltung auf den gemeinsamen Feind, „die Anderen sind schuld". Im konkreten Fall scheint es, dass durch diesen Fall die wirtschaftliche Zukunft für den Kunden so massiv bedroht war, dass es einfach zu keinem Streit kommen durfte; das Risiko und die dadurch geschaffene Bedrohung erschienen so groß, dass man entweder sofort handeln oder die Bedrohung schlicht verdrängen musste. Aktive Entscheidungen zu treffen war nach dem langen Zuwarten keine Option mehr für wirtschaftlich denkende Manager. Da eine Entscheidung für einen Vergleich einen massiven negativen wirtschaftlichen Einfluss auf die Finanzgebarung der Organisation gehabt hätte, wurde diese Option offenbar nicht verfolgt.

Als der Streit nicht mehr abzuwenden war, weil Gremien der Organisation begannen, Fragen zu stellen, wurde eben das gemacht, was bei Bedrohungsszenarien am nächsten liegt, Verdrängungsstrategie. Diese Verdrängung wurde abgelöst von einer starken Depression eingedenk der finanziellen und damit wirtschaftlichen Folgen für die Organisation. Man begann nun, gemeinsam mit externen Beratern eine Lösungsstrategie zu entwickeln. Diese war paranoid-schizoid geprägt und darauf ausgerichtet, den Feind außerhalb der Organisation zu sehen und gleichzeitig einen „Verräter" innerhalb der Organisation dingfest zu machen.

Es wurde die Schuld auf einen gemeinsamen Feind abgeladen. Der Dienstleister, so behauptete der Kunde, hat versucht, sich auf Kosten der Organisation zu bereichern und damit den Kunden zu schädigen. Damit gab es auch einen Zusammenhalt zwischen den Gremien und Führungskräften, denn es ging den Beteiligten um alles – ums Überleben. Oft funktioniert in solchen Fällen Wirtschaft viel unterschwelliger als vermutet. So kann einer Vielzahl von Menschen inklusive Medien eine plausible Erklärung für ihr Handeln geliefert werden. „Die Anderen sind schuld", funktioniert offenbar, wenn es eng wird – vor allem, wenn die anderen im Falle von kapitalistischen Gegenübern nicht schutzwürdig sind, da die Meinung leicht vermittelbar ist: „Der Dienstleister will sich bereichern und uns wehtun". Genau diese Argumentation wurde in der Frühphase tatsächlich in den Vordergrund gerückt.

Phase 3: Das eigene Schicksal in die Hände anderer geben – „Das unabhängige Gericht wird darüber urteilen, wer recht hat". Die Organisation des Kunden kann im paranoiden Modus dem Gericht die Schuld für die Niederlage geben. Die Organisation klammert sich an das, was sie von der Führungsebene und aus den Medien hört, und möchte daran glauben, dass alles für sie gut ausgehen wird. Die Berichte und das Wissen sind allerdings diffus, und es ist nicht klar nachvollziehbar, was bei diesem

Konflikt tatsächlich auf dem Spiel steht. Daher findet sich die Organisation in Phase 3 gut aufgehoben. Interessant ist daran der Umstand, dass die verantwortlichen Manager es selbst in der Hand hatten, einen Streit zu führen oder eben auch nicht. Die Führung entschied sich für die Verlagerung des Konflikts und gab ihn in die Hände eines Dritten, nämlich des Richters. Der Druck, die Belastung schienen für die Organisation so groß, dass es nicht mehr möglich war, das Problem selbst zu bewältigen.

5.9.3 Die drei Phasen aus der gegnerischen Perspektive

Nehmen wir uns auch hier wieder der drei psychodynamischen Phasen an und versuchen zu verstehen, wie auch die andere Seite „ins offene Messer" eines Gerichtsverfahrens geschlittert ist:

Phase 1: „Wir wissen es besser". Aus Sicht des Dienstleisters findet man in der Regel mit den meisten Kunden eine Lösung, die für beide Seiten akzeptabel ist. Langjährige Kunden lässt man nicht hängen. Kunden sollen auch in Zukunft Kunden bleiben, daher ist jeder Dienstleister bereit, für die Aufrechterhaltung der Kundenbeziehung in eine faire Lösung zu investieren. Die Phase 1 wäre der ideale Zeitpunkt für einen Vergleich gewesen. Dienstleister und Kunde haben sich nicht verstanden, die Kommunikation und die Sprache waren zu unterschiedlich.

Der Finanzdienstleister hatte das Gefühl, dass eine vergleichsweise Bereinigung des Konflikts kurz bevorsteht, während der Kunde aufgrund der existentiellen Bedrohung auf Zeit gespielt und („Wir wissen es besser") auf eine Erholung der negativen Entwicklung des Produkts gehofft hat. Der Kunde hatte andere Erfahrungswerte als der Dienstleister. Daher sah die Verdrängung der Realität und „Durchtauchen" beim Kunden anders aus als gedacht. Der Dienstleister hatte die Hoffnung, dass die Organisation zur Vernunft kommt und sich vergleichen wird. Seitens des Dienstleisters glaubt man noch lange an eine Lösung mit dem Kunden, letztlich wird sich die Regel, „es wird schon gutgehen", erneut bewahrheiten können. In dieser Phase hätte der Dienstleister möglicherweise aktiver und vehementer auf eine Bereinigung drängen müssen, und dem Kunden hätte so der Ernst der Lage besser vor Augen geführt werden können.

Phase 2: Abspaltung auf den gemeinsamen Feind, „die Anderen sind schuld". Der Finanzdienstleister, der vermeintlich die besseren Sachargumente hatte, suchte den Sündenbock in der nicht wirtschaftlichen Sichtweise der Organisation und konnte nicht glauben, dass eine andere Sichtweise als seine eigene erfolgreich sein könnte. Der Dienstleister konnte sich zu diesem Zeitpunkt nicht vorstellen, dass das vertragswidrige Verhalten des Kunden Aussicht auf einen Erfolg haben könnte.

Phase 3: Das eigene Schicksal in die Hände anderer geben – „Das unabhängige Gericht wird darüber urteilen, wer recht hat". In dieser Phase finden Kunde und Dienstleister zu ihrem unausgesprochenen Konsens. Das Urteil einer dritten Instanz wird eine Entscheidung herbeiführen. Bis dahin wird aber viel Zeit vergehen, und es gilt erneut das Prinzip von Phase 1 – Verdrängung und Durchtauchen. Der Status quo erscheint wie eine Endlosschleife, die Phasen wiederholen sich immer wieder.

Beide Seiten scheinen die Szenarien permanent durchzuspielen und landen immer wieder in der gleichen realen Situation.

Es scheint beiden Seiten nicht leicht zu fallen, sich ein Ende des Verfahrens vorzustellen und ebenso wenig fokussiert daraufhin zu arbeiten. Das sieht man, wenn man betrachtet, was geschehen ist? Lange Zeit war ein „Tarnen und Täuschen" mittels gegenseitiger Schuldzuweisungen und rechtlicher Manöver im Gang. Es ist erstaunlich, dass das Ende lange nicht in Sicht war. So werden in einem Konflikt dieser Tragweite die rechtlichen Argumente und die Vernunft ausgeklammert, und etwas irrational Anmutendes beginnt zu wirken. Psychoanalytiker würden dabei von Verdrängung, Verschiebung oder projektiver Identifikation sprechen. Diverse Abwehrmechanismen wurden aktiviert: die Paranoia der Manager und ihre Furcht vor wirtschaftlicher Verantwortung; der Narzissmus der Manager auf beiden Seiten, die sich ihres Sieges sicher waren; die spätere Depression, als immer deutlicher wurde, dass die jeweiligen Positionen nicht zu halten seien, und nicht zuletzt die Gier beim Abschluss des Geschäfts auf beiden Seiten. In einem Fall dieser Komplexität und Größenordnung kann man jede Form von möglichen strategischen und psychologischen Szenarien nachverfolgen.

Ein Ausweg war jedoch aufgrund der hohen wirtschaftlichen und finanziellen Gefährdung jedes möglichen Ergebnisses auch nach vielen Jahren schwelenden Konflikts schwer erkennbar. Es ist viel Geld im Spiel, ein aktives Verfahren verschlingt auf beiden Seiten hohe laufende Kosten für interne Ressourcen und externe Berater. Ein Urteil hat für zumindest eine der beiden Parteien wirtschaftliche Konsequenzen. Es kommt im gerichtlichen Streit dann wieder die bereits unter 5.3 beschriebene Tragik des König Ödipus[323] zum Vorschein, denn zumindest eine Seite wird auf dem Weg untergehen, den sie eigentlich eingeschlagen hat, um diesem Untergang zu entgehen. So gesehen war der einzige Weg, der vernünftigerweise verfolgt wurde, ein Vergleich. Der Weg zurück an den Verhandlungstisch war nur durch die aktive Unterstützung des Gerichts möglich.

---

323 Unter 5.3 wird der Ödipuskomplex näher ausgeführt.

6. Der Rechtsstreit auf der Couch

Das berufliche Leben befindet sich in einem massiven Wandel, Berufsbilder, Inhalte, aber auch die Art, wie die Arbeitsumgebung aussieht und wie die Menschen miteinander umgehen, verändern sich. In der Psychoanalyse ist diese Dynamik ein wesentlicher Aspekt der Arbeit, auch Juristen und die rechtliche Gemeinschaft können sich davon nicht abkoppeln und sind betroffen. Was bedeutet das für Juristen und ihre Arbeit? Ist es im juristischen Alltag möglich, das Unbewusste für das rechtliche Arbeiten und die Konfliktbewältigung zu nutzen? Dieses Kapitel handelt nicht nur theoretisch ab, sondern nimmt auf die berufliche Praxis Bezug. Angesiedelt zwischen wissenschaftlichem Elfenbeinturm, Niederungen der Praxis und eigener Erfahrung werden die unterschiedlichen Perspektiven von Juristen und Psychoanalytikern berücksichtigt. Es ist wichtig, dass das Ergebnis dieser Untersuchung von beiden Seiten, also von Recht und Psychoanalyse, aufgegriffen werden kann und damit zumindest ein gleichberechtigter Diskurs entsteht. Dazu erscheint es erforderlich, dass die Arbeit inhaltlich auch etwas Greifbares anbieten kann. Die Arbeit der Psychoanalyse ist jedoch klar abzugrenzen von Coaching und von systemischer Beratung. Im Gegensatz zu Coaching kann Psychoanalyse nicht viel an praktischen Ratschlägen liefern und daher auch keine Regeln im Sinne eines Ratgebers leisten. In diesem Sinne ist auch Kernberg zu verstehen, der unter „Die Couch – ratlos" Überlegungen zur Psychoanalyse von Organisationen niederschreibt:

> Einige wenige der zentralen theoretischen Beiträge auf diesem Gebiet decken ein Territorium ab, das gegenüber dem psychoanalytischen Mainstream ein wenig peripher wirkt, und die meisten Psychoanalytiker scheuen vor diesen Arbeiten eher zurück. Auf die intellektuelle, wissenschaftliche und sogar politische Szene aber haben solche Beiträge einen spürbaren Einfluss ausgeübt ...[324]

In diesem Kapitel wollen wir ansehen, wie ein Rechtsstreit psychoanalytisch betrachtet werden kann, machen einen Blick auf die involvierten Personen, vornehmlich die Juristen, deren persönliche Voraussetzungen und die Anwendung von psychoanalytischen Werkzeugen. Weiters werden wir auf die Bedeutung der Zusammensetzung von Gruppen eingehen. Die Erwartung an Lösungen ist hoch. Jedoch entspricht es nicht einer psychoanalytischen Vorgangsweise, in Lösungen zu denken und schon gar nicht, solche zu formulieren. Dabei ist zu berücksichtigen, dass der Praktiker einen anderen Zugang wählen muss, als der Wissenschaftler es tun würde; daher ist dieses Kapitel auch subjektiv geprägt und bringt eigene Erfahrungen des Autors ein.

Im Zuge der Arbeit an diesem Buch stellte sich immer wieder die Frage, ob überhaupt eine Schnittmenge zwischen Psychoanalyse und den Rechtswissenschaften existiert. Die eigenen Zweifel werden gerade dann lauter, wenn es gilt, die erlebten, juristisch geprägten Narrative in eine psychoanalytische Sprache zu gießen. Dann

---
324 Kernberg, 1998, S. 111.

wird die eigene Sprachlosigkeit bewusst. Woran liegt es, dass eine Verwebung dieser beiden wissenschaftlichen Gebiete so schwerfällt? Ist es die klare Trennung zwischen der Ratio (die für die Rechtswissenschaften stehen könnte) und der Gefühlsebene (die für die Psychoanalyse stehen könnte), die wir bereits als Kinder in der Schule nahegebracht bekommen? Vielleicht hängt es auch mit der strengen Unterscheidung zwischen dem Berufsbild, dem Rollenverhalten in der Arbeit und dem Individuum in seinem Privatleben ab, hat es mit der Abspaltung von Erfüllung eines professionellen Auftrags und der eigenen Persönlichkeit zu tun. Zugegebenermaßen werden Stereotypen gerne ausgefüllt oder projiziert. Denn die eigene Persönlichkeit bleibt so diskret im Hintergrund. Vielleicht liegt es schlicht an der Tatsache, dass es in der Psychoanalyse um subjektive Bedeutung und Gesetzmäßigkeiten geht, die mit den Menschen und ihrem biografischen Werden zu tun haben, und es in den Rechtswissenschaften um objektive Geltung und um transsubjektiv verbindlich geltende Rechtsakte geht.

Was kann nun der Jurist vom Psychoanalytiker lernen? Diese Frage zu beantworten, erscheint durchaus möglich. Kann aber der Psychoanalytiker vom Juristen lernen? Diese Frage hätte ich bis kurz vor Beendigung dieser Arbeit klar negativ beantwortet. Doch gibt es tatsächlich Aspekte und Bereiche, in denen die Weltsicht von Juristen vielleicht eindeutiger und auch klarer ist als die von Psychoanalytikern. Gerade bei der Frage, weshalb in der psychoanalytischen Praxis das Individuum im Vordergrund steht, und all das, was im Berufsleben von demselben Individuum erlebt und ertragen wird, eher in den Hintergrund tritt, wird in diesem Zusammenhang zu einer Kontrollfrage. Die Struktur und die Herangehensweise von Juristen und die „come what may"[325] Mentalität von Psychoanalytikern sind auf einen ersten Blick nicht gerade konkordant.

Es wird untersucht, ob es Parallelen im Beruf des Juristen und des Psychoanalytikers gibt. Es wird auch davon die Rede sein, ob es Unterschiede in der Zusammensetzung von Teams gibt, und weiter wird die Bedeutung der Teamarbeit ausgeführt. Kann eine spezifische Zusammensetzung der auf beiden Streitseiten beteiligten Personen etwas am Ergebnis eines Konflikts ändern? Falls dies so ist, woran liegt das? Erneut wird ein Augenmerk auf den Konflikt gelegt und die bereits beschriebene Abgrenzung der Phasen in präventiv, Vergleich und vor Gericht und die Einteilung nach psychodynamischen Elementen behandelt werden. Sowohl aus wirtschaftlicher als auch aus psychodynamischer Sicht könnten bei der Bearbeitung eines Konflikts einige Maßnahmen sinnvoll sein, etwa eine psychoanalytische Betrachtung der Fallanalyse, auch der zugrundeliegenden Texte. Eine psychodynamische Ausbildung für Juristen ist eine Empfehlung, die aus dieser Arbeit erwächst. Sie soll Juristen die wesentlichen Aspekte der Persönlichkeitsentwicklung und des Verständnisses für psychoanalytische Methoden vermitteln. Am Ende des Kapitels wird dargestellt, dass die beschriebene Zusammenarbeit auch betriebswirtschaftlich Sinn macht.

---

325 Eine beliebte Einstiegsfloskel von Psychoanalytikern, um die Therapiestunde zu eröffnen lautet: Sprechen Sie alles aus, was Ihnen in den Sinn kommt, was auch immer es ist.

6.1 Rechtliche Aspekte bleiben im Vordergrund

Juristische Arbeit zeichnet sich durch bereits beschriebene schemenhaft vordefinierte Vorgänge und eine funktionierende Mechanik aus. Bei der juristischen Arbeit die Anwendung der psychoanalytischen Technik ins Spiel zu bringen, ist ein Ansatz, der bisher wissenschaftlich wenig beschrieben und beschritten wurde. Zu unterschiedlich ist die Vorgangsweise von Juristen und Psychoanalytikern in ihrer Arbeitsweise. Daher ist auch eine Erwartungshaltung nicht gerechtfertigt, die nun Ansätze erwartet, wie die rechtliche Arbeit durch psychoanalytische Methodologie umfassend verändert werden kann.

Es geht bei der angewandten Psychoanalyse um das Brückenschlagen zwischen Forschungsgebieten und um Querschnittsmaterien und darum, die Verknüpfung zwischen Rechtswissenschaften und Psychoanalyse zu verstehen. Ein möglicher Zugang ist die Konfliktbearbeitung und -lösung, wenn es um die konkrete Lösung einzelner juristischer Konflikte geht. Neben Erfahrung und Technik zeichnet den guten Juristen aus, dass er die Hinterfragung der Aufgabenstellung des Verfahrens und die genaue Untersuchung der Faktenlage professionell durchführen kann. Im Vergleich der unterschiedlichen Standpunkte stellt sich immer wieder die Frage, wie viele Wahrheiten es gibt. Die Tatsachenarbeit spielt dabei eine wesentliche Rolle. Ist es möglich, dass beide Seiten gute Gründe haben, ihren speziellen Standpunkt zu vertreten? Wie steht es um die handelnden Personen auf beiden Seiten? Wer hat welche Rolle, wer kann mit wem? Welche gruppendynamischen Effekte werden durch wen ausgelöst? Wie kann man ein Team zusammensetzen, um auf diese Besonderheiten einzugehen? Welche Strategie wird eingeschlagen, welche Persönlichkeiten „passen" dazu – auf der einen wie auf der anderen Seite? Wie lauten die relevanten Rechtsfragen?

Klarerweise bleibt für Juristen der rechtliche Aspekt immer im Vordergrund, aber die Berücksichtigung von subjektiven Elementen, „weichen Faktoren", die Personen und Persönlichkeitsmerkmale betreffen, ist im Zugang zum jeweiligen Fall ein Kriterium, das den Unterschied in der Qualität von Juristen ausmacht. Diese Faktoren werden in der Praxis immer mehr berücksichtigt, etwa im Bereich des Finanzwesens waren die Auswirkungen nach der Finanzkrise (und der bewiesenen Arroganz der Banken) bei Gerichtsverfahren spürbar und in den Urteilen sichtbar. Mangelnde „financial education" der Richter und der Öffentlichkeit, gepaart mit Hochmut der Banken, führten dazu, dass die Bankenvertreter wie auf einer schiefen Ebene agieren mussten. Die öffentliche Meinung und auch der Zugang der Gerichte zeigten eine eher kritische Haltung gegenüber Banken. Vielleicht übersehen Juristen in ihrer Arbeit oft auch, dass ihre Sprache und ihre Zunft anderen sprachlichen und gedanklichen Regeln unterliegt als viele andere Berufsgruppen. Sie kümmern sich nicht um ein Verständnis außerhalb ihres eigenen „Biotops", das führt dann zu Unverständnis und manchmal auch zu vielleicht vermeidbaren rechtlichen Konflikten. Der Unterschied liegt manchmal in der richtigen Formulierung der Fragen der jeweiligen Situation und der juristischen Optionen. Was ist eine kreative Lösung für einen Konflikt?

Manchmal ist auch einfach ein sauberer Beziehungsabbruch eine gute Möglichkeit, um einen andauernden Konflikt zu beenden.

Es ist daher bei der Bearbeitung von rechtlichen Konflikten im Sinne einer Fallanalyse erforderlich, das Augenmerk auf folgende Aspekte zu legen:

- Die Sprache ist an die beteiligten Personen und Parteien anzupassen. Das Verständnis für das, was passiert und schiefgegangen ist, hängt viel mit Kommunikationsdefiziten zusammen. Dabei ist es möglich, dass schlicht zu wenig miteinander gesprochen wird, auch dass aneinander vorbeigeredet wird; dem Aspekt des Zuhörens kommt bei Kommunikationsthemen gerade im wirtschaftlichen Umfeld eine große Rolle zu. Jede Partei möchte seinen Standpunkt mitteilen, der Standpunkt der Gegenseite wird da schon mal überhört, oder es wird ihm weniger Aufmerksamkeit gewidmet.
- Das Investment in die Analyse des Falls und der wesentlichen Texte ist nicht auf die manifesten Inhalte zu beschränken. Im Sinne einer breiteren Betrachtung sind gerade Unklarheiten, Auffälligkeiten und auch Lücken genauer zu betrachten.
- Eine ausgewogene Fallbesprechung ist mit einer Risikoanalyse zu unterfüttern. Was zeigen die Fakten, wie sieht die bisherige Rechtsprechung aus, was meint das „gesunde Rechtsverständnis"?
- Der Sachverhalt muss nach allen Richtungen abgeklopft und mit Beweisen untermauert werden. Die Beweislage und die Tatsachenarbeit sind bei jedem Rechtsfall die Grundlage für einen positiven Verlauf eines Rechtsstreits. Die Aufarbeitung des Sachverhaltes wird häufig an dafür nicht entsprechend qualifizierte Personen abgegeben, dies ist ein Risikofaktor und eine Fehlerquelle in der Verfahrensführung.
- Die Rechtsfragen sind auszuarbeiten und Argumente dafür vorzubereiten. Das ist die Kerntätigkeit des Juristen, und es werden im Regelfall dafür entsprechend Ressourcen zur Verfügung gestellt.
- Die handelnden Personen müssen identifiziert und analysiert werden: Welche Rolle spielen sie im Konflikt und im laufenden Verfahren?
- Die Auswahl des eigenen Teams nach individuellem Fall; besonders wichtig ist nicht nur die Fachkompetenz der internen und externen Berater, sondern auch deren Persönlichkeiten. Bringt er die Gabe mit, einen rechtlichen Konflikt zu vergleichen, bevor er gerichtsanhängig wird, und passt er zur Gegenseite?

All diese Elemente können unter dem Begriff „psychojuristisches Konfliktmanagement" subsumiert werden. Es werden bislang die beiden letzten Punkte eher vernachlässigt. Wenn es um Personen geht, soll kein Auge zugedrückt werden, die handelnden Personen bestimmen die weitere Entwicklung des Konflikts. In der Praxis entscheidend ist, welche Maßnahmen in welchen Phasen eines Konflikts einen besseren Zugang bieten könnten: Gerade präventive Maßnahmen sind erforderlich, um möglichst wenig unbekannte Konfliktsituationen entstehen zu lassen: Es geht darum, das Augenmerk bei Verhandlungen und schon bei Vertragserstellung auf einen möglichen späteren Konflikt zu lenken. Wie kann man frühzeitig Mechanismen vereinbaren, die einen Konflikt möglichst transparent und rasch klären können?

Es lohnt sich, vertragliche Regelungen zu verankern, die bei Konflikten die Aufnahme von Gesprächen vor einer gerichtlichen Auseinandersetzung verpflichtend vorsehen. Solche Handlungsanleitungen können dazu führen, dass Vereinbarungen möglichst konfliktfrei bleiben; daher macht es Sinn, Regeln vorzusehen, die die Selbstregulierungskraft von Normen forcieren. Vertraglich kann bereits die Verpflichtung zum Dialog im Vorfeld bzw. nach Entstehen eines Konflikts vorgeschrieben werden.

Welche Rolle spielt die Rechtsfrage selbst, und wie viel Konfliktpotenzial ist anderswo begründet? Es geht vielleicht nicht so sehr um den rechtlichen Konflikt, sondern um eine Krise, einen Konflikt auf der Beziehungsebene der beteiligten Personen und Organisationen. Was kann der Jurist in so einer Sache tun? Was kann der Experte darüber hinaus bewirken? Gerade hier ist es wesentlich, die richtigen Fragen zu stellen, und vielleicht noch bedeutender ist es, zuzuhören und aus dem Gehörten dann die Erkenntnisse und richtigen Schlüsse zu ziehen. Die Technik dazu hat einige Parallelen zu der Psychoanalyse.

Bei der Erarbeitung des Sachverhalts ist bewusst die persönliche Befindlichkeit der beteiligten Personen einzubeziehen. Gibt es möglicherweise innere Konflikte, Ärgernisse, aufgestaute vergangene Erfahrungen, die nun im Rahmen des aktuellen Konflikts ins Spiel kommen? Gibt es Neid, Ärger und andere negative Gefühle, die bei Bearbeitung des Sachverhalts eine Rolle spielen: Übertragungsphänomeme gegenüber Personen auf der anderen Streitseite bzw. im selben Team?

Die gesetzlich vorgegebene Struktur des Zivilprozesses ist ein streng formalisierter Ablauf; dieser ist im Grunde dialogfeindlich. Wie kann das Gerichtsverfahren – vor allem bei großen, komplexen Verfahren – an die Bedürfnisse des Gerichts und der Streitparteien maßgeschneidert angepasst werden?

In späteren Phasen eines Konflikts geht es um eine aufmerksame Fallanalyse, die auch psychoanalytische Aspekte in sich tragen kann. Die Zusammensetzung der Teams erscheint bedeutsam für die weitere Entwicklung, welche Menschen mit welchen Eigenschaften könnten in der Lage sein, aus einer konfliktbehafteten Situation einen Ausweg zu finden? Auch interkulturelle Aspekte spielen bei Konflikten eine große Rolle. Als kurzes Beispiel seien Verhandlungen zwischen zwei Verhandlungsparteien angeführt; eine Seite bestand aus Russen, die andere aus Chinesen, und die Verhandlungen fanden in China statt. Die Chinesen führten mit einem der Russen reine Scheinverhandlungen, danach brachten sie den Russen zur Unterfertigung der alten unverhandelten Vertragsdokumentation. Die chinesische Verhandlungspartei wusste, dass der russische Partner zu stolz sein wird, um sich mit seinem Berater über die aktuelle Version der Verträge abzustimmen, er wollte selbst das Heft des Handelns in der Hand haben und dies vor allem auch zeigen. Die russischen und chinesischen Verhandler wollten in erster Linie ihr Gesicht wahren und nach ihrem Selbstverständnis keine Schwächen zeigen und daher auch keine Unterstützung annehmen, erst recht in einem fremden Umfeld. Der Russe hat daher den Fehler begangen, die falsche, weil unverhandelte Dokumentation zu unterschreiben, die Arbeit der Tage davor ging daher ins Leere.

6.1.1 Zeigen rechtliche Konflikte auch eigene Störungsbilder?

Im Gegensatz zur therapeutischen Arbeit mit Menschen, bei der das Leiden und dessen Heilung im Mittelpunkt steht, geht es bei der juristischen Arbeit viel mehr um Beratung und Betreuung bei der Streitbeilegung. Der Mensch möchte aber genauso wie in der therapeutischen Arbeit über die Beziehung mit dem Juristen mehr Halt und Sicherheit etwa an seinem Arbeitsplatz oder in seinem Rechtsstreit erlangen. Der Jurist arbeitet auch mit Beziehungsformen, hat aber bei der Konfliktbewältigung eine ganz andere Funktion als der Analytiker.

Bestehende, offene Konflikte zu bewältigen und uns, jeder für sich und gemeinsam, weiterzuentwickeln, ist die Alternative zur Hinwendung zum unauflöslichen Konflikt bzw. zur Neurose. Sind Juristen gerade dann mit ihrer Konfliktlösungskompetenz gefragt, wenn es kein Vertrauen mehr gibt? Wenn man krank ist, geht man ins Spital und lässt sich behandeln. Wenn eine Geschäftsbeziehung schiefläuft und man selbst mit der Beziehung nicht mehr weiterkommt, dann werden die internen oder externen Berater eingeschaltet. Ihre Rolle stellt eine Art „Business hospital" dar. Die Juristen sind, ähnlich wie die Ärzte oder die Psychoanalytiker, auf die Anomalität spezialisiert.

Bei schwierigen juristischen Auseinandersetzungen sind manchmal Parallelen zu Neurosen und sogar bis hin zu psychotischen Zuständen – also unsinnigen Wahnideen – erkennbar. Diese sind dann vor Gericht abzuarbeiten, was das Leben der Verhandlungsteams nicht einfacher macht. Meist hat man es mit unterschiedlichen Darstellungen ein und derselben Geschichte zu tun – je nachdem, welcher Seite man zuhört, dem Kläger oder Beklagten. Die äußere Symptomatik der beiden Geschichten ähnelt sich meistens; es ist jedoch ersichtlich, dass es keinen Streit um die Diagnose gibt, sondern um die Geschichte selbst, ihren Verlauf und ihre Motivationen. Wenn einmal der Vertrauensbogen verlassen wurde, wenn eine Beziehung massiv aus dem Gleichgewicht gekommen ist, dann treten Juristen und Anwälte auf den Plan. In einem so konfliktreichen Umfeld – quasi im vertrauensfreien Raum – spielt sich das Geschäft der Juristen ab. Es gibt dafür unterschiedliche Bewältigungsstrategien und Verhaltensweisen – und all das kann man auch in psychotherapeutischen Gruppen beobachten und auf rechtliche Konflikte, etwa Gerichtsverfahren, übertragen.

Bei der klassischen Konfliktkultur können wir ähnlich wie bei einem Eisberg den äußeren Konflikt als Rechtsstreit, als Kontroverse manifestiert, vom unsichtbaren inneren Konflikt unterscheiden, der den Protagonisten meist gar nicht wirklich bewusst ist. Die Jurisprudenz interessiert sich für sichtbare, und wenn möglich, rechtlich formulierbare Konflikte, während sich die Psychoanalyse mit inneren, unsichtbaren und unbewussten Konflikten auseinandersetzen muss. Diese Konflikte äußern sich oft so, dass wir sie verdrängen, dass sie sich in ihrer Gestalt verändern. Hierher gehören alle möglichen Neurosen, Psychosen, psychosomatischen Auffälligkeiten, sexuellen Ausformungen. Würde man versuchen, einzelnen rechtlichen Konflikten Störungsbilder zuzuordnen, so wären folgende neurotische Verhaltensweisen bei rechtlichen Konflikten wiederholt anzutreffen:

- Narzisstisch – überzeugt zu gewinnen, alles wird in die Schlacht geworfen.
- Zwanghaft – klebt am Wortlaut des Gesetzes, findet Geborgenheit in Formalismen.
- Histrionisch – grundloses und übertriebenes Streiten; auch die Art des Streites hat mit dem „wahren Kern des Konflikts" nichts direkt zu tun.
- Einsam – schizoid auf verlorenem Boden kämpfen bis zum Umfallen.
- Depressiv – in der Opferrolle sein.
- Paranoid – von allen verfolgt werden.

Ähnlich wie bei Managementthemen könnte sich so die Jurisprudenz der Psychoanalyse bedienen, um zu hinterfragen, welche nicht sichtbaren Persönlichkeitsmerkmale, welche Abwehrmechanismen oder sonstige unbewussten Verhaltensmuster bei Rechtsfällen und -streitigkeiten auftreten.

Es ist immer wieder erstaunlich zu erkennen, welche Art von Abwehrmechanismen im juristischen Alltag auftreten. Beim aufmerksamen Beobachten und Zuhören versteht man manchmal, dass es einen Unterschied macht, ob bei einem Konflikt, bei einer sachlichen Diskussion Elemente der Verdrängung, der Verschiebung oder Umkehr ins Gegenteil auftauchen. Wenn dies im Sachverhalt, in der Inszenierung beziehungsweise der Auseinandersetzung erkennbar wird oder auch Anzeichen von Angst, von Zwangsideen und Wahnvorstellungen sichtbar werden, so kann man darauf reagieren, darauf eingehen und weiterarbeiten. Es ist auch zu überlegen, welche Persönlichkeitsanteile die an den Verhandlungen beteiligten Personen haben, welche Abwehrmechanismen im Sinne von Verdrängungsstrategien sie einsetzen und welche Folgerungen daraus ableitbar sind. Oft geht es auch um eine Charakteristik der Verhandlungsführung, ob sie freundlich, streitorientiert, auf Augenhöhe, hoheitlich angelegt ist. Davon hängt es auch ab, wie sich Inhalte und Texte präsentieren bzw. zuzuordnen sind.

All dies prägt unsere Annäherung an die jeweiligen Motive einer Auseinandersetzung. Denkbar ist auch, dass einer individuellen Konfrontation aus dem Weg gegangen werden soll und so ein Rechtsstreit in Kauf genommen wird. Dies kann dann als Abwehrhandlung dazu dienen, nicht innerhalb einer Verhandlung, einer Konfrontation einen anderen, möglicherweise persönlichen, Konflikt austragen zu müssen.

6.1.2 Latente und manifeste Motive im Rechtsstreit?

Die juristische Berufswelt sieht ihre Rolle gerade in der Objektivierung von Sachverhalten, also im manifesten Teil. Dabei wird eine scheinbar objektive Welt betrachtet und mittels der juristischen Interpretationsregeln bearbeitet und entschieden. Es spielt gerade die genaue Analyse des Texts eine wichtige Rolle. So wie Freud im Traum der Verschiebung, der Verdichtung, der Umwertung und Wendung ins Gegenteil eine große Rolle zuschreibt, ist es möglich, dass Juristen in Texten, Aussagen, Akten, Dokumenten eine reiche Fundstelle für mögliche latente unbewusste Hinweise finden. In einer rechtlichen Auseinandersetzung gibt es einige technische Regeln, die hier auch von Interesse sein könnten: Die schwachen Stellen in einem Sachverhalt beziehungsweise in der Argumentation werden typischerweise von der eigenen Partei gar nicht, oder nur beiläufig, angeführt oder übergangen. Aus der Textanalyse lässt sich möglicherweise diese Schwachstelle herausfiltern und für die eigene Argumentation verwenden. Ähnlich wie in der Traumarbeit werden also Inhalte, die nicht wiedergefunden werden sollen, verschoben beziehungsweise verdrängt. Die Technik der Traumdeutung kann für die Auslegung bzw. Analyse von Eindrücken in Verhandlungssituationen genutzt werden. Dabei ist entsprechend zu berücksichtigen, dass der unbewusste Anteil der Verhandlung im sichtbaren, manifestierten Geschäft einen großen Anteil ausmacht, dieser jedoch nicht direkt Bestandteil des Geschäftes wird. Es ist für die Vertragsparteien spürbar, dass es neben den formulierten Inhalten noch etwas anderes gibt.

Einen wesentlichen Beitrag zur Bereinigung von rechtlichen Auseinandersetzungen kann eventuell auch die Rücksicht auf die Motive der Auseinandersetzung und auf ihre Verständlichkeit bieten.[326] Wie bereits ausgeführt, ist gerade die Verständlichkeit bei juristischen Texten und Sachverhalten häufig ein Problem, jedoch ein wichtiger Faktor. Eine klare unverfälschte Formulierung von Sachverhalten wäre daher ein großes Ziel jeder weiteren Bearbeitung von Schriftsätzen. Es macht einen Unterschied, ob es sich um Verdrängung, Verschiebung oder Verdrehung ins Gegenteil handelt. Es ist wichtig zu erkennen, welche Art von Auffälligkeiten und Abwehrmechanismen hier zum Einsatz kommen. Wenn nun im Sachverhalt, in der Inszenierung beziehungsweise der Auseinandersetzung selbst Anzeichen etwa von Angst, von Zwangsvorstellungen und Wahnideen sichtbar werden, kann man daran anknüpfen. In einem nächsten Schritt wäre zu überlegen, welcher Typologie der Streit beziehungsweise der juristische Text und der zugrundeliegende Sachverhalt zuzuordnen ist. Damit berühren wir die Motive der Auseinandersetzung. Denkbar ist auch, dass der Rechtsstreit insgesamt eine Abwehrhandlung mit dem Ziel, nicht einen anderen, möglicherweise persönlichen, Konflikt austragen zu müssen, darstellt.

Es ist daher oft zu beobachten, dass der Rechtsstreit etwas mit den internen Konflikten der beteiligten Personen zu tun hat und diese Konflikte vorrangig unbewusst bearbeitet werden, wodurch sie an der Oberfläche des Rechtsstreits unsichtbar bleiben. Die professionelle Arbeit leidet also möglicherweise unter den affektiven bzw. emotionellen Motiven. Die jeweilige höchstpersönliche Motivlage der beteiligten Personen hat also möglicherweise einen gewichtigen Einfluss auf die juristische Auseinandersetzung.

Ähnlich wie Freud die Bedeutung des Traums etwa zur Interpretation von Mythen und literarischen Texten verwendet, sollte es möglich sein, die Methode der

---

326 Freud, GW II/III, 2008, S. 679.

Traumdeutung auch für die Auslegung bzw. Analyse von Rechtsfällen einzusetzen. In Analogie dazu könnte man sich vorstellen, dass auch ein Konflikt etwa in Gestalt eines Rechtsfalls einen wesentlichen Anteil von Wunscherfüllung in sich birgt. Dabei ist entsprechend zu berücksichtigen, dass der unbewusste Teil des Falles im sichtbaren Geschäft einen großen Anteil ausmacht, dieser jedoch nicht direkt Bestandteil der Abläufe wird. Es ist jedoch für die Vertragsparteien spürbar, dass es neben den formulierten Inhalten noch etwas anderes gibt. Vielleicht ist auch dies der Grund dafür, dass moderne Vertragstexte so ausufernd, detailliert und lange formuliert werden. Es kann in einem Vertrag – ähnlich wie beim manifesten Traum – nur der sichtbare, textlich ausformulierte Teil des Geschäfts wahrgenommen werden. All das, was die Vertragsparteien latent als Motive mit sich herumtragen, kann dabei nur vermutet werden.

In Konflikten wird oftmals über manifeste Inhalte gesprochen, die bei genauem Nachprüfen wenig mit dem ausgetragenen Rechtsfall zu tun haben. Was manifest angesprochen wird, hat also scheinbar auch einen anderen, darüber hinausgehenden Zweck: Beziehungsaufbau, Ablenkung, unbedachter Smalltalk etc. Wo gibt es da Ähnlichkeiten zur Traumdeutung im Sinne Freuds? Freud findet etwa im Traum ein passendes Instrument, um rasch ins Unbewusste vorzudringen: „Die Traumarbeit ist ein ausgezeichnetes Muster der Vorgänge in den tieferen unbewussten Schichten des Seelenlebens, welches sich von den uns bekannten normalen Denkvorgängen erheblich unterscheidet."[327] Ähnlich wie Freud die Bedeutung des Traums zur Interpretation von literarischen Werken einsetzt, ist es möglich, die Technik der Traumdeutung auch für die Auslegung bzw. Analyse von Verhandlungssituationen zu verwenden.

Die psychoanalytische Welt konzentriert ihren Blick auf den latenten, den subjektiven, nicht sichtbaren Teil des Sachverhalts, des Textes, der Geschichte und darauf, was dieser Text in der Person auslöst, was davon zu ertragen ist, und was abgewehrt und ins Unbewusste verdrängt wird. Sie stellt eine innige Beziehung her zwischen psychischen Leistungen der Einzelnen und der Gemeinschaft. Die Psychoanalyse arbeitet dabei, wie oben schon erwähnt, entsprechend texthermeneutisch. Freud selbst formuliert:

> Durch die gleiche Übertragung ihrer Gesichtspunkte, Voraussetzungen und Erkenntnisse wird die Psychoanalyse befähigt, Licht auf die Ursprünge unserer großen kulturellen Institutionen, der Religion, der Sittlichkeit, des Rechts, der Philosophie zu werfen.[328]

Umso bedeutender ist der sogenannte Vertrauensgrundsatz im Umgang zwischen Vertragsparteien. Bereits im alten deutschen Recht galt der Grundsatz: Augen auf – Kauf ist Kauf. All das, was nicht manifester Vertragsbestandteil wurde, kann nicht der Gegenseite nachteilig zugerechnet werden. Wenn nun Bedürfnisse in der realen Welt nicht befriedigt werden können, müssen diesen unbefriedigten Bedürfnissen

---

327 Freud GW VIII, 2012, S. 414.
328 Ebd., S. 414 f.

andersartige Erledigungen folgen. Dies kann durch die unterschiedlichen Abwehrmechanismen geschehen. Einfach ist das Verständnis dieser Erkenntnis dann, wenn ein manifester Konflikt klar ersichtlich ist; wesentlich schwieriger aber ist es, wenn ein latenter Konflikt möglich erscheint und sich hinter einer auf den ersten Blick banalen Angelegenheit verbirgt. Übersetzt in die Welt der Juristen, könnte dann beispielsweise ein Streit über eine Kaufpreisnachforderung nach einem Unternehmenskauf zu einem unbefriedigten Bedürfnis werden, bei dem sich der frühere Eigentümer nicht genügend anerkannt fühlt. Der Ausweg ist ein dadurch angefachter Rechtsstreit.

6.2 Die Rolle der an einem Rechtsstreit beteiligten Personen

Durch eine psychoanalytisch orientierte Betrachtung eines Rechtsfalls kann das Beziehungsgeflecht der natürlichen und juristischen Personen genauer, strukturierter, analytischer betrachtet werden. So werden Vorteile für den weiteren Verlauf und das bessere Verständnis für den rechtlichen Konflikt selbst erzielt. Vor allem gilt das Augenmerk der Suche nach den unsichtbaren und unbewussten Aspekten. Dazu ist auf die Grundkonzepte der Psychoanalyse, insbesondere das Unbewusste, näher einzugehen.

Am Anfang jedes Konflikts steht immer die zwischenmenschliche Beziehung. Psychoanalytisch betrachtet spalten die Juristen in ihrer Methodik die menschliche Beziehung des rechtlichen Konflikts ab und betrachten nur mehr den Rechtsstreit. Damit wiederholen sie genau das, was ihre Mandanten bereits getan haben. In der Praxis sind immer wieder Konstellationen anzutreffen, die diese Projektionen und Abspaltungen im Rahmen von juristischen Auseinandersetzungen offenbaren. Immer wieder ist dabei etwas vorgefallen, was nicht juristisch zu begründen war, sondern möglicherweise etwas mit der Beziehungsebene und dabei mit einem inneren Konflikt einer oder mehrerer involvierter Parteien (bzw. des Richters) in Verbindung stehen könnte. So ist etwa der Nachbarschaftsstreit um den Baum, dessen Äste über den Zaun ragen, nicht bloß ein Streit um den Baum, um den Umstand, wer das Laub aufzulesen hat und ob ein sonniger Platz beschattet wird, sondern auch ein Streit um einen versteckten Sachverhalt, also eine Projektion auf jene Streitpartei, die man im Nachbarn sieht, wobei die eigenen Unzulänglichkeiten umso leichter übersehen werden und aus dem Blick geraten.

Die psychoanalytische Perspektive zielt in der Regel auf das Unbewusste ab, auf das, was außen nicht sichtbar ist. Es ist die Aufgabe und Tätigkeit der Juristen, den manifesten Konflikt zu bearbeiten und die aus rechtlicher Sicht beste Lösung zu erarbeiten. Vielleicht ist eine solche Lösung aber gerade möglich, wenn man neben der manifesten juristischen Arbeit auch eine mögliche latente psychoanalytische Konfliktuntersuchung durchführt? Dies gilt nicht nur für die involvierten Personen, sondern auch für den Konflikt selbst. Dafür ist eine entsprechende Einstellung, eine Form psychoanalytischer Haltung von Vorteil.

Beim Rechtsstreit kann ein Dritter, der Richter, für die Streitparteien den juristischen Konflikt stellvertretend entscheiden, sofern aber ein innerer Konflikt der Auslöser dafür war, kann dieser nicht gelöst werden. Wie denn auch, wenn der innere Konflikt nicht an die Oberfläche angelangt ist und ergo noch nicht untersucht wurde? Das ist auch nicht Aufgabe der Juristen. Eine zu untersuchende Frage ist es daher, ob eine ausschließlich juristische Entscheidung dann Auswirkungen auf den inneren Konflikt haben wird. Was geschieht mit dem inneren Konflikt, und was wäre geschehen, wenn anstatt des Rechtsstreits der innere Konflikt früher betrachtet worden wäre? Möglicherweise hätte man sich dann den juristischen Streit mit dem Nachbarn überhaupt erspart bzw. wäre damit vielleicht anders umgegangen.

Bei Rechtsstreitigkeiten können sich je nach Persönlichkeit der Parteienvertreter auch die Motive stark ändern. So wird immer wieder deutlich, dass bei längeren Auseinandersetzungen die seinerzeit involvierten natürlichen Personen nicht mehr Teil des Streites sind und sich daraufhin die Dynamik eines Verfahrens grundlegend ändert – ein Indiz für die Bedeutung von zwischenmenschlichen Beziehungen bei einem Rechtsstreit.

Welche Personen sind in einer besonderen Fallkonstellation mehr oder weniger geeignet, um den Konflikt zu verstehen, zu verändern oder gar zu bereinigen, von welchen Faktoren hängt das ab? Welche Verhaltensmuster zeigen die Konfliktparteien, und wie kann man bei einer Entflechtung des Konflikts helfen? Das mag sich auf die Konfliktparteien selbst beziehen, gilt aber auch für die Auswahl der Rechtsberater und die Beurteilung der Richter bzw. anderer involvierter Personen (Experten, Vertreter dritter Seiten etc.). Zusätzlich ist zu untersuchen, ob nicht schon das Bewusstwerden des inneren Konflikts zur Nachreifung der Beteiligten führt und so das Potenzial des Konflikts entschärft wird.

6.2.1 Konflikte werden im Beruf und im Privatleben durchlebt

Psychoanalytiker lernen viel über Liebes- und Beziehungsfähigkeit; Therapeuten beschäftigen sich tendenziell mit dem Privatleben ihrer Klienten, die Aufmerksamkeit auf ihre berufliche Seite spielt dabei eine viel geringere Rolle. Dabei entsteht der Eindruck, dass vieles, was Klienten und Patienten im beruflichen Alltag erleben, vom Analytiker eher eindimensional verstanden wird, vielleicht gar nicht anders verstanden werden will. Die Zeit, die der Patient im Beruf verbringt, gerät oft erst dann in den Fokus, wenn bereits die Arbeitsfähigkeit gestört ist und der Patient in der Krise ist. Das mag auch daran liegen, daß davor für den Patienten ersichtlich ist, um in Therapie zu gehen.

Die juristische Berufswelt repräsentiert ein Umfeld, in dem teilweise andere Prinzipien als im Privatleben herrschen. Welche anderen Prinzipien sind das? Gibt es ein professionelles Verhalten von Klienten im Unterschied zu einem privaten, und gibt es somit eine „professionelle Psyche"? Gerade da kann die Jurisprudenz der Psychoanalyse weiterhelfen, und es entsteht angewandte Psychoanalyse. Die Beschäftigung mit der Person in ihrem beruflichen Kontext ist aus dem Blickwinkel der beiden Fachgebiete befruchtend.

Trifft es also zu, dass sich die Bewältigungsstrategien der Menschen im privaten Umfeld von den Strategien im Berufsleben grundsätzlich unterscheiden? Der „liebevolle Familienvater" kann im Büro mitunter zum abschätzigen, cholerischen Despoten mutieren. Die Gründe dafür können vielfach sein – Überforderung, Hemmungen, Versagensängste, unreflektierte Nachahmung. Was ist der Grund, weshalb die gelebten Bewältigungsstrategien oft unterschiedlich aussehen und wahrgenommen werden können?[329]

Die Bedeutung und Verbindung von Management und Psyche werden in Mitteleuropa eher ignoriert, schweigend hingenommen, jedenfalls anders eingeschätzt als im Rest der Welt. In Westeuropa, Großbritannien und den USA ist die Situation eine andere. So ist etwa der Lehrstuhl für Leadership der INSEAD in Fontainebleau von einem Psychoanalytiker besetzt. In der mitteleuropäischen Arbeitswelt gibt es Arbeitspsychologen, meist klinische Psychologen, die einen gesetzlich vorgeschriebenen Schutzzweck erfüllen; sie sind für die Arbeit im Unternehmen da, aber kaum für den Mitarbeiter zuständig, der sich an der Führungskraft orientiert.

Es ist doch eine eminent psychologische Frage, wie eine Führungskraft auf die Probleme ihrer Mitarbeiter vorbereitet wurde. Das deutsche Wort „Führungskraft" spricht schon Bände, denn es klingt eher nach Maschine als nach Menschen, so als wenn jemand Kraft durch Führung verleihen würde. Führung klingt in dem Zusammenhang streng und nach Disziplin. Auch hat die Führungskraft bei uns in der Regel eher keine persönlichkeitsbildende Ausbildung, denn sie wird nach wie vor eher durch vorhandene Fachexpertise als durch soziale Kompetenz befördert. In diesem Leadership-Zusammenhang ist auch der Begriff „Manager" zu reflektieren. Aus dem Lateinischen, der, „der an der Hand führt" – manus agere – übernommen, entspricht der Begriff eher einem Bild der Verantwortung und der Unterstützung bei der Entfaltung von Mitarbeitern. Ein Randaspekt in diesem Zusammenhang ist der Umstand, dass körperliche Leiden gesellschaftlich akzeptiert sind, was auch auf Juristen zutrifft; seelische Leiden sind dagegen eher eine Tabuzone. Dies führt zu einer vermehrten Flucht der Betroffenen in Somatisierung, das Überspielen von Leiden, und auch zu Suchtmittelmissbrauch.

6.2.2 Die Persönlichkeit des Juristen und seine Psyche

Die Rollenbilder des Psychoanalytikers und des Juristen sind zweifellos sehr unterschiedlich. Der Jurist ist für die Erledigung der in seiner Zuständigkeit liegenden Aufgaben verantwortlich, aber auch für das Wohlergeben, ja die existenziellen Grundlagen seiner Mitarbeiter. Dem Analytiker geht es primär um das Wohlergehen seiner Patienten – das sind unterschiedliche Aufgaben. Zwar arbeiten Juristen nicht ausschließlich im „Realen" und die Analytiker nicht nur im „Imaginären", jedoch ist die jeweilige Perspektive schon eine völlig andere. Zu erwähnen bleibt in diesem Zusammenhang, dass die Psychoanalyse auch ein Wirtschaftszweig ist, in dem Geld

---

329 Siehe dazu näher unter 3.7.

und Performance eine Rolle spielen. Sowohl Juristen als auch Psychoanalytiker erwecken den Eindruck, etwas zu wissen. Lacan beschreibt das mit dem Begriff „le sujet suppose à savoir", in der realen Welt sind freilich Juristen und Psychoanalytiker weit entfernt von diesem Wissen: „Ich sagte, der Analytiker nehme diesen Platz ein, sofern er das Objekt der Übertragung ist. Die Erfahrung lehrt uns allerdings, dass das Subjekt, das in die Analyse eintritt, weit davon entfernt ist, ihm diesen Platz einzuräumen."[330]

Der berufliche Alltag eines Juristen erscheint vordergründig als eine verlässliche Welt, Menschen funktionieren und ihre Verhaltensweisen sind berechenbar. Hier trifft man auf unterschiedlichste Menschen und entsprechende Modelle der Konfliktverarbeitung. Meist handelt es sich auch in der Praxis um ein Zusammenspiel von unterschiedlichen Mechanismen. Eine Auswahl einschlägiger Fälle erfolgte aufgrund ihrer ausgeprägten und wiederkehrenden Erscheinungsformen. Wir nehmen gerade in der Szene der Juristen vermehrt folgende Zustände wahr: verdrängte Angst, verdrängte Liebe, verdrängte Lust und Sexualität, verdrängte Traurigkeit, verdrängte Armut, selbstzerstörerische Kraft und „last but not least" die diversen Erscheinungsformen des Narzissmus.

Das, was einen guten Analytiker oder Juristen gemeinsam auszeichnet, gilt auch für das vermeintlich so andere Berufsbild der jeweils anderen Profession. In der Psychoanalyse wird unter anderem versucht, Bilder und Geschichten durchzuarbeiten und so innere unbewusste Abläufe bewusst zu machen. Wenn die Geschehnisse nicht verarbeitet werden können, werden sie verdrängt und bilden den Nährboden für die Entwicklung von Störungen oder Neurosen. Die Arbeit mit dem Unbewussten kann eine schöpferische Kraft erschließen, die das kreative Potenzial der Menschen auch im Berufsalltag ungehemmter freisetzt. In den Rechtswissenschaften wird ein Netz an Normen gespannt, um das Zusammenleben der Menschen miteinander zu regeln, zu klären und zu begrenzen; dies geschieht hier präventiv anhand von Regeln und Gesetzen oder im Nachhinein – mittels historisch entwickelter Mechanismen der Streitbeilegung.

Oftmals sind die Ängste, denen wir dabei begegnen, so groß, dass wir gleich innehalten und nicht den Mut haben, dem inneren Antrieb und den eigentlichen Bedürfnissen zu folgen. Dann könnte es helfen, bei der Entscheidung eine professionelle Unterstützung durch die Psychoanalyse in Anspruch zu nehmen. In diesem Kontext ist die Psychoanalyse eine Erkenntnismethode, eine Denkpraxis, die es ermöglicht, Denkräume zu öffnen und zu verstehen, dabei geht es um ein „Connecting both worlds", also darum, die unterschiedlichen Welten der Psychoanalyse und des Rechts ins Auge zu fassen, und daraus Schlüsse zu ziehen, wo es Gemeinsamkeiten gibt, wo Felder der Überschneidung existieren, die sich gegenseitig befruchten.

Ein Beispiel, dass Freud uns selbst gibt, ist seine Analyse zu Jensens Erzählung „Gradiva". Freud schreibt über eine junge Frau und ihren geheimnisvollen Auftritt, dies könnte symbolhaft für einen Konflikt stehen. Erst bei genauem Hinsehen ent-

---

330 Lacan, 2015, S. 245.

steht ein Bild des vermeintlichen Geheimnisses. Es gibt also ein äußeres Geheimnis der Gradiva und ein innerliches: Das äußere besteht in der Unbestimmtheit ihrer Zugehörigkeit zur Tag- und Nachtwelt, zu Wirklichkeit und Wahn, Sonnen- und Mondhaftigkeit, das innere Geheimnis verbirgt sich in ihrem Vor-wissen (pronoia), ihrer weiblichen Weis(s)heit (Sophia!), die den Wahn des Archäologen nicht nur durchschaut, sondern auch auf eine sehr kluge und witzige Weise ad absurdum führt, indem sie zunächst quasi „mitspielt" und dann schrittweise die Phantasmen des Klassikspezialisten „entmythologisiert".[331]

Wenn es also gelingt, die andere Partei genau zu beobachten, zuzuhören, was gesagt und was nicht gesagt wird, wird so dazu beigetragen, die Beweggründe für das Handeln der anderen Seite zu verstehen und vielleicht auch deren Taktik zu durchschauen und sie dann mit ihren Argumenten ad absurdum zu führen.

Der Analytiker ist dazu da, ungelöste innere Probleme zu meistern. Auch der Jurist spielt manchmal eine Rolle als Projektionsfigur, die genug Angriffsfläche gibt, um sich an ihr abzuarbeiten, so wie früher in der Kindheit die „good enough" Mutter und der beschützende, problemlösende Vater. Diese Beziehungsebene wirkt stabilisierend. Bei der Therapie stellt sich der Psychoanalytiker in den Dienst des Patienten und wird dabei durch das analytische „Setting" unterstützt. Der Jurist begibt sich in eine Allianz, aber in seinem Fall nicht in eine therapeutische, sondern eine wirtschaftlich-rechtliche, um durch die Ergebnisse seiner Arbeit die rechtlichen Probleme seiner Mandanten zu lösen. Es geht aber nicht nur um Problemlösung, sondern auch um konkrete Produkte und Dienstleistungen, die anderen möglichst gut dienen sollen.[332] Dadurch erhöht sich in einer erfolgreichen Allianz für Juristen auch der eigene „kapitalistische Wert", nämlich die Karrierechancen und konkret das jeweilige Gehalt.

Die Gelegenheit, mehrere unterschiedliche Berufskonzepte zu beobachten, zu beschreiben und kennenzulernen, ist eine große Chance. Sie führt zwar womöglich zu Zweifeln an der bisherigen Tätigkeit, aber man erhält dafür die Chance, neue Berufsaspekte zu entdecken und zu erproben. Während der Ausbildung zum Psychoanalytiker erhebt sich oft die Frage nach der Bedeutung und dem Wert einer guten, richtigen Diagnose für die Analysanden. Eine Diagnose ist wichtig für den klinischen Prozess, für die Einordnung eines Symptoms oder einer Störung in den medizinischen Apparat. Dem Patienten selbst bringt die Diagnose zunächst wenig; er kann sich und in seinem Krankheitsgewinn zwar bestätigt fühlen und so vielleicht besser damit fertig werden, aber bedeutender für den Patienten ist immer seine eigene Geschichte. Er lernt durch die Beziehung zum Analytiker eben diese ureigene Geschichte zu finden, zu rekonstruieren und zu erzählen. Er findet so zu einem gewissen Grad seine Identität; er lernt im Idealfall mit dieser kreativ umzugehen bzw. sich selbst überhaupt erst als etwas Eigenständiges zu spüren.

---

331 Hansen-Löve, 2019, S. 506.
332 Eine theoretisch weniger kapitalistisch ausgerichtete Gesellschaft würde anders aussehen, da sie nicht nur auf Wertsteigerung und Wachstum ausgerichtet wäre.

In der Arbeit an sich selbst lernt man die Betrachtung eines Konflikts aus mehr als nur einem Standpunkt. Man lernt bestimmte Fragen zu stellen, etwa: Was braucht das Gegenüber, um den Konflikt zu überwinden? Man kann Verhandlungssituationen aus unterschiedlichen Perspektiven betrachten und bekommt einen exakteren Blick oder ein besseres Gespür für das, „was in der Luft liegt". Was ist der Kern des Konflikts, und was spielt sich gerade zwischen den Streitparteien ab? Geht es um Inhalte, Macht, oder gibt es eine „hidden agenda"? Der Grund für den Konflikt offenbart sich mit Hilfe von psychoanalytischen Methoden vielleicht anders als ohne diese. Wie kann man den gordischen Knoten lösen? Theodor Reik hat in diesem Zusammenhang vom „dritten Ohr" gesprochen. Er beschreibt, welche eigenen Fähigkeiten der Analytiker dafür mitbringen sollte:

> Der persönlichste Faktor dieser Gefühle, die Vertrautheit mit der inneren Erfahrung, ist, das ist richtig, nicht in Worte zu fassen, aber sein Reflex wird sich wie ein Lied ohne Worte mitteilen und Gefühle ausdrücken, die der Hörer seinerseits empfinden wird.[333]

In der Befassung mit juristischen Fragen und Sachverhalten tauchen bei den damit befassten Personen oftmals zwanghafte, wahnhafte, manchmal auch phobische Gedanken und Ideen auf. Dies erinnert an neurotische Symptome und Krankheitsbilder, die Freud im Zusammenhang mit der Entstehung der Psychoanalyse beziehungsweise seiner Arbeit über die Traumdeutung beschrieben hat.

So wie das etwa Kets de Vries im Bereich des Leadership praktiziert, könnten die Juristen nach ihren internen Grundkonflikten kategorisiert werden. Stark verkürzt geht es meist um folgende Zustände:

- Paranoia – verraten sein
- Depression – verschmolzen, hilflos sein
- Passiv-aggressives Verhalten – so tun, als ob alles in Ordnung wäre
- Zwangshandlungen – mit dem Ziel, unverändert geborgen sein
- Histrionisch – anders sein
- Narzissmus – besser sein
- Angst – beschränkt sein
- Schizoid – allein sein
- Alexithymie – tot sein
- Sucht – belohnt sein

Hat das Recht eine eigene Dynamik, einen spezifischen Einfluss auf die Art der neurotischen Konfliktverarbeitung bei ihrer Zielgruppe, ermöglicht es eine eigene Sichtweise auf das Individuum „Jurist" bzw. auf juristisch gefärbte Organisationen? Einiges spricht für eine solche Annahme, vieles dagegen: So könnte es beispielsweise sein, dass die Persönlichkeitsstruktur von Juristen grundsätzlich in einer bestimmten Weise festgelegt ist – etwa im Sinne von Riemanns Grundformen der Angst,[334] der

---

333 Reik, 1983, S. 72.
334 Riemann, 2017, ein gut lesbares Einstiegswerk in die Psychoanalyse.

davon ausgeht, dass der Jurist einen Hang zum Zwanghaften besitzt, geprägt von der Angst vor Veränderung.[335] Beim Richter wäre nach Riemann prima vista eine depressive Ausprägung – Angst vor der Selbstwerdung – vorstellbar. So könnte mittels psychoanalytischer Diagnostik ein fokussierteres Arbeiten im juristischen Feld insoweit möglich werden, als Typologien im juristischen Arbeiten identifiziert werden. Auch die Auswahl von juristischen Arbeitsteams könnte man – vielmehr als derzeit üblich – mit den Persönlichkeitsmerkmalen und Abwehrmechanismen der relevanten Personen in einer Auseinandersetzung koordinieren und sich diese Kenntnisse zunutze machen. Abhängig vom Grundkonflikt des Gegenübers bzw. des Richters wäre es möglich zu erkennen, ob rechtliche Berater etwa paranoide oder depressive Anteile verkörpern.

Dieser Ansatz erscheint jedoch schnell zu oberflächlich. Jedes Individuum und jeder Rechtsfall ist zu verschieden und lässt es nicht zu, in derartige Schemata gesteckt zu werden. Das kann Psychoanalyse nicht leisten. Andere große Psychoanalytiker haben dazu anders, nämlich durch die intensive Betrachtung von einzelnen Fällen, wertvolle Arbeit geleistet, auf die man zurückgreifen kann. Unternehmensbezogene Beiträge der Tavistock-Clinic,[336] Abwehrmechanismen bei Stavros Mentzos[337] und Konfliktthemen von Otto F. Kernberg[338] scheinen neben Leadership-Themen von Kets de Vries dafür besonders geeignet.

6.2.3 Welche Fähigkeiten sollen Juristen erwerben?

Nun gibt es wie bei allen Berufen die Möglichkeit, sich unterschiedlich einzubringen; die persönliche Einstellung und der persönliche Zugang können sich dabei stark unterscheiden. Wie sehen Fähigkeiten aus, die in der juristischen Arbeit besonders zur Geltung kommen? Ein wichtiges Kriterium ist bereits die Art, wie man anderen Menschen begegnet und welchen Stellenwert man den Menschen, den Mitstreitern im beruflichen Umfeld zumisst. Im Rahmen des Beginns eines Rechtsstreits wird oft mit großen Emotionen reagiert, man möchte seinem Frust, seinem Ärger und Zorn freien Lauf lassen und glaubt dabei, den Gegner klar zu erkennen. Bei näherer oder anderer Betrachtung ist man manchmal selbst der größte Gegner. Denkbar ist auch, dass sich durch die Aufarbeitung eines inneren Konflikts die Einstellung auf die Streitbereitschaft verändert. So könnte manchmal ein Rechtsstreit ohne gerichtliche Auseinandersetzung aufgelöst werden; eine kreativere Lösung im Sinne von Freuds „Kulturentwicklung" wäre die Folge dieser veränderten juristischen Verarbeitung. Dazu gehört auch die Frage des Juristen und des Analytikers an sich selbst: Was finde ich in anderen Menschen und in mir? Wer bin ich? Diese Spezifik ist für die

---

335 Ebd., S. 121.
336 Die Tavistock-Clinic ist das führende britische Institut mit starkem psychoanalytischem Einschlag; Obholzer & Roberts, 1994.
337 Mentzos, 2013, S. 60 ff.
338 Vor allem sein Standardwerk zu leadership: Kernberg, 2000.

wissenschaftliche Betrachtung genauso von Bedeutung. Lacan spricht von „Präsenz des Analytikers."[339]

Gefühle der Juristen werden in ihrer beruflichen Praxis oft ausgeblendet. Dabei sind oft jene Menschen erfolgreich, die mit Emotionen umgehen können, die Gefühle zeigen und Verständnis für Gefühle und Affekte anderer haben. Diese beiden Aussagen stehen im Widerspruch, wie kann dieser nun aufgelöst werden?

> Wir alle haben uns an die bedeutungslosen und für institutionalisiertes Verhalten symptomatische Floskeln gewöhnt. Die Fähigkeit, die Gefühle und das Verhalten von Angestellten zu manipulieren, wird häufig als Wettbewerbsvorteil verstanden. Jeder Angestellte muss sich einer regelrechten Indoktrination unterziehen, und ausgefeilte Handbücher schreiben vor, in welcher Situation er wie zu reagieren hat.[340]

Gefühle und Beziehungen können aber nicht vorgegeben oder befohlen werden. Die Beziehungsfähigkeit übt in allen Lebenslagen einen wichtigen Einfluss auf die Gestaltung des eigenen Lebens aus, viele Konflikte haben eine Beziehungskomponente. Ein Konflikt wird oft durch das dahinterliegende Affektverhalten beeinflusst. Sind Menschen in ihrer Rolle im Beruf, stellt sich genauso die Frage, welchem Konflikt sie aus dem Weg gehen. Wenn sie sich in der professionellen Rolle ganz dem Organisations-Über-Ich ausliefern, ganz regelkonform arbeiten, was passiert mit dem Ich und dem Es? Woher kommt die Angst vor den Umständen, derentwegen solche Menschen sich so vorsichtig verhalten? Es scheint dann manchmal so, als wäre ihre innere Entwicklung stehengeblieben.

Gefühle zeigen heißt auch, Verantwortung zu übernehmen. Irgendwann kommt der Tag im persönlichen Leben, an dem man erwachsen wird und Verantwortung übernimmt; genauso ist es auch im Beruf. Irgendwann hat man verantwortungsvolle Entscheidungen zu treffen. Auch das berühmte Neinsagen gehört dazu. Ein Jasager wird zwar kurzfristig ein leichteres Leben haben, irgendwann aber kommt der Zeitpunkt, an dem es nicht mehr ohne Konflikt abgeht. Zu diesen Gefühlen gehören auch Wahrnehmung, Beobachtung und Beurteilung von „(soft) facts": zuhören können, das Gespür für das richtige Timing haben, dem Bauchgefühl vertrauen können. All das ist in der empirischen und rationalisierten Berufsbühne eher ein Tabu und wird womöglich als esoterisch abgetan. Emotionen, denen ich als Privatperson vertraue und nach denen ich wichtige Situationen beurteile, sollen also im professionellen Umfeld plötzlich keinen Wert mehr haben? Ebenso zur Urteilsfähigkeit gehört eine angemessene Durchsetzungskraft. Die Auswirkung einer Beurteilung sollte nicht nur theoretisch bleiben, besonders in der Ausbildung zum Psychoanalytiker und zum Juristen. Dabei spielt auch der Umgang mit eigener und fremder Aggression eine bedeutende Rolle. Wie sollen wir mir ihr im beruflichen Kontext umgehen?

Nach Rudolf sind die folgenden Fähigkeiten die Basis für eine psychotherapeutische Technik; einige davon sind auch im Businessalltag unverzichtbar: Die Fähigkeit

---

339 Lacan, 2015, S. 131.
340 Kets de Vries, 2009, S. 92.

des Zuhörens (emotionale Präsenz und Kontrolle des eigenen Redebedürfnisses); die Fähigkeit des psychodynamischen Verstehens (was macht die innere Dynamik dieses Menschen aus); die Fähigkeit zu fokussieren, Möglichkeitsräume zu schaffen, zu strukturieren und zu begrenzen. Dieser psychodynamische Zugang kann ein Baustein zu größerem und effektiverem wirtschaftlichem Erfolg werden.[341]

Otto Kernberg beschreibt die verheerenden Folgen für die Funktionsfähigkeit einer Organisation, ausgehend von der Inkompetenz von Führungskräften. Er beschreibt die Bedeutung von narzisstischen und paranoiden Persönlichkeitsmerkmalen von Führungskräften, jedoch immer mit den entsprechenden pathologischen Grenzen[342]. Kernberg führt fünf wünschenswerte Persönlichkeitseigenschaften rationaler Führungskräfte an:

- Intelligenz
- Persönliche Aufrichtigkeit und Unbestechlichkeit
- Die Fähigkeit zur Entwicklung und Aufrechterhaltung intensiver Beziehungen
- Ein gesunder Narzissmus
- Eine gesunde und begründete antizipatorische paranoide Haltung, die den Gegensatz zur Naivität darstellt[343]

Diesem Modell folgend, wird in einem nächsten Schritt überlegt, welche Eigenschaften für Psychoanalytiker und Juristen gleichermaßen zutreffen. Umgelegt auf die Erfahrungen mit der Welt des Rechts sind die pathologischen Säulen des Narzissmus bereits so ausgeprägt, dass dies in einer Betrachtung von gemeinsamen Merkmalen zwischen Psychoanalyse und Recht eher relativiert werden sollte. Folgende Eigenschaften stehen daher im Zentrum:

- Ausreichende Erfahrung im Berufsleben
- Fachkenntnis und Behandlungstechnik
- Fähigkeit zur Selbstreflexion (ausgestattet mit nicht mehr als einem Schuss Narzissmus und Paranoia) und
- die Fähigkeit in Beziehung zu treten und Beziehungen aufrechterhalten zu können

Trifft es zu, dass diesen Aspekten auch für Juristen (und klarerweise auch für andere beratende, soziale und wirtschaftliche Berufe) eine zentrale Bedeutung zukommt? Die ersten beiden Punkte, also Erfahrung und Fachkenntnis, treffen unbestritten auch auf Juristen zu: Ein guter Jurist braucht Erfahrung und muss klarerweise die Spielregeln seines Berufs genauso kennen wie ein Psychoanalytiker die seinen. Aber Selbstreflexion?

---

341 Rudolf, 2014.
342 Kernberg, 2000, S. 133 f.
343 Ebd., S. 153.

In dem Maße, in dem man die Fähigkeit erlangt, sich selbst als Subjekt zu sehen, wird man gleichzeitig (via Projektion und Identifikation) fähig, seine „Objekte" auch als Subjekte zu erleben. Das heißt, man erfährt, dass man eigene Gedanken und Gefühle hat, und sieht nun, dass andere Menschen ebenso als Lebewesen in der Lage sind, zu denken und zu fühlen ... Die Kontinuität der Erfahrung des Selbst und des anderen durch Gefühlszustände der Liebe und des Hasses stellt den Kontext her für die Entwicklung der Fähigkeit zur Ambivalenz.[344]

Gerade für Juristen ist es nicht nur gut, sondern ein Unterscheidungsmerkmal zu vielen anderen Berufskollegen, wenn man in der Lage ist, sich selbst und den jeweils aktuellen Fall, das Projekt, die Herangehensweise, die unterschiedlichen Sichtweisen der Sachverhalte kritisch zu hinterfragen. Die Beziehungsfähigkeit als Teil und Bedingung einer Konfliktlösung ist auch wesentlicher Inhalt des folgenden Zitats von Mitchell:

Während der letzten Jahrzehnte sind wir Zeuge dessen geworden, was man als „relational turn" bezeichnen könnte. Danach wird das Seelenleben zunehmend – und zwar in einem fundamentalen und unmittelbaren Sinne – in Konfigurationen von Selbst und anderem, in Begriffen von intrapsychisch und interpersonell, von Gegenwart und Vergangenheit, von Wirklichkeit und Phantasie verstanden. Es gibt verschiedene Wege, um diesen auf breiter Front stattfindenden Paradigmenwechsel zu charakterisieren, und verschiedene Felder psychoanalytischen Denkens, auf denen er sich zeigt.[345]

Die Erfahrung aus den unterschiedlichen Lebenswelten von Recht und Psychoanalyse zeigt, dass die Beziehungsfähigkeit nicht nur im Privatleben, sondern auch im Berufsleben eines Psychoanalytikers bzw. eines Juristen eine zentrale Rolle spielt. Das mag vage klingen, jedoch führt gerade mangelnde Beziehungsfähigkeit zu Konflikten, Beziehungsfähigkeit kann Konflikte auflösen und beseitigen. Im Beruf des Juristen hat das Bedeutung für Fragen wie: Verständnis, worum geht es dem Gegenüber? Dazu gehört auch die psychische Ausgeglichenheit. Unterschiedliches Verhalten in den jeweiligen unterschiedlichen Rollen und Lebenswelten sind eine Belastung für die Psyche. Man kann sich selbst und dem Unbewussten nichts vorspielen.

6.2.4 Kann das Unbewusste für Juristen hilfreich sein?

Es liegt also nicht gerade auf der Hand, dass Psychoanalytiker und Juristen in der Praxis viel gemeinsam hätten. Sie werden von den jeweils anderen oft belächelt, und doch vereinzelt jeweils als Ratgeber geschätzt. Als Psychoanalytiker bekommt man jedenfalls zusätzlich zur Ausbildung und Erfahrung als Jurist oftmals einen anderen Zugang zu Vorkommnissen in den Rechtswissenschaften. Weshalb ist das so? Scheinbare Nebensächlichkeiten treten da plötzlich ganz anders zutage und können in einer Gesamtschau von Umständen zu Konstellationen führen, die ansonsten unbeachtet

---

344 Ogden, 2006, S. 12 f.
345 Mitchell, 2003, S. 28.

blieben, wobei das „Unsichtbare" womöglich Hinweise auf unbewusste Motivationen verbirgt. Freilich ist nicht immer alles unbewusst, was nicht einer Tatsache entspricht oder der Realität zugeordnet werden kann:

> Ein globaler Begriff wie das „Unbewusste" schafft einen gleichsam mythischen Ort, in dem alles Verdrängte, Vergessene, Frühere, Ungelebte, die dunkle Seite der Seele, aber auch ihre ungenutzte kreative Seite vermutet werden kann. Die Verwendung eines solchen Begriffs ist solange zulässig, wie man sich seiner Metaphorik bewusst bleibt. Das Risiko liegt darin, dass solche Formulierungen verdinglicht werden, so als hätten sie eine faktische Realität. Hinter diesen Substantivierungen verbergen sich komplexe Prozessabläufe und Funktionszustände als Ergebnis lebenslanger Entwicklungsvorgänge und Homöostase-Bemühungen.[346]

Trotzdem hören psychoanalytisch geschulte Ohren in Verhandlungen – psychoanalytisch formuliert würde man von gleichschwebender Aufmerksamkeit sprechen – manchmal etwas, was ansonsten völlig unbeachtet bliebe. Man wird generell in Situationen hellhörig, die normalerweise übergangen werden. In anderen Worten, Psychoanalytiker haben manchmal einen Zugang zu sonst unbeachteten Vorgängen im Berufsleben und zu rechtlichen Vorgängen. Folgendes Beispiel ist aus dem Bankgeschäft und betrifft die symbolische Bedeutung von Banknoten im Verlauf der Zeit. Betrachtet man etwa Geldscheine, so fallen dem kundigen Laien vielleicht noch Wasserzeichen, Hologramme und andere Sicherheitskennzeichen auf. Als Psychoanalytiker werden dagegen eher die Zwillingsaspekte – Schuld und Lust – der Banknoten deutlich: Auf einer Seite, der Kopfseite, werden oftmals Symbole für Lust, Besitz und Güter dargestellt, auf der anderen Seite, der Zahlseite, Symbole von Schuld, Tod und Zerstörung. Wann immer Geld weitergegeben wird, bringt man demnach sowohl Lust als auch Schuld in Umlauf, sowohl Nahrung als auch Gift, Leben ebenso wie Tod.[347]

In der juristischen Praxis wird schnell klar, dass Auseinandersetzungen oft persönlichen Motiven geschuldet sind, dass hinter Streitereien oft mehr als nur eine Rechtsfrage steckt und oft auch ein persönlicher Konflikt unter der Oberfläche von Streitfällen schlummert. Es geht schlicht um ein Miteinbeziehen des Menschen in all seiner Vielfalt; die übliche Beschränkung auf Vernunftgründe führt womöglich nicht sehr weit. Hierzu ist die psychoanalytische Ausbildung und nicht zuletzt die eigene Analyse ein wertvolles Instrument und Schlüssel. Dieses Instrument hat einen weiteren Aspekt, der zwar eher unwissenschaftlich erscheint, jedoch auf die Arbeitsfähigkeit der Menschen einen Einfluss haben kann. Wenn wir zusätzlich zu fachlicher und technischer Qualität und unserer beruflichen Erfahrung auch dem vertrauen, was unter psychoanalytischer Technik verstanden wird, dann können wir uns menschlich und beruflich weiterentwickeln und so auch unseren beruflichen Alltag lustvoller gestalten.

---

346 Rudolf, 2014, S. 8 f.
347 deMause, 2000, S. 435.

Aber nicht nur in der juristischen Praxis, auch in der Literatur finden sich Beispiele für innere Konflikte, die nach außen sichtbar werden, so etwa Kafkas Türhüter-Parabel aus dem Prozess.[348] Die schizoide Persönlichkeitsstruktur beider, des „Mannes vom Lande" und des Türhüters, die beide nur ihre eigenen Pläne verfolgen, ohne miteinander in Beziehung treten zu können, drückt auf vielschichtige Weise die Macht des Gesetzes aus, die den Menschen davor zurückschrecken lässt, in einen echten Kontakt einzutreten. Auch das ist ein wesentliches und zu untersuchendes Verhaltensmuster der Juristen – sich nämlich hinter den Buchstaben des Gesetzes verstecken zu können oder zu müssen.

Vor seinem Tode sammeln sich in seinem Kopfe alle Erfahrungen der ganzen Zeit zu einer Frage, die er bisher an den Türhüter noch nicht gestellt hat. Er winkt ihm zu, da er seinen erstarrenden Körper nicht mehr aufrichten kann. Der Türhüter muss sich tief zu ihm hinunterneigen, denn die Größenunterschiede haben sich sehr zuungunsten des Mannes verändert. „Was willst du denn jetzt noch wissen?", fragt der Türhüter, „du bist unersättlich." „Alle streben doch nach dem Gesetz", sagt der Mann, „wie kommt es, dass in den vielen Jahren niemand außer mir Einlass verlangt hat?" Der Türhüter erkennt, dass der Mann schon am Ende ist, und um sein vergehendes Gehör noch zu erreichen, brüllt er ihn an: „Hier konnte niemand sonst Einlass erhalten, denn dieser Eingang war nur für dich bestimmt. Ich gehe jetzt und schließe ihn.[349]

6.2.5 Fallbeispiel – Trennung und passiv-aggressives Verhalten

Folgendes Fallbeispiel zeigt, wie Trennungssituationen und Wut und Ärger auf uns einwirken: A war Abteilungsleiterin der Rechtsabteilung und hat beschlossen, das Unternehmen zu verlassen. A war eine korrekte, eher ruhige Kollegin, deren professioneller Rat in der Organisation gefragt war. Emotionen bekam man bei ihr selten zu sehen, sie wirkte souverän, eher kalt und passiv. Bis zur Bestellung einer geeigneten Nachfolge wurde die Position interimistisch und zusätzlich zu seiner eigentlichen Funktion von B besetzt. B hatte sein Büro an einem anderen Standort und beschloss, für die Erledigung der Aufgaben der interimistischen Position zweimal pro Woche an den Standort der Rechtsabteilung zu fahren. Er traf dort ein, begrüßte seine neuen Kollegen und wurde in sein neues Büro gebeten. Dieses war getrennt von den Zimmern der anderen Mitarbeiter, im Vorraum saß die Assistentin und schirmte das Leitungsbüro entsprechend von den anderen Mitarbeitern ab. „Ideal, genug Ruhe, um konzentriert zu arbeiten", war Bs erster Gedanke.

Die Mitarbeiter waren es gewohnt, nicht in den Leitungsbereich des Büros „einzudringen". Generell war das Klima in der Abteilung eisig, das entsprach auch der bisherigen strengen und hierarchischen Führungskultur der ehemaligen Leitungskraft. B setzte sich also an seinen neuen Schreibtisch und wollte mit der Arbeit beginnen. Etwa eine halbe Stunde später wurde ihm bewusst, dass er die ganze Zeit über

---

348 Kafka, 2016, S. 263 ff.
349 Ebd., S. 265.

lethargisch dagesessen und eigentlich gar nichts erledigt hatte. Er konnte sich auch nicht erinnern, was er in dieser halben Stunde gemacht hatte; es war ihm, als ob er eingeschlafen wäre: schlimmer noch, er hatte das Gefühl, gelähmt zu sein.

Das irritierte B naturgemäß. Er stand auf, verließ sein Zimmer und ging zu den Mitarbeitern. Dort begann er zu sprechen und schließlich seine Arbeit aufzunehmen. Als er in sein Büro zurückkehrte, verfolgte ihn erneut dieses beklemmende Gefühl von zuvor. Er beschloss, in das interimistische Büro nur dann zurückzukehren, wenn er dort Termine wahrnehmen musste; regelmäßig verbrachte er dort jedenfalls keine Zeit mehr. B musste daran denken, wie die Atmosphäre in As Büro gewesen sein mochte, als sie Abteilungsleiterin war. A war eine strenge, gewissenhafte Person, die jeden ihrer Arbeitsschritte im Vorhinein plante und für alles entsprechende interne Prozesse vorgegeben hatte. Ihre Mitarbeiter kamen nur zu ihr ins Büro, um sich ihre Aufträge abzuholen; offene Kommunikation gab es so gut wie nicht, und auffällig war, dass viele Mitarbeiter ständig erklären wollten, weshalb etwas nicht funktionierte und wo die Probleme dafür zu suchen waren. Bs Arbeits- und Führungsstil war dagegen ein völlig anderer. Er vertraute seinen Mitarbeitern und motivierte sie, ihre Aufgaben möglichst eigenverantwortlich zu erledigen. Das war auch der Grund dafür, weshalb die frühere Abteilungsleiterin das Unternehmen verlassen hatte. Der Unterschied in der Führungskultur der beiden war zu groß: Ein Konflikt war vorprogrammiert. Der Abschied war auf As Seite mit viel Wut, Neid und Aggression auf B verbunden, doch dies hatte sie nie gezeigt bzw. auch nicht nach außen getragen. Eigentlich wollte sie Bs Job haben, und seine Berufung hatte sie völlig überrascht.

In As Büro war zu spüren, wie viel passive Aggression bei den Mitarbeitern mitschwang. Diese Stimmung war bis ins Büro der früheren Leiterin spürbar. Die passiv-aggressive Haltung der Personen rund um ihn war so stark, dass sich B, als er dort einzuziehen versuchte, schlicht „gelähmt" fühlte, als er versuchte, dort zu arbeiten. In der Folge kam es in dieser Abteilung auch zu diversen Konflikten, viele wurden erst entschärft, als klar war, welche Person die Abteilung tatsächlich führen wird, nachdem man in neue Büroräumlichkeiten übersiedelt war.

Der Umgang mit Trennungen, darunter fallen auch Berufswechsel, wird im Berufsleben nur selten thematisiert. Für viele Menschen ist ein Abschied ein ernstes und einschneidendes Ereignis – sei es die frühe Trennung von der Mutter, die Ablösung vom Elternhaus, die Trennung von einem Freund oder vom Partner. Unumkehrbar ist sie im Todesfall von Angehörigen und Freunden. Dies gilt aber auch im alltäglichen Umgang – beim Abschied von nahestehenden Menschen, von einer geliebten Umgebung, etwa bei einem Umzug. Und so ist das auch bei einem beruflichen Wechsel:

> The term „passive-aggressive" is used to describe a behavior pattern, where negative feelings are expressed indirectly rather than directly …. are much more subtle in expressing their anger. They are master of covert abuse. There is a disconnect between what they say and what they do. Nothing they do is done directly. They use a form of non-verbal aggression that manifests itself in negative behavior. This kind of sugar-

coated hostility becomes a destructive way of interacting – a way of getting back at you without your recognizing their underlying anger.[350]

Auch im Berufsleben sollte auf den Abschied und die Trennung ein entsprechendes Augenmerk gelenkt werden. Das würde helfen zu lernen, damit bewusster umzugehen. Das ist kein Selbstzweck, sondern soll verhindern, dass Trennungen Wunden hinterlassen, da sie nicht entsprechend bearbeitet werden und auf diese Nichtbearbeitung oft aggressiv reagiert wird. Die Aggression wird nicht direkt sichtbar, sondern in Form von Handlungen und Haltungen gezeigt, die eher einem „Implodieren" gleichen.

6.2.6 Zuhören und Aufmerksamkeit in juristischen Berufen

Konfliktmanagement gehört im Geschäftsleben bei fast allen Berufen zum Alltag; das Verhalten in Verhandlungen mit Juristen entscheidet oft über Erfolg oder Misserfolg einer Einigung über widerstrebende Inhalte mit dem Ziel, gemeinsam ein Rechtsgeschäft einzugehen bzw. abzuschließen. Es gibt kaum ein fachspezifisches Ausbildungsangebot zu Verhaltensweisen in Verhandlungen;[351] der Umgang ist daher vielfältig, subjektiv, und oft begegnet man unerwarteten Situationen mit zufälligen Lösungsversuchen. Das Wechselspiel unterschiedlichster Wirkfaktoren überfordert uns nur allzu leicht und führt zur Konzentration auf nur wenige Eindrücke, die uns den Rest übersehen lassen. Grundsätzlich treffen bei Verhandlungen gegensätzliche Positionen aufeinander, und gemeinsam wird versucht, eine Lösung, oft einen Kompromiss, zu erzielen. Dabei wird nicht selten in der spezifischen Situation ein Zuviel an Eindrücken, an persönlichen Gefühlen, an nervlicher Anspannung, an Erwartungshaltungen erlebt, die den Blick aufs Wesentliche verstellen.

Relevant sind hier viele Parameter des Settings, der Zusammensetzung der in den Fall involvierten Gruppen. Dabei geht es um die folgenden Fragen:

- Wie wird die Verhandlungssituation eingerichtet?
- Wie viele Personen sind anwesend?
- Welches Alter und Geschlecht haben die Beteiligten, aus welchem Kontext kommen die jeweiligen Personen?
- Gibt es bei den Teilnehmern persönliche Interessen oder eher globale?
- Wie ist der Umgang mit Überraschungen, werden Entscheidungen vorbereitet, und sind diese unumstößlich oder kann die Partei intuitiv und spontan auf unerwartete Situationen eingehen?
- Wie sehen die Rahmenbedingungen aus, wie ist die Raumsituation, wie ist die Sitzordnung der Teilnehmer?
- Gibt es Bewirtung, ist der Raum gekühlt?
- Zu welcher Uhrzeit wird die Verhandlung angesetzt?

---

350 Kets de Vries, 2016a, S. 53.
351 Siehe dazu auch unter 6.5.

6. Der Rechtsstreit auf der Couch

- Befindet man sich in einem physischen Treffen, oder ist es eine Video- bzw. Telefonkonferenz?
- Wie war die Vorbereitung, gibt es Unterlagen, wurde die Tagesordnung ausgesandt?
- Wurde die Tagesordnung abgestimmt oder vorgegeben?
- Welche Teilnehmer wurden ausgewählt, wie ist ihre Position in der Organisation, sind die Entscheidungsträger dabei oder Unterhändler?
- Sind Berater eingeladen bzw. trotzdem zugegen?
- Wie geht es uns bei der Fülle dieser Fragen, wie oft haben wir solche Situationen erlebt?

Wir fragen uns, ob das Setting der Verhandlungen in einer besonderen Weise geplant wurde und was eine andere Anordnung am Ergebnis verändert hätte; immerhin liegt es oft an den Teilnehmern selbst, solche Situationen auch im Detail zu beeinflussen. Unserer Aufmerksamkeit werden wohl oder übel die wesentlichen Einfluss- und Störfaktoren nicht entgehen. Aktive Forderungen nach Veränderung haben meist ihre Berechtigung und führen zu einem Gefühl der Erleichterung. Auch bei der Gegenseite werden ähnliche Erfahrungen und Wahrnehmungen gemacht. Aktive und aufmerksame Teilnehmer erkennt man oft schon zu Beginn einer Verhandlung. Was geschieht, wenn zwei Verhandlungsparteien aufeinandertreffen? Geht die gewählte Strategie auf, sind die Argumente stark genug, wie kann man sich annähern, welche Persönlichkeiten treffen aufeinander?

Wer es schafft, auftauchende unbewusste Signale und Merkmale zu identifizieren, der gewinnt auch im alltäglichen beruflichen Umgang ein reichhaltigeres Repertoire, um darauf aufbauend Entscheidungen zu treffen. Wer zusätzlich zu fachlicher und technischer Qualität auch seinem menschlichen Sensorium aus Intuition, gepaart mit Lebenserfahrung, vertraut, kann sich menschlich und beruflich weiterentwickeln und so auch den beruflichen Alltag lustvoller gestalten. Diese Herangehensweise hat viel mit der offenen Empfänglichkeit der gleichschwebenden Aufmerksamkeit des Analytikers gemeinsam.[352] Zu untersuchen ist die Auswirkung auf die Wirtschaftlichkeit, auf die Frage nach dem Warum des Ganzen? Das Ziel der Psychoanalyse beim Patienten ist „Heilung oder mehr Freiheit – ein selbstbestimmteres Leben"; was wäre das entsprechende Ziel in der Verhandlungssituation? Gibt es einen wirtschaftlichen Vorteil, eine operationalisierbare Bewertung für den Einsatz von psychoanalytischen Tools? In vielen Fällen könnten das Eingehen auf die besonderen Umstände und die Beobachtungen des Psychoanalytikers dazu beitragen, eine schnellere, kostengünstige Einigung zu erlangen (den Konflikt aufzulösen). Damit können Folgekosten reduziert und der Ressourceneinsatz verbessert werden.

Damit wird die analytische Aufmerksamkeit zwar noch nicht transparent, aber doch operationalisierbar, und es entsteht auch für den wirtschaftlich bzw. juristisch

---

352 Details zu diesem psychoanalytischen Fachbegriff wurden ausführlich im Kapitel 3.2 behandelt.

denkenden Leser eine effiziente Möglichkeit der Konfliktbeobachtung. Die Psychoanalyse stellt diesbezüglich eine konkrete Technik zur Verfügung, zumal die Technik der gleichschwebenden Aufmerksamkeit. In Berufen, die viel mit Kommunikation und Sprache umgehen, da es um Zuhören, um Reden, um Rhetorik geht, sind Werkzeuge gefragt, die uns besser verstehen lassen, was uns der Gesprächspartner mit dem, was er sagt oder eben nicht sagt, mitteilen möchte.

6.2.7 Fallbeispiel – Abwarten in einer Endverhandlung

Drei Verhandlungspartner, A, B und C, die in der Sache, die verhandelt wurde, auf der gleichen Seite standen, waren aufgefordert, untereinander ihren Anteil an einer hohen Strafzahlung, die aus einem gemeinsamen Vorgehen stammte, aufzuteilen. Die Verhandlung wurde über eine Telefonkonferenz organisiert und abgehalten. Es gab bereits mehrere Telefonrunden. Alle drei Parteien waren nun vorbereitet auf eine finale inhaltliche Diskussion mit heftigen Argumenten und waren vertreten durch Mitarbeiter der jeweiligen Rechtsabteilungen. Es gab rasch einen Konsens über die prinzipielle Haltung, dass einer der drei, nämlich C, den größten Anteil an der Strafe habe. Obwohl das schon längere Zeit klar war, wurde die konkrete Aufteilung trotzdem bis zu dieser Konferenz aufgeschoben. Es kam also zu einem finalen Showdown, die interne Einigung war schwierig, wurde immer in Frage gestellt und auch wiederholt aufgeschoben.

Diese Vorgangsweise, sich schwierige Themen für eine „letzte Runde" aufzuheben, ist im Wirtschaftsleben nicht unüblich. So wird der Druck erhöht, und der Fokus auf die verbleibenden Themen ist klar vorgegeben. Jeder der drei wurde vertreten durch den fachlich versierten und erfahrenen Experten, der den gesamten Prozess mitverfolgt und federführend für die jeweilige Partei bestritten hatte. Die drei Parteien waren in der Sache einig und einander insgesamt kooperativ zugetan. Aber es ging bei allen um viel Geld. In der entscheidenden Verhandlungsrunde waren alle drei Personen zuwartend und aufmerksam. A hatte eine offensive Position, er musste sich auf einen Anteil an Strafe einstellen, der mehr als dem Anteil seiner Verfehlungen entsprach. Das ging relativ eindeutig aus dem Sachverhalt hervor. Daher war A mit guten Argumenten ausgestattet und streitwillig. Noch bevor A aktiv wurde, bemerkte er, dass zwischen B und C etwas in der Luft lag. Es entwickelte sich tatsächlich eine inhaltliche und kontroversielle Debatte zwischen B und C. A wollte seine Argumente vorbringen, doch wurde ihm beim Zuhören immer klarer, dass er eine passive ruhige Haltung einnehmen sollte. Dies führte dazu, dass B und C so auf sich und ihren internen Streit fixiert waren, dass sie letztlich den Großteil des Kuchens untereinander aufteilten, mit dem Ergebnis, dass für A nur noch wenig von der Zahlung überblieb und er davon profitieren konnte. A wurde zum Nutznießer der Auseinandersetzung zwischen B und C. Dies geschah vordergründig ohne eigenes Zutun. Jedoch haben sich die Variablen durch aufmerksames Schweigen und Abwarten zugunsten von A verschoben.

A hatte einen abgestimmten und durchdachten Plan, er musste inhaltliche Argumente vorbringen, um seinen Anteil gering zu halten. Seine abwartende Haltung entwickelte er spontan und mit der Erkenntnis, dass das Gespräch und die Stimmungslage zwischen B und C so auf diese beiden fokussiert waren, dass A plötzlich nur noch eine Randfigur darstellte und auch die Portion, die A zu tragen habe, so an den Rand verlagert wurde. Die spürbare Rivalität zwischen B und C ähnelte dem Verhalten zwischen Geschwistern, die beide um Aufmerksamkeit und Anerkennung buhlen, und führte dazu, nur auf sich und ihren eigenen Schutz und Vorteil zu schauen, sodass A mit seiner Zurückhaltung als kleiner Bruder plötzlich als schutzwürdig eingestuft wurde und so einen Vorteil lukrieren konnte.

Es ist gerade bei komplexen Fragestellungen und Verhandlungssituationen eine der Kernaufgaben eines Verhandlungspartners, sich so auf die wesentlichen Bestandteile zu fokussieren, dass am Ende eine Lösung im Interesse aller Beteiligten erzielt werden kann. Das, was die Person mitbringen sollte, ist vergleichbar mit der gleichschwebenden Aufmerksamkeit des Psychoanalytikers; mit einer Mischung aus Intuition und Erfahrung, jedoch geht es um eine ganz eigene Haltung. Die Haltung, konzentriert zu sein auf die eigenen Ziele und auf die Argumente der Gegenseite und gleichzeitig der Gegenseite genug Raum zu lassen, um ihre Sicht vorzubringen und ausreichendes Vertrauen in die Gegenseite zu offenbaren. A hat so mit seiner intuitiven Zurückhaltung ein Optimum für sein Unternehmen ausverhandelt. Dies ist im Sinne von Winnicotts Container-Metapher zu verstehen, also dem Gesprächspartner eine Fläche zu geben, die es ermöglicht, sich zu öffnen und einen eigenen Raum zu gestalten.

Dieser Raum ist die Bühne für eine Lösung, die beiden Seiten ihre Vorstellungen – mit schmerzvollen Einschnitten – ermöglicht. Dadurch wird die Möglichkeit eröffnet, dass diese Haltung auch bei Berufen, die eine strafende Vater-Figur, etwa in Form des Gesetzes, oder die eine anale Struktur wie die des Geldes besitzen[353], zu einem Verstehen führt. Diese Haltung kann so aus einer ausweglosen Situation herausführen, da sie viel an Bedrohung wegnimmt und letztendlich Klarheit schafft.

6.3 Die Rolle der Zusammenarbeit in Gruppen

Wenn man die Mitarbeiter als Menschen authentisch spüren kann, dann ist es auch möglich, viel unmittelbarer zusammenzuarbeiten. Auch das Headquarter von Google funktioniert nach diesem Prinzip. Wenn man dort hineinkommt, dann erinnert das Flair eher an einen Kindergarten für erwachsene Menschen als an ein Bürogebäude. Die Menschen können sich dort letztendlich ganz bewusst fallen lassen, regredieren, wieder Kind sein. Sie überwinden so ihre Widerstände, die sie im Laufe ihres Lebens „erworben" haben, und entwickeln so – und das dürfte die Idee von Google sein – ein viel höheres kreatives Potenzial, aus dem sie schöpfen können. Wenn man als Unternehmer oder Manager auf solche Verhältnisse Rücksicht nimmt, dann kann man das

---

353 McDougall, 1988, S. 72.

Berufsleben tatsächlich lustvoller gestalten. Freud bezieht sich in „Das Unbehagen in der Kultur"[354] auf Friedrich Schiller und sein Gedicht „Die Weltweisen":

> Einstweilen, bis den Bau der Welt
> Philosophie zusammenhält,
> Erhält sie das Getriebe
> Durch Hunger und durch Liebe!

Gerade das Dilemma im Zusammenspiel von Psychoanalyse und Beruf zeigt das Schiller-Zitat sehr präzise auf. In der Theorie wissen wir ziemlich genau, was und wie wir Prozesse und Menschen anleiten können, die Praxis ist etwas gänzlich anderes. Jeder Mensch ist besonders, und es ist schwer zu prognostizieren, wie sich der Einzelne in Gruppen verhält, wie Gruppen in eine Konfliktsituation integriert werden können. Übrig bleiben daher „Hunger und Liebe": Der Hunger könnte als Vertreter jener Triebe gelten, die das Einzelwesen erhalten, die Liebe strebt nach Objekten, worin der Gegensatz der Ich-Triebe und der Libido, als Energie der Liebe, deutlich wird.

Es kommt im Berufsleben nicht selten vor, dass die verantwortlichen Führungskräfte und Leiter von Unternehmen ihr Personal so zusammenstellen und strukturieren, dass es sich „wie von selbst" aus sich heraus stabilisiert. Oft bleibt ein Mitarbeiter eingestellt, obwohl er eigentlich seine Arbeit nicht besonders gut leistet, aber dann doch das Team gut zusammenhält oder negativ betrachtet als Sündenbock fungiert. Es passiert eher intuitiv, dass man solche unterschiedlichen Rollen in einem Team zusammenstellt; je mehr man das bewusst macht und je mehr man darauf eingeht, wie denn so ein Team zusammengehört, welche Angstformen da vorherrschen und welche Persönlichkeitstypen vorhanden sind, desto besser arbeitet letztendlich auch ein Team zusammen und desto näher ist man an den Menschen.

Die Zusammenarbeit im Sinne einer psychoanalytischen Gruppe spielt im unternehmerischen Bereich eine wesentliche Rolle. Es würde die Ausrichtung dieser Arbeit sprengen, auf die Konzepte der Gruppentherapie näher einzugehen. Jedenfalls sei verwiesen auf die grundlegenden Arbeiten der Gruppenanalyse von Yalom, Shaked, Foulkes, Neri und Haub, Lamott.[355]

6.3.1 Fallbeispiel – „Privileged Conversation"

> You should be aware that „seductive operational bullies "– SOB – like behavior in organizations is not limited to the incidental bad behavior of one individual. Organizations characterized by an organizational culture that encourages inappropriate behaviors and attitudes are not rare. In these organizations, unethical ways of doing things are condoned and even perpetuated by senior management.[356]

---

354 Freud, Band 9, 1977, S. 245.
355 Yalom, 2005, Shaked, 2011, Foulkes, 2018, Neri, 2006, Haub, Lamott, 2019.
356 Kets de Vries, 2016a, S. 45.

6. Der Rechtsstreit auf der Couch

Histrionische, beinahe psychotisch anmutende Situationen können im juristischen Alltag auch vorkommen. Dazu ein Auszug aus einer auffällig aufgeschaukelt anmutenden Besprechungssituation:

Im Zuge eines Konflikts sind die Vertreter der einen Streitpartei immer wieder zu Besprechungen zusammengetroffen. Eines Abends gab es eine Krisensitzung, die Stimmung war völlig überhitzt, und die Teilnehmer waren schon müde von den übrigen Themen, die besprochen wurden. Es blieben noch einige inhaltliche Details zu dem Fall, die streng vertraulich behandelt wurden. Der Vorsitzende war ein erfahrener, cleverer, gut gekleideter und angesehener Investmentbanker, der meinte: „I want to have a privileged conversation" und schickte alle Nicht-Juristen aus dem Raum (übrig blieb eine Dame vom Servicepersonal, die gerade Essen servierte, denn sie sprach kein Englisch). Die einzigen Mitarbeiter, die nicht zu den Eigentümern zählten, waren zwei Juristen. Danach nahm die Anspannung nochmals zu und wurde völlig überdreht: Ein Teilnehmer begann zu schimpfen, „f…, f…, f…", und konnte einfach nicht mehr damit aufhören. Ein anderer rief ihm dann zu: „Hey, calm down, it's alright." Die Stimmung eskalierte total, und auch die anwesenden Juristen waren völlig irritiert. Irgendwann hatte dann der Spuk ein Ende. Völlig verwirrt gingen die Juristen danach zu einer Nachbesprechung. Diese hysterische und überdrehte Stimmung war so stark spürbar und wirkte auf die Teilnehmer irritierend, fast furchteinflößend. Wie aus den smarten Investmentbankern plötzlich so ganz andere Verhaltenszüge in Erscheinung treten konnten, blieb ganz stark in Erinnerung. Man hatte den Eindruck, dass die Personen im Raum nach und nach wütender und aufgebrachter wurden. Es spürte sich förmlich der gesamte Raum aufgeladen an, und es schien, als hätten Paranoia und Hysterie um sich gegriffen. Es war unheimlich wahrzunehmen, wie rasch extreme Affekte und Stimmungen in einer vermeintlich professionellen Situation ausschlagen können. Dazu passt das folgende Zitat:

> Keiner kann verhindern, dass er weiß, was er tut, und zugleich sieht, dass er auch etwas anderes tun könnte. Weil es nicht in allen Situationen gleich ist, zusätzlich zur Situation auch noch die Last des Willens, in ihr zu sein, zu tragen, kann es vernünftig sein, möglichst selten ganz scharf in Richtung Willewissen zu schauen. Vielfältig und weise grundiert diese Vernunft die Freundlichkeit des Alltags, der das Leben praktisch, wie es ist, erträglich macht, weil er es gegeben nimmt. Wer das kritisiert, hat ein Interesse, dem Alltag die Fratze der Lüge abzureißen, um zu zeigen, wie sich die Verhältnisse in Wirklichkeit verhalten, nämlich ziemlich elend.[357]

6.3.2 Die Persönlichkeiten der Teammitglieder in der juristischen Arbeit

Organisationen sind eine Gruppe von Menschen, die ein gemeinsames Ziel verfolgen und sich dafür entsprechend einsetzen, gruppieren und organisieren. Das Spannungsfeld zwischen Gemeinschaft und Individuum ist das wesentlichste Element eines erfüllten Lebens. Die Gemeinschaft wie das Individuum benötigen für die Wei-

---

357 Goetz, 1991, S. 261.

terentwicklung Sicherheit und Vertrauen in die Personen, die beistehen und Kraft geben, um das Leben zu bestehen. So findet beispielsweise auch ein kleiner Junge vor dem Schokoladengeschäft nicht die Erfüllung im Geschäft und dem Erwerb der Schokolade, sondern in seiner Fantasievorstellung und der Führung und Begleitung durch seine Mutter. Der Junge allein wäre überfordert und braucht die Mutter, den Vater und später den Partner. Die Einbettung in ein gesundes Umfeld und die Verwendung der ihm gegebenen Fähigkeiten sind als ideale Voraussetzungen im privaten und im beruflichen Umfeld nicht zu übertreffen:

> Die Botschaft dieses Unsinns lautet: Wer in welcher Managerposition auch immer erfolgreich sein will, braucht ein gesundes Urteilsvermögen – keine Ideologien, keine Lehren, keine zur hohen Kunst stilisierte Habgier, keine modische Technik, nicht den ganzen Führungshype, sondern den guten alten Menschenverstand.[358]

Gerade in Konflikten zwischen Organisationen bzw. Unternehmen ist in der Regel die Komplexität der Motivlagen hoch. Es geht wirtschaftlich und finanziell um viel, die Rechtsfragen sind meist nicht offensichtlich, der Ressourceneinsatz (Prozesskosten, externe Berater etc.) wird mehr und mehr zum entscheidenden Faktor. Die Entscheidung, wie sich die Parteien vorbereiten, also im Militärjargon „aufrüsten", ist maßgeblich und beeinflusst das weitere Verfahren. Dabei ist die erste große Entscheidung beim Eintritt in einen Rechtsstreit die der Rechtsvertretung. Welchem externen Berater ist es zuzutrauen, erfolgreich zu sein?

Wovon hängt diese Entscheidung ab? Beobachtungen haben bei der Auswahl der Berater, ja sogar bei der Strategie, ein erhebliches aleatorisches Element sichtbar gemacht, die Bedeutung der richtigen Auswahl für die Strategie des Konflikts ist den Entscheidungsträgern oftmals als wesentliche Entscheidung nicht bewusst: Sei es die persönliche Verbundenheit des Mandanten zu seinem Berater, ein Mangel an strategischer Verve oder schlicht Ahnungslosigkeit, gerade die Auswahl des Rechtsvertreters ist in vielfacher Hinsicht nicht nur inhaltlich, juristisch und wirtschaftlich, sondern auch für nicht sichtbare Elemente im rechtlichen Streit hochrelevant. So gibt es unterschiedliche Typologien von Konflikten, unterschiedliche Persönlichkeiten bei der Besetzung von Richtern. Wie unten näher ausgeführt, spielen der Managementstil und die Persönlichkeit der Streitparteien und deren Vertreter eine wichtige Rolle.

Neben dem externen Rechtsvertreter spielt der interne Unternehmensjurist eine große Rolle. Er ist die Schnittstelle zur Geschäftsleitung, er verantwortet das „Legal Management", also den Umgang mit allen Arten von rechtlichen Themen im Unternehmen, und meist besteht seine wesentliche Rolle darin, dem Management zu vermitteln, um welche Art der juristischen Auseinandersetzung es sich handelt, wie die Chancen für das Unternehmen einzuschätzen, welche Risiken damit verbunden sind – finanzielle, wirtschaftliche, aber auch persönliche. Das Eingehen von großen rechtlichen Konflikten wirkt sich zum Teil auf das Markenbild des Unternehmens aus und kann sich auch auf die Reputation der damit befassten Manager niederschlagen.

---

358 Mintzberg, 2010, S. 291.

6. Der Rechtsstreit auf der Couch

Der interne Unternehmensjurist – auch General Counsel genannt, also eine Art Generalberater – ist verantwortlich für den juristischen Ressourceneinsatz im Unternehmen, meist auch für die Entscheidung, ob interne oder externe Berater verwendet werden. Dabei ist seine Entscheidung über die Besetzung von rechtlichen Mandaten, etwa die Beiziehung von Rechtsvertretern zu rechtlichen Konflikten, ganz zentral. Es obliegt ihm, seiner Erfahrung und seiner Organisationsfähigkeit, in welcher Weise er vorgeht. Ebenso ist es in der Folge seine Arbeit, ein effizientes Team zusammenzustellen. Er ist dabei im Spannungsfeld von Ressourceneinsatz, Risiko und rechtlicher Einschätzung in höchstem Maße gefordert. Seine eigenen Berater werden ihm vermitteln, auf welche Weise jede Rechtsfrage im Zusammenhang mit dem Konflikt aus Haftungsüberlegungen sorgfältig zu prüfen sei. Dies führt zu enormer Befassung mit dem Fall, zu einer Aufblähung des Verfahrens und in Verbindung damit zu einer Steigerung der Kosten. Gerade aber diese Sorgfalt sollte auch dazu führen, dass man der Gegenseite um einen Schritt voraus ist, sich genau mit dem einen wertvollen Gedanken den entscheidenden Vorteil im Konflikt erarbeitet hat. Und die Vorbereitung ist Teil der juristischen Arbeit, sie beginnt bereits bei der Auswahl des Teams.

Was die externen rechtlichen Berater angeht, sollte gerade im Falle von komplexen Verfahren zwischen Unternehmen die Qualität absoluten Vorrang genießen. Die besten Köpfe für einen Bereich sind in der Regel bekannt; die Auswahl der Spitzenleute ist auch ein Wettlauf mit der Zeit und hat eine große strategische Auswirkung. In welchem Spannungsfeld stehen die Berater? Sie stehen einerseits für Qualität, sind meist wissenschaftlich aktiv und wollen ihren guten Ruf nicht aufs Spiel setzen. Andererseits wollen sie in diesem lukrativen Spiel ihre Position wahren. Experten haben es daher nicht leicht: Sie wirken im Spannungsfeld zwischen der wissenschaftlichen Unabhängigkeit und dem Wunsch ihrer Auftraggeber, durch Fachwissen, gepaart mit ihrem professionellen Ruf, wertvolle Punkte zu machen. Anders als Anwaltskanzleien sind diese Experten Einzelkämpfer und daher interessiert, ihren Auftrag fachlich exzellent und auch zeitlich so zu bewältigen, dass sie ihre sonstigen Verpflichtungen erfüllen können. Anwaltskanzleien agieren anders. Sie verfügen meist über einen großen Stab an jungen, „hungrigen" Juristen, die ihre Ideen einbringen und auch ins Geschäft kommen wollen.

Gerade in der Auswahl von Teams und einzelner Persönlichkeiten ist auf die richtige Zusammensetzung zu achten. Als ein plakatives Beispiel beschreibt Riemann in den „Grundformen der Angst", wie sich unterschiedliche Bewältigungsstrategien von Menschen gut ergänzen und sich schizoide und depressive Partner instinktiv sogar anziehen:

> Der Schizoide ahnt die Liebesbereitschaft und Liebesfähigkeit des Depressiven, seine Opferbereitschaft, sein einfühlendes Sich-Bemühen und Sich-selbst-Zurückstellen. Er ahnt die Chance ... der Erlösung aus seiner Isolierung ... andererseits fasziniert den Depressiven, dass dieser etwas lebt, was er nicht zu leben gewagt hat, unabhängiges Individuum zu sein, ohne Verlustangst und Schuldgefühle.[359]

---
359 Riemann, 2017, S. 235.

Ebenso trifft das ergänzende Element auf zwanghafte und hysterische Persönlichkeiten zu:

> Den als zwanghaft beschriebenen Menschen fasziniert die farbige Buntheit, Lebendigkeit, die Risikofreudigkeit und Aufgeschlossenheit für alles Neue seines hysterischen Gegentypus, weil er selbst so überwertig am Gewohnten festhält, immer auf Sicherheit bedacht ist und so sein Leben, wie er selbst spürt, unnötig einengt ... umgekehrt, weil dieser die Stabilität, Solidität, die Konsequenz und Verlässlichkeit, dieses In-der-Ordnung-Leben hat, das ihm so fehlt.[360]

6.3.3 Fallbeispiel – Veränderung im Team ermöglicht raschen Vergleich

Das Beispiel handelt von einem seit über zehn Jahren tobenden Gerichtsstreit. Streitgegenständlich ist die seinerzeitige Verrechnungspraxis zwischen einem Konsortium und einem Anbieter von Zahlungsdiensten. Es gab in diesem Verfahren schon unterschiedliche Entscheidungen, jedoch war der Instanzenzug noch nicht ausgeschöpft und ein rechtskräftiges Urteil noch nicht absehbar. Der Streit wurde inhaltlich kontroversiell und, da es um viel Geld ging, auch emotionell geführt. Zwischen den Streitparteien wurde immer deutlicher, dass das Gericht sich nur noch auf die Expertise von Gutachtern verließ und ein Urteil eher aleatorisch und von technischen gutachterlichen Inhalten getragen werden sollte. Zwar schien es so, als ob im Urteil die Seite A überwiegend obsiegen werde, doch ließ die Seite B nicht locker und hatte sich akribisch in Details verbissen. Es wurde im Laufe des Verfahrens und der Gutachten immer deutlicher, dass die Forderungen von B überhöht waren. Trotzdem gab es die Möglichkeit, dass in der Sache selbst B recht bekommen hätte können. Der Ausgang und ein Urteil waren also auch nach vielen Jahren nicht klar vorhersehbar.

Es war aber den Beteiligten klar, dass jede Verhandlung und jeder Termin in dieser Causa Kosten verursachte und die Nerven von allen in den Streit involvierten Personen strapazierte. Die Lust an diesem Verfahren war allen schon längst vergangen. Nun kam es zu einem Wechsel der Vertreter bei Konsortialpartnern von A. In einer internen Besprechung der Vertreter von A wurde erneut klar, dass kein Ende des Verfahrens in Sicht sei. Daraufhin haben die „Neuen" bei A vorgeschlagen, informelle Vergleichsgespräche zu führen. Das kam auch in der Vergangenheit mehrfach vor, war bisher nie erfolgreich. B hat wie bisher darauf bestanden, die rechtlichen Berater teilnehmen zu lassen. Eine entsprechende Fallanalyse der „Neuen" hatte den Eindruck, dass B vom eigenen Rechtsberater getrieben wurde und daher nicht mehr zurückkonnte. Der Ausweg schien für B und vor allem für den Rechtsberater von B eine „gesichtswahrende Lösung". Dazu wurde von den Vertretern von A ein Konzept entwickelt, das in einer weiteren Besprechungsrunde diesmal ohne die Rechtsvertreter verhandelt werden sollte, denn um die ging es ja. In der Folge war der Ball bei B, intern wurde Bs Rechtsvertreter der Lösungsvorschlag „verkauft". Dieser bestand darin, dem Rechtsvertreter von B in seinen inhaltlichen rechtlichen Argumenten zu

---

360 Ebd., S. 236.

6. Der Rechtsstreit auf der Couch

folgen, jedoch die aus Sicht des A zu hohe Schadenersatzforderung massiv zu reduzieren. Der Einigungsvorschlag lautete also, dass A einen geringen Teil der Forderungen, jedoch die gesamten Kosten der Beratung von B anerkennt. Daraufhin kam es rasch zu einer Einigung.

Was hat sich in der Verhandlung getan und die Dynamik so verändert, dass das Gerichtsverfahren verglichen werden konnte? Durch den Austausch im Team von A kam es zu neuer Dynamik. Es wurden Fragen gestellt, die neu waren und die dazu führten, dass die Teammitglieder der gegnerischen Seite erneut genau analysiert wurden. Es stellte sich dabei heraus, dass der Fremdkörper der Berater des B war, dieser hatte sich intern exponiert, indem er seinen Mandanten einen hohen Sieg in Aussicht gestellt hatte. Daher konnte dieser in Vergleichsgesprächen schwer zu geringeren Zahlungen seine Zustimmung geben. Der Vorstand von B wollte jedoch keinen Deal abschließen ohne Zustimmung des Beraters. Allein aus Haftungsgründen ist das nicht gut möglich.

So war einerseits die Blockade des Beraters von B für eine solche Lösung klar, gleichzeitig war spürbar, dass ohne einen Ausweg für dessen eigene bedrohliche Lage keine Lösung möglich war. Die Kränkung des Beraters von B, ausgelöst durch den Misserfolg, die rechtliche Strategie sowie die persönliche wirtschaftliche Bedrohung durch einen möglichen Haftungsfall, mussten berücksichtigt werden. Der Weg, die Verhandlungsteilnehmer aufzuteilen und den wirtschaftlichen Konsens zuerst und dann die Berater dafür zu gewinnen, stellte sich als richtiger Weg heraus. Möglich war er durch einen Wechsel innerhalb der Teams und auch dadurch, dass nach so vielen Jahren beide Seiten die Lust am Streiten verloren hatten.

Auch im Film findet man reichlich Material zu diesem Thema, der Dynamik bei handelnden Personen, besonders eindrucksvoll in dem Klassiker „Die zwölf Geschworenen".[361] Ein vermeintlich überführter Mörder wird von den Geschworenen nach und nach als nicht schuldig eingeschätzt und letztlich freigesprochen. Es wird offenbar, dass viele Geschworene „befangen" sind, da sie bspw. mit dem eigenen Sohn zerstritten sind und keinen Kontakt mehr zu ihm haben. Nun wird der in völlig anderen Anlässen wurzelnde Hass auf den Angeklagten projiziert. Die Personen/Geschworenen werden nacheinander gewahr, dass sie selbst als Personen mit dem Schuldspruch mehr zu tun haben, als ihnen lieb ist. Die Schuld von sich abzuspalten und im Verdächtigen ein dankbares Opfer der eigenen Schuld zu finden, war der ursprünglich so verführerische Plan der Geschworenen, den sie schließlich im Lauf des Verfahrens verwerfen mussten. Der Film wurde zurecht als Modellfall einer „demokratischen" Aufklärungsarbeit bezeichnet.[362]

---

361 Originaltitel: 12 Angry Men (Lumet, 1957.)
362 Lexikon des internationalen Films, 1957, aus Wikipedia zu „Die zwölf Geschworenen".

6.3.4 Die institutionalisierte Abwehr und juristische Berufe

Innerhalb von Institutionen, Organisationen, Unternehmen und straff organisierten Denkmodellen wie den Rechtswissenschaften können prägnant definierte und ausgeprägte Rollenverteilung sowie Handlungsanleitungen dazu dienen, dass die angebotenen vorgegebenen Rollen und Verhaltensweisen auch eine individuelle Abwehr ermöglichen. Die Institutionen dienen so gesehen den individuellen Abwehrstrategien der bei ihnen arbeitenden Menschen, dies freilich neben ihrer hauptsächlichen Zielsetzung für rationale, übersichtliche und planbare Prozesse und den damit verbundenen Leistungszuwachs, die Vermittlung von Fähigkeiten und auch Gewinnerzielung. Dieser Nebeneffekt unterstützt damit wieder das System, weil er den einzelnen Menschen Struktur bietet. Mentzos nennt dieses Phänomen bei Gruppen und Organisationen – in Anlehnung an die individuelle Abwehr des Einzelnen – die institutionalisierte Abwehr. Er gibt in seiner Monografie[363] zu diesem Thema folgendes Beispiel:

> Der patriarchalische Chef mag wegen seiner systemimmanenten autoritären Haltung und der damit einhergehenden Unterdrückung unangenehm, sogar verhasst sein, andererseits übernimmt er eine quasi väterliche Funktion, er schützt vor äußeren Gefahren, er garantiert (tatsächlich oder angeblich) eine sichere Zukunft, er übernimmt die Verantwortung im Hinblick auf wichtige Entscheidungen etc. Auf einer tieferen, unbewussten Ebene mag er auch als geeignete Vaterübertragungsfigur wahrgenommen werden, an der die ödipale Problematik weitab von der eigenen Familie heftig agiert werden kann. Umgekehrt wiederum dient diese Konstellation dem „Chef" selbst bei der Überwindung von Minderwertigkeitsgefühlen und bei der Festigung von Größenphantasien.[364]

Diese Nebeneffekte von Organisationsstrukturen bieten den Menschen Lösungen ihrer Bedürfnisse an und dienen damit der Person möglicherweise als Stabilisator, die so auch zu einer besseren Motivation der Beteiligten, quasi einer Art von Prämie beitragen.[365] Diese beschriebenen sozialen Strukturen können genauso auf rechtliche Berufe angewendet werden, dort läuft das gleiche Schema ab. Mentzos' Begriff der institutionalisierten Abwehr wird mit folgendem Beispiel unterlegt:

> Überall dort, wo Cremerius von Trieb konkret spricht, geht es um Machtstreben, Verlangen nach phallischer Exhibition, narzisstischer Bestätigung, Besetzung eines Direktorensessels, Besitz von Frauen, Autos usw. Das hört sich dann so an, als ob menschliche Wärme und Nähe, Einfühlsamkeit in die Nöte des anderen und all jene Bedürfnisse und gefühlsmäßigen Einstellungen, die – so die interessante These von Cremerius in diesem Beitrag – bei Vertretern der sozialen Oberschicht kaum zu aktivieren seien, nichts mit Trieb zu tun hätten oder zu tun haben könnten ... Ihm ist es im Übrigen ausgezeichnet gelungen, zu zeigen, wie vielen Angehörigen der Oberschicht es mög-

---

363 Mentzos, 2016.
364 Ebd., S. 82.
365 Ebd., S. 82.

lich wird, ihre Neurose soziofunktional unterzubringen, und zwar in einer Weise, die zur Stabilisierung des sozioökonomischen Systems, dem sie angehören, noch beiträgt. Ein besseres Beispiel für mein Konzept der institutionalisierten Abwehr kann ich mir nicht vorstellen![366]

Mentzos' Konzept der institutionalisierten Abwehr bietet dafür einen Teil der Erklärung. Sofern Institutionen (wie hier Unternehmen) stehen, so werden nicht die Ursache, sondern Symptome behandelt. Schuldgefühle werden so symbolisch oder durch Opfer (etwa an Mitarbeitern) ausgeglichen. Ähnliches gilt für die Aggression, dort übernehmen unterschiedliche Institutionen und Systeme (etwa das Strafrecht, das Militär, aber auch Großunternehmen mit strikten internen Regeln) die Rolle einer nachträglichen Korrektur.

Unabhängig davon besteht aber die Tragik solcher Entwicklungen darin, dass die komplizierten sekundären Systeme der Korrektur und der symptomatischen Kur das Primäre, auch das primäre Schuldgefühl (was ja seinen Sinn hatte), in der entstehenden Verwirrung verschütten.[367]

Der denkbare größte krisenhafte Anwendungsfall dieses Konzepts ist der Krieg. Dem Krieg werden von der Psychoanalyse mehrere Funktionen zugeschrieben. Vorstellungen, Leitbilder und Fantasie können selbst ein so verheerendes Ereignis wie den Krieg in ein gesellschaftlich gefordertes und sogar legitimiertes Verhalten drehen. Auch die Kompensierung von strukturellen Mängeln und narzisstische Defizite des Selbst können durch den Krieg „therapiert" werden. Mentzos sieht auch noch einen dritten entscheidenden Punkt, der die institutionalisierte Abwehr am Beispiel des Krieges aufzeigt:

Es geht um die Externalisierung des intrapsychischen Konflikts. Alles, was bis jetzt dargestellt wurde, erscheint in Hinblick auf diese zentrale Funktion relativ peripher und akzidentell. Der Krieg bietet sich als Feld des Agierens regelrecht an, eines Agierens, mit dessen Hilfe abgespaltene Anteile tiefsitzender Ambivalenzen nach außen verlagert werden können.[368]

Mentzos beschreibt dabei auch die Missverständnisse, die er geerntet habe, als er bei einem Vortrag über Krieg und „Nichtneurotiker" sprach: „Gerade sie nämlich sind es, welche ihre intrapsychischen Konflikte in der Kollusion mit der Institution unterbringen, indem sie dort agieren. Dadurch erscheinen sie dann nach außen hin gesund und unauffällig!"[369] Dieser Vergleich mit Krieg und Institution kann gut auf Unternehmen umgelegt werden. Mentzos bezeichnet die Psychoanalyse daher als zu

---

366 Mentzos, 2016, S 122 f.
367 Ebd., S. 128.
368 Ebd., S. 148.
369 Ebd., S. 116.

Ende gedachte Konfliktpsychologie. Diese begann mit Freud, der die Kultur in ihrer Gesamtheit als das Ergebnis einer bestimmten Konfliktlösung versteht.[370]

Ein weiteres psychoanalytisches Konzept leistet – umgelegt auf den Rechtsstreit – ähnlich hilfreiche Arbeit. Denn wie bei der Schiefheilung, die Freud und Le Bon[371] zu Ideen, Urteilen und zur Einbildungskraft der Massen als Erklärungsansatz für den systematischen Antisemitismus beschrieben, ist möglicherweise auch das Instrument des Rechtsstreits ein geeignetes Abwehrmittel, um mit inneren Konflikten umzugehen[372]. Gerade in einer Beziehungssituation mit einem Dritten und steigender Spannung entspricht es geradezu dem Zeitgeist, einen Konflikt nicht innerlich auszutragen, sondern extern austragen zu lassen. Schuldfragen werden dabei auf die rechtliche Ebene verschoben und somit ein Stück weit neutralisiert. Bekommt man selbst recht, so scheint man „reingewaschen". Bei einem nachteiligen Urteil kann zwar der Richter oder das Rechtssystem ein Ausweg sein, um den inneren Konflikt von sich fernzuhalten. Die Selbstverantwortung und der Umgang mit Fehlern und Defiziten kann so jedenfalls abgespalten oder verdrängt werden.

6.4 Berufswahl als Symptomwahl – Was macht den Juristen aus?

Diesem Spruch folgend, ist in der Praxis zu beobachten, dass häufig Personen mit Sprachfehlern oder exhibitionistischen Neigungen Schauspieler, Menschen mit sadomasochistischer Tendenz Chirurgen werden, dass man aber auch oft Banker kennenlernt, die mit der Angst umgehen, zu verarmen. Die angesprochene Symptomwahl ist nur ein Aspekt, ein anderer kann auch das Phänomen der Abspaltung sein. Denn vieles im Beruf gibt die Möglichkeit, etwas auszuleben, was man im persönlicheren Leben nicht zustande bringt.

Im beruflichen Umfeld lernt man Menschen kennen, die beispielsweise cholerisch sind und aufbrausend und nicht auf die Argumente ihrer Kollegen hören, die sich dann aber im Privatleben als liebende Väter oder Mütter geben und so etwa bei Elternabenden zu glänzen versuchen. Was passt da nicht zusammen bei einer so starken Abspaltung des liebenden Familienmenschen hin zum cholerischen Kollegen – was werden da sonst noch für Facetten der Persönlichkeit zu entdecken sein? Vorstellbar wäre etwa, dass eine Person sich in den jeweiligen Rollen ausprobiert, sich viel zu wenig kennt und spürt – ein Versuchsphänomen, dass eben Anteile, die zu intim werden, die zu nahe an der Persönlichkeit sind, verwandelt werden, um so auf Distanz zu sich und der Umwelt gehen zu können. Darin besteht der Versuch, eine eigene Bühne aufzubauen, um komplementäre Seiten ausleben zu können, was weniger eine Sublimierungsleistung als eine Notmaßnahme darstellt.

Bei juristischen Berufen und auch bei Managementpositionen haben wir es mitunter mit auffälligen Charakteren, mit histrionischen, paranoiden, zwanghaften

---

370 Ebd., S. 116.
371 Le Bon, 2016, S. 58 ff.
372 Siehe dazu ausführlicher unter 6.3.4 das Konzept der institutionalisierten Abwehr.

und/oder narzisstischen Persönlichkeiten zu tun. Kann eine mächtige Position im Beruf der Sublimierung dienen? Nach dem Verständnis von Anna Freud gelangen sublimierte Triebregungen dann an die Oberfläche, wenn ein ungehindertes Fließen der Libido möglich ist, vergleichbar einem Mühlrad, das einen ungehinderten und kanalisierten Wasserzufluss benötigt. Sublimierung wird auch von Nietzsche in Zusammenhang mit Menschen gebracht, welche Liebe vermissen. Was ist das höhere Ziel der Sublimierung? Ein intersubjektives Prozessobjekt (Danckwardt), eine überindividuelle Ressource, die die Kultur den Individuen zur Verfügung stellt, ein genetischer Zugang zu kulturellen Objekten (Whitebook)?[373] Es scheint eher wenig Platz für eine solche Sublimierungstheorie im beruflichen Kontext zu geben. Vielleicht geht es dabei eher um paradoxe Steuerungsphänomene. Menschen, die privat als narzisstisch, weil eher als überheblich, unsensibel, unnahbar erlebt werden, sind gerade wegen dieser Eigenschaften im beruflichen Kontext hochgeschätzt, weil Organisationen einen primär kapitalistischen Anspruch haben. Es geht darum, Geld zu verdienen, und die Ressourcen dazu sind Mensch und Maschine. Der Umgang mit Menschen kann zu unterschiedlichen Folgen führen, kurzfristig gesteuert, kann man so Menschen „ausbeuten" und Erfolg haben, langfristig muss man aber unweigerlich den Menschen in den Mittelpunkt stellen. Das gleiche gilt für den sogenannten „erfolgreichen Manager". Dieser muss, um nachhaltig Erfolg zu haben, ein Gespür für Menschen entwickeln. Oder aber er nimmt andere Funktionen wahr. Ein Guru kann z. B. auch in der Lage sein, Menschen zu berühren, zu verführen, aber möglicherweise hat er keine Ahnung von ihnen.

Menschen suchen in ihrem Leben nach Orientierung und Struktur, sowohl im Beruf als auch im Privatleben. Jede Form der Orientierungslosigkeit macht ohnmächtig, aber viele Menschen scheinen diese Form der Ohnmacht verdrängen zu wollen und beginnen in Bezugnahme auf Fromm vom „Sein" ins „Haben" zu wechseln. Fromm sieht darin ein Übel der kapitalistisch ausgerichteten Gesellschaft, da der Mensch an das gebunden zu sein scheint, was er in der Vergangenheit aufgebaut hat, anstatt sich am „Hier und Jetzt" zu orientieren.[374] „Da wir in einer Gesellschaft leben, die sich vollständig dem Besitz- und Profitstreben verschrieben hat, sehen wir selten Beispiele der Existenzweise des Seins, und die meisten Menschen sehen die auf das Haben gerichtete Existenz als die natürliche, ja die einzig denkbare Art zu leben. All das macht es besonders schwierig, die Eigenart der Existenzweise des Seins zu verstehen und zu begreifen, dass das Haben nur eine mögliche Orientierung ist."[375] Die Menschen in so einer Gesellschaft beginnen sich oder andere zu langweilen. Ohnmacht erscheint auch im Gewand einer voyeuristischen Allmacht, unterstützt von Medien, vor allem den sozialen Medien, weil das Opfer die Täter nicht sieht. Dies spielt bei Medien eine große Rolle, und genau dieses Phänomen des unsichtbaren Gegenübers erzeugt Aggression und Ohnmachtsgefühle.

---

373 Mertens, 2014, S. 910 ff.
374 Fromm, 1979, S. 157.
375 Ebd., S. 44.

In seiner Komplexität ist jeder Mensch ein Meisterwerk, und daher ist eine jede Psychoanalyse eine Odyssee.[376] Eine Diskussion über den Begriff der Normalität allein ist verführerisch, und dennoch ist Normalität kein psychoanalytischer Begriff, sondern eindeutig antianalytisch[377] und ähnelt der Absicht, die erdabgewandte Seite des Mondes zu beschreiben[378]. Vielleicht geht es um die unbewusste Überwindung und um die Bearbeitung der eigenen Symptome.

Stabilität und Sicherheit sind nicht selbstverständlich, sondern kulturelle Höchstleistungen. Das ist auch ein Maßstab dafür, wie weit fortgeschritten unsere Gesellschaft mittlerweile ist. Dies gilt gerade in Zeiten der Digitalisierung, in der inhaltliche und strukturelle Veränderungen schneller auf uns einstürzen, als wir es bisher erlebt haben. Eine Erkenntnis aus der Arbeit mit psychisch instabilen Menschen ist die daraus beobachtbare Faszination für all die Menschen, die Veränderungen und schwierige Situationen meistern und aus einer anormalen, aus einer Sondersituation, nach einer Abkühlungsphase wieder in den Modus der Stabilität zurückfinden. Dann sind sie freilich für Juristen und für Psychoanalytiker nicht mehr relevant, aber das ist auch gut so.

So gesehen kann es durchaus sein, dass die Suche nach Sicherheit, nach Normalität für Juristen ein möglicher Grund für die Berufsausübung ist. Eine Abgrenzung zwischen normal und anormal ist alles anderes als einfach. Normalität ist auch kein wissenschaftlicher, kein juristischer und kein analytischer Begriff. Er zeigt gerade dadurch, wie willkürlich wir mit Abgrenzungen, mit Zuschreibungen umgehen, wie schnell wir das Handeln anderer verurteilen, tabuisieren oder abwerten. In jedem von uns stecken Anteile von Normalität und auch von Anormalität, was auch oft davon abhängt, aus welcher Perspektive wir eine Situation oder ein Verhalten einschätzen. Für Juristen spielt die Frage nach der Normalität jedenfalls eine wichtige Rolle, da je nach Perspektive oder Einstellung unserer Gegenspieler in einem Prozess die Art, einen Sachverhalt zu betrachten, ein wichtiger Erfolgsfaktor sein kann. Wie etwa wissen wir, wie der unabhängige, der Fairness und Rechtsprechung verschriebene Richter Normalität einschätzt?

6.4.1 Der Fall des Richters Daniel Paul Schreber

Der Vergleich von Sublimierung und Perversion mag auf den ersten Blick nicht auf der Hand liegen. In beiden Fällen werden Handlungen bestimmt, bei denen sexuelle Partialtriebe von ihren ursprünglichen Triebzielen abgelenkt und auf andere Objektziele gerichtet werden. In beiden Fällen sind sowohl aggressive als auch libidinöse Komponenten am Werk. Die sogenannte „sublimierte" Tätigkeit wird im Hinblick auf ihre Ziele als desexualisiert beschrieben, und es wird ihr ein gesellschaftlich anerkannter Wert zugesprochen. Im Gegensatz dazu verleiht der Mann auf der Straße

---

376 McDougall, 1985, S. 24.
377 Ebd., S. 442.
378 Ebd., S. 460.

dem Begriff „pervers" für gewöhnlich einen pejorativen Sinn.[379] Beiden Begriffen ist somit gemein, dass sie meist verborgen bleiben, in Träumen bzw. in verschämten Fantasien, dass sich aus Sublimierung und Perversion Beziehungen entfalten. Beide sind daher auf den Schauplatz des Unbewussten beschränkt. In diesem Sinne haben Sublimierung und Berufswahl möglicherweise viel gemein. Hier gibt es einen Zusammenhang mit dem Fall Schreber. Bei diesem Fall wird das Berufsbild des Richters sichtbar. Der Richter hat Macht, er entscheidet oftmals über „Sein und Nichtsein", der Ausschlag des Pendels in eine Richtung, die juristische Wertung, ist bisweilen von kleinen, unscheinbaren Elementen ableitbar.

In Freuds Schriften findet sich ein berühmter Fall im Zusammenhang mit der Schilderung einer Paranoia eines Juristen.[380] Die Geschichte ist nicht unumstritten, die von Freud diagnostizierte Paranoia wird in Aufsätzen[381] immer wieder als seine eigene Wunschdiagnose dargestellt. Freud hat Schreber selbst nie kennengelernt oder gesprochen und bezieht sich in seiner Darstellung lediglich auf schriftliche Schilderungen, großteils von Schreber selbst und seinem Buch „Denkwürdigkeiten",[382] aber er verwendet auch andere Quellen. Jedenfalls enthält die Studie ein gutes Bild zu Freuds Zugang zur Paranoia, freilich im Kontext der Lebenswelt von Staatsbeamten jener Zeit.

Dieser Fall schildert die Krankengeschichte eines Richters, der es bis zum Senatspräsidenten an einem Oberlandesgericht gebracht hat. Paul Schreber wuchs in einer Leipziger Großbürgerfamilie auf; die Männer in der Familie starben vergleichsweise früh: der Vater mit 53 Jahren; Pauls älterer Bruder Gustav, noch immer unverheiratet, beging mit 38 Jahren Selbstmord. Sowohl Vater wie Sohn litten an Depressionen, ebenso der Bruder in seinem letzten Lebensjahrzehnt, bis er dann an Blinddarmentzündung starb, als Paul neunzehn Jahre alt war. Schreber selbst erlebte drei angeblich depressive, nach Freud eher paranoide Schübe, die so ernst waren, dass er dreimal, 1884, 1893 und 1907, in eine Anstalt aufgenommen werden musste.

Mit 51 Jahren hatte er gerade sechs Wochen als Senatspräsident des dritten Zivilsenats am Oberlandesgericht in Dresden gearbeitet, wurde aber neuerlich und auf eigenen Wunsch in eine Klinik aufgenommen. Etwa vier Monate später, im März 1894, verschlechterte sich Schrebers Zustand erheblich. Die ursprüngliche schwere Melancholie verschärfte sich noch durch Visionen, Stimmen, Gespräche mit Gott und „dahingegangenen Seelen". Schließlich war er davon überzeugt, dass der behandelnde Psychiater Flechsig auf Gott, ähnlich wie Satan in der Geschichte von Hiob, einwirkte, um den unschuldigen Schreber mit „Seelenmord" zu verfolgen. Mit dem Begriff „Seelenmord" führte Schreber Klage darüber, dass Flechsig als sein Psychiater sein Vertrauen missbraucht habe, indem er ihn im Juli 1894 in eine staatliche Klinik überführt habe, wodurch Schrebers Beamtenlaufbahn für immer zerstört schien.

---

379 Ebd., S. 168.
380 Freud, Band 7, 1973, S. 135.
381 Besonders kritisch etwa Lothane, 1995.
382 Schreber, 2016.

Ende 1895 war Schrebers Schicksal besiegelt: Er wurde auf chronische Paranoia diagnostiziert, eine damals als unheilbar geltende Erkrankung des Gehirns. Sigmund Freud interpretierte Schrebers Paranoia mit einem Vaterkomplex, mit versteckter Homosexualität und einem erotischen Verlangen nach seinem Arzt Flechsig.

Der paranoide Charakter liegt nach Freud darin, dass zur Abwehr einer homosexuellen Wunschfantasie gerade mit einem Verfolgungswahn reagiert wird.[383] Schreber war trotz seiner Wahnideen in der Lage, sein Buch „Denkwürdigkeiten" zu schreiben und seine Interessen gut selber vor Gericht zu vertreten. Den für die Berufung zuständigen Richtern wird man zugutehalten müssen, dass sie zu Schrebers Gunsten und gegen den Psychiater und Gerichtsgutachter Weber entschieden. Sie sorgten damit für einen Präzedenzfall, verhalfen Schreber zur Freiheit und gaben ihm die Erlaubnis, seine „Denkwürdigkeiten" zu veröffentlichen. Nach neun Jahren psychiatrischer Behandlung durfte er 1902 wieder zu seiner Frau zurückkehren, um dann, nach fünf Jahren ohne besondere Vorkommnisse, 1907 erneut zu erkranken. Aus diesem letzten depressiven Schub fand er nie mehr heraus und starb vereinsamt.[384]

6.4.2 Wie stark prägt die Persönlichkeit des Richters ein Verfahren?

Der Richter hat kraft seiner Persönlichkeit und seiner Rolle eine zentrale Bedeutung im Rechtsstreit. Hat die Rücksichtnahme auf die konkreten Eigenheiten von Menschen, das Verständnis für ihre subjektiven Ängste und Abwehrmechanismen bereits präventiv eine enorme Wirkung, um Beziehungen zu beeinflussen, so sind später in der Phase eines Konflikts Umstände auf der persönlichen Ebene immer stärker mitzudenken und zu berücksichtigen. Dann besteht noch die Chance, eine friedliche und sinnstiftende Bereinigung eines Konflikts zustandezubringen. Der Richter ist immer auf sich allein gestellt, unabhängig von den Ressourcen der Parteien. Er kann bestenfalls auf Praktikanten, und vor allem auf externe Berater, die gerichtlich bestellten Sachverständigen, zurückgreifen. Bei Verfahren mit hohem Streitwert ist der Ressourceneinsatz der Parteien hoch.

In der Praxis führt dies oft zu einer Überforderung des Gerichts. Der Richter muss sich also gut überlegen, wie er aus diesem Dilemma herauskommt. Seine Strategien dafür haben daher nicht unbedingt mit seiner rechtlichen Expertise zu tun, sondern mit seiner Einstellung zum Beruf, seiner Erfahrung und seiner Persönlichkeit. Der Gesetzgeber hat bislang keine Sonderregelungen vorgesehen, um ab einem gewissen Streitwert auch die Ressourcen des Richters zu stärken. Dies, obwohl die Parteien eine Gerichtsgebühr zu erlegen haben, die sich nach dem Streitwert richtet und bei einem höheren Einsatz, bspw. zehn Millionen Euro, sich bereits auf ca. 100.000 Euro beläuft. Damit könnten zwei Richter rund ein Jahr lang exklusiv bezahlt werden.

---

383 Freud, Band 7, 1973, S. 183.
384 Lothane, 1995.

Dazu kommt noch, dass Richter in der Regel eine Vielzahl von Verfahren zu führen haben.

Es ist immer wieder feststellbar, dass bestimmte Teammitglieder bei Verhandlungen vom Richter als störend empfunden werden. Besonders vor Gericht, mit seinen eigenen strengen Regeln und dem Primat des Richters, wird immer wieder erkennbar, dass es durchaus persönliche Animositäten zwischen Parteien und Vertretern beziehungsweise den Richtern gibt. Wird diesen nicht Rechnung getragen, so können sich diese Aversionen auch in einem unerfreulichen Urteil niederschlagen. In der Rückschau bleibt dann nicht selten der Schluss, dass das Setting der involvierten Personen alles andere als passend war. Es muss also der Unterschied auch an der Person festgemacht werden, die vorher oder nachher in der Causa tätig war. Das ist ein erstaunliches Phänomen in der sonst so formellen juristischen Arbeitswelt. Innere und äußere Momente zu verbinden, ist auch eine Herausforderung für das Auftreten in entsprechenden Verhandlungen. Egal in welcher Gestalt – ob im Ausdruck, in der Kleidung oder der Einstellung – die Unterschiede zwischen dem, was im Beruf von einem zum Vorschein kommt und was die private Persönlichkeit ausmacht, können höchst überraschend ausfallen. Hier einen Ausgleich zu finden, kann für beide Lebensbereiche förderlich sein.

Daraus lässt sich schließen, dass es je nach Aufgabenstellung erforderlich ist, zu erkennen, welche Persönlichkeitsanteile bei Juristen für welche Art von Fragestellungen oder Problemen eingesetzt werden können und dafür prädestiniert sind. Die subjektive Beschreibung von Juristen ist eine persönliche; das subjektive Element soll in einer psychoanalytischen Einschätzung des „homo iuris prudens" (analog zum „homo oeconomicus") seinen Platz finden. In der Praxis ist eher wahrzunehmen, dass es sehr unterschiedliche Ergebnisse gibt, je nachdem, welche Personen auf der rechtlichen Seite als Rechtsvertreter, Parteienvertreter, Richter etc. tätig sind. Wie diese Personen sich mit der jeweiligen Gegenseite verstehen oder eben nicht verstehen, kann den Ausgang einer Rechtssache wesentlich beeinflussen. Gerade bei einem Wechsel von Juristen auf einer Seite entsteht eine veränderte Dynamik, die oftmals dazu führt, dass eine rechtliche Auseinandersetzung, die zuvor zäh erschienen ist, plötzlich rasch und ohne Störungen geklärt beziehungsweise gelöst wird. Dabei hatte sich an den rechtlichen Inhalten und Rahmenbedingungen nichts verändert. Aber auch vermeintlich einfache, d. h. rechtlich klare Verhältnisse, können sich überraschenderweise als höchst problematisch und komplex herausstellen.

6.4.3 Der Rattenmann, ein zwanghafter Jurist?

Der Rattenmann, Freuds Zwangsneurotiker, der geplagt von Zweifel und Unsicherheit einen Ausweg über den unterdrückten und gehemmten Gerechtigkeitswunsch des Juristen sucht, der unbewusst immer wieder versucht, den Friedensstifter zu spielen und dabei übersieht, dass er beide Aspekte, den des überlegenen, aufgeklärten Menschen und den des abergläubischen, asketischen Weltverbesserers in sich trägt.³⁸⁵ Auf der Suche nach Auflösung dieser inneren Ambivalenz vermittelt ihm die Rechtswissenschaft das Gefühl eines sicheren, strukturierten Systems.

> Doubt thou the Stars are fire
> Doubt that the Sun doth move
> Doubt truth to be a liar
> But never doubt I love.

> Wer an seiner Liebe zweifelt, darf, muss doch auch an allem anderen, Geringeren, zweifeln.³⁸⁶

Dieser Fall Freuds handelt ebenso von einem Juristen, Freud hat diesen Patienten ab 1907 etwa ein Jahr lang behandelt. Der Fall wurde aufmerksam gelesen, diskutiert³⁸⁷ und so schon früh zu einem Meilenstein in der Entwicklung der Psychoanalyse und der Darstellung einer Zwangsstörung. Der Patient hieß Ernst Lanzer und ging als „Rattenmann" in die Geschichte ein. Der Fall ist für dieses Buch bedeutsam, weil Freud darin eindrucksvoll schildert, wie die Zwangsneurose die Arbeitsfähigkeit des Juristen Lanzer, des „Rattenmanns", massiv beeinträchtigte. Man kann in diesem Fall Freuds Herangehen an die Deutung und Ergründung von unbewussten Mustern und Abwehrmechanismen Schritt für Schritt nachverfolgen. Die hartnäckige Arbeitsunfähigkeit schob den Abschluss des Studiums des Rattenmanns jahrelang auf, was für Freud den Haupterfolg der Zwangsneurose, der Erkrankung, darstellte: „Was aber der Erfolg einer Krankheit ist, das lag in der Absicht derselben; die anscheinende Krankheitsfolge ist in Wirklichkeit die Ursache, das Motiv des Krankwerdens."³⁸⁸

Die Ambivalenz als Auslöser des Konflikts zweier gegensätzlicher Regungen führt zu unterschiedlichen bewussten und unbewussten Aktivitäten. Infantile Erlebnisse werden mit Hilfe ihrer Affektenergie in Symptome umgesetzt.³⁸⁹ Nach Freud ist der Zwang ein Versuch zur Kompensation des Zweifels und zur Korrektur der unerträglichen Hemmungszustände, von denen der Zweifel Zeugnis ablegt. Der Zweifel entspricht der inneren Wahrnehmung der Unentschlossenheit, welche sich des Betroffenen infolge der Hemmung des einen Affekts durch einen anderen – zumeist entgegengesetzten – bemächtigt. Mit Hilfe einer Verschiebung gelingt es, einen Vorsatz, der gehemmt ist, durchzuführen. Der ursprüngliche Vorsatz geht dabei verloren und wird ersetzt, die Ersatzhandlung tritt in Form von Geboten und Verboten zu Tage. Einmal ist es der zärtliche, ein andermal der feindliche Impuls, der Abfuhr bringen kann. Die Spannung wird als Angst wahrgenommen, wenn die Zwangshandlung nicht ausgeführt werden kann.³⁹⁰

---

385 Freud, Band 7, 1973, S. 78.
386 Hamlets Liebesverse an Ophelia, Akt II, Szene 2, aus Freud, Band 7, 1973, S. 98.
387 Augusta, 2020, S. 97.
388 Freud, Band 7, 1973, S. 67.
389 Ebd., S. 64.
390 Ebd., S. 95.

6. Der Rechtsstreit auf der Couch

Der Zwangsneurotiker zerfällt in mehrere Persönlichkeitsanteile, sein Bewusstes manifestiert sich als sittliche Person, das Böse als eine unbewusste, die die unterdrückten und womöglich destruktiven Regungen umfasst. Der Zwangsneurotiker kann auch in zwei vorbewusste Persönlichkeitsanteile zerfallen, zwischen denen sein Bewusstsein oszilliert, wobei er einerseits überlegen, klug und aufgeklärt erscheint, andererseits als einer, der dem Aberglauben huldigt. Diese beiden unterschiedlichen Überzeugungen und Weltanschauungen können dazu führen, die normale Person aufzuzehren.[391]

Der Fall hat Freud und seine damaligen Mitstreiter auch intern bewegt, im Briefwechsel zwischen Freud und Jung, aber auch mit Abraham finden sich entsprechende Würdigungen des Falls. So bezeugt ein Brief Freuds an Abraham die theoretischen Erkenntnisgewinn aus dem Fall Lanzer:

Die Perioden der Zwangsneurose entsprechen natürlich Zeiten von Steigerung der Libido, also so oft sich Pat. verliebt oder seine spezifische Liebesbedingung im Leben berührt wird (Eifersucht?), Hauptregeln: (I.) Zeit lassen … Seelische Veränderungen vollziehen sich nie rasch, außer in Revolutionen (Psychosen). Nach zwei Stunden schon unzufrieden, dass man nicht alles weiß! 2. Problem, wie finde ich weiter, darf es nicht geben. Der Pat. zeigt den Weg, indem er in strenger Befolgung der Eingangsregel (alles zu sagen was ihm einfällt) seine jeweilige psychische Oberfläche zeigt.[392]

Ernst Lanzer arbeitete nach seiner Behandlung bei Freud seit 1908 als Rechtsanwalt, zuerst als Rechtsanwaltsanwärter, dann bei seinem Schwager als Anwalt. Nach seiner Heirat eröffnete er 1911 seine eigene Kanzlei. Gleich zu Beginn des Ersten Weltkriegs wurde er eingezogen und starb noch im selben Jahr. Freud fügte bei einer erneuten Veröffentlichung seines Artikels 1923 einen kleinen Nachruf hinzu: „Der Patient, dem die mitgeteilte Analyse seine psychische Gesundheit wiedergegeben hatte, ist wie so viele andere wertvolle und hoffnungsvolle junge Männer im großen Krieg umgekommen."[393]

Erwähnenswert sind die Parallelen zwischen Freud und dem Rattenmann, also seinem Patienten Ernst Lanzer. Beide wuchsen in demselben jüdisch geprägten Milieu im Bezirk Leopoldstadt auf, wo Lanzer jenes großteils von jüdischen Knaben frequentierte Gymnasium besuchte, in dem bereits Sigmund Freud ein Vierteljahrhundert zuvor die Schulbank gedrückt hatte. Beider Karrieremöglichkeiten waren aufgrund ihres Judentums auf die freien Berufe des Arztes bzw. des Rechtsanwalts beschränkt. Während Ernst Lanzer sich nach der Matura gegen ein Medizin- und für ein juristisches Studium entschied, war es bei Sigmund Freud genau umgekehrt.[394] Lanzer wurde von Freud anerkennend erwähnt, nicht nur im Rattenmann, sondern

---

391 Ebd., S. 103.
392 Ebd., S. 102.
393 Ebd., S. 113.
394 Augusta, 2020, S. 97.

auch in „Totem und Tabu", wo er als ein hochintelligenter, an Zwangsvorstellungen leidender Mann auftritt.[395]

6.4.4 Der Beruf als Bühne

In der vorliegenden Arbeit begegnet man – ähnlich wie auf einer Bühne – einem permanenten Perspektivenwechsel: Einmal ist der psychoanalytische Blick im Vordergrund und das Recht im Hintergrund, dann wieder dominiert der juristische Anspruch, und die Psychoanalyse tritt zurück. Diese unterschiedlichen Sichtweisen gehören aber unweigerlich zusammen; Psychoanalyse und juristische Befassung im professionellen Kontext sind nicht zu trennen, sondern nur in ihrem „psychojuristischen" Zusammenwirken zu verstehen.

Joyce McDougall spricht davon, dass die Psychoanalyse ein Theater ist, eine Bühne,[396] auf der man vieles aus- und abarbeiten kann:

> Jeder von uns beherbergt im Universum seines Inneren eine Reihe von „Charakteren", von Teilen seiner selbst, die häufig in komplettem Widerspruch zueinanderstehen und unserem Bewusstsein Konflikte bereiten und seelischen Schmerz zufügen.[397]

Wenn das Theater als Metapher der psychischen Wirklichkeit zutrifft, so werden damit die üblichen klinisch psychiatrischen und psychoanalytischen Klassifizierungen vermieden. Denn deren Begriffe beziehen sich auf Symptome, nicht auf Menschen.[398]

McDougall spricht in ihrem Buch „Theater der Seele" über den Beruf als Bühne und verwendet für den psychischen Apparat Begriffe wie Szene, Theater, Illusion und Drama. Einerseits können wir die Bühne gut als Medium verwenden, um Berufsziele zu erreichen, andererseits können wir uns im Beruf entfalten, manchmal sogar verwirklichen. Die Bühnenmetapher macht auch deutlich, wie bedeutend der Beruf als Teil unserer eigenen individuellen Kulturentwicklung ist. Wieso dürfen in der Arbeitswelt das Lustprinzip und der Spieltrieb keinen höheren Stellenwert bekommen?

Bei den meisten Menschen unterscheiden sich ihre privaten und beruflichen Rollen oft erheblich. Was geschieht hier? Wie bereits oben beschrieben, handelt es sich bei diesem Rollenspiel um das Abspalten von Merkmalen. Es ist zu vermuten, dass eine Wiederholung im Sinne von René Girard vorliegt: Die Nachahmung führt beim Erwachsenen zu Scham, er schämt sich, seinen „Seinsmangel zu enthüllen. Jeder wiederholt laufend: imitiere mich, um damit seine eigene Nachahmung zu verbergen."[399] Gleiche Wünsche führen zu Rivalität – die Geburt des Ödipuskomplexes. Das lässt sich auch in beruflichen Rivalitäten gut festmachen. Welcher Wunsch ist vorrangig: die Vateridentifizierung oder die libidinöse Besetzung der Mutter? Girard sagt, der

---

395 Ebd., S. 97.
396 Die Bühnenmetapher ist als Unterfütterung in der Literatur ein beliebtes Stilmittel.
397 McDougall, 1988, S. 2.
398 Ebd., S. 1.
399 Girard, 2006, S. 218.

Vatermord ist nicht Wunsch des Kindes, sondern Fantasie des Vaters; das Kind ist bloß Nachahmer. Beide Wege der Auflösung des Ödipus-Konflikts sind möglich, daher wird eine Lösung abgespalten realisiert oder abgewehrt. Joyce McDougall dazu in ihrer Schrift „Theater der Seele" über die Psychoanalyse: Diese „ist ein Theater, auf dessen Bühne unser gesamtes psychisches Repertoire gespielt werden kann."[400]

> Auf der Bühne der Psychoanalyse erscheinen die verschiedenen Theater und ihr jeweils wechselndes Ensemble nur allmählich. Wenn ein Analysand Vertrauen gewinnt am Interesse und der Fähigkeit des Analytikers, die miteinander in Konflikt liegenden Emotionen … zu zügeln, die vor allem dann hervortreten, wenn sich Fantasien über den Analytiker und die analytische Beziehung entwickeln, dann entwirft und gestaltet das Ich allmählich die verschiedenen psychischen Theater, auf denen es seine Konflikte zum Ausdruck bringt.[401]

Dieses Zitat zeigt, dass eine Organisation die Chance bereithält, verschiedene Theaterstücke aufzuführen, allerdings ohne einen Psychoanalytiker und das strenge Setting der Psychoanalyse. Es ist daher riskant, der Firma oder dem Büro grundsätzlich eine Wirkung zuzuschreiben, die sich heilend auf den Einzelnen auswirken kann. Trotzdem bleibt dem Einzelnen im Berufsleben die Bühne und das Nachspielen. Nur in einem idealen Berufsumfeld sollte das ähnlich sein, indem der Beruf eine Bühne wird, auf der wir unser Repertoire weitgehend ausspielen können. Dazu gibt es Schulen, Universitäten, Lehrausbildungen, in denen wir so vorbereitet werden, dass wir aus uns, aus unserer Arbeitskraft, das erschaffen, was wir darüber hinaus auch als lustvoll empfinden. Das freilich nicht immer, Arbeit verlangt üblicherweise harten Einsatz und Mühe, sonst müsste man dafür ja nicht bezahlt werden.

Der Saldo muss für jeden Einzelnen positiv sein, wenn auch die Schattenseiten des Berufslebens immer aufrecht bleiben, Beruf ist nicht immer lustvoll, sondern hat natürlich auch mit Kränkung und mit Niederlagen oder mit unfairer Behandlung zu tun und bringt die Erinnerungen an schlechte Erfahrungen zu Tage, die sich aktuell wiederholen.

Man hat beruflich viele Begegnungen, die einen daran erinnern, wie man als kleiner Bub vor dem gestrengen Vater stand, wenn man irgendetwas Verbotenes getan hat oder wenn eine Aufgabe nicht gut gemacht wurde. Da wird plötzlich eine erwachsene Person wieder zum kleinen Kind, das vor dem Vorgesetzten steht und verzweifelt oder völlig verängstigt ist, was denn da alles passieren wird. Diese Nachahmung, die wir im beruflichen Kontext immer wieder sehen und die wir immer wieder durchspielen, zeigt deutlich die Verantwortung, die Führungskräfte oder Manager in solchen Positionen tragen. Neben dem Wunsch nach einer lustvollen Tätigkeit kann daher genauso auch das Gegenteil bewirkt werden, indem Menschen im Beruf verletzt und gekränkt werden. Das hat gruppendynamisch große Auswirkungen auf eine Organisation insgesamt oder einen Teil von ihr. In einem Team gibt es

---

400 McDougall, 1988, S. 23.
401 Ebd., S. 13.

immer verschiedenste Charaktere und unterschiedliche Persönlichkeiten, und es ist wahrlich eine Kunst, dass man auf diese Unterschiedlichkeit und diese persönlichen Befindlichkeiten der Kollegen, soweit es geht, Rücksicht zu nehmen lernt, oder die entsprechenden Emotionen wenigstens verstehen kann.

6.5 Psychojuristische Ausbildung für Juristen

Der Jurist unterscheidet sich deutlich von anderen Berufsgruppen, was auch auf seine einschlägige Ausbildung zurückzuführen ist. Juristen erfahren in ihrer universitären Ausbildung wenig bis nichts über den Menschen, der diese Ausbildung gemacht hat, insbesondere nichts über den Zugang des Juristen zu seinem Beruf, auch nichts über seine Persönlichkeit.

Es gibt in großen Konzernen und Unternehmen zwar Arbeitspsychologen, deren Aufgabe es ist, gemeinsam mit den Arbeitsmedizinern dafür Sorge zu tragen, dass die gesetzlichen Schutzbestimmungen für Arbeitnehmer eingehalten werden. Sie arbeiten generalpräventiv, versuchen aber auch auf Einzelfälle einzugehen. Eine psychologische Betreuung geht von ihnen jedoch nicht aus; der gesetzliche Auftrag sieht das nicht vor. Eine psychotherapeutische Beratung oder Hilfestellung in Unternehmen gibt es nicht. In einer Psychoanalyse hat der ausgebildete Analytiker an nichts anderem als dem Seelenwohl des Analysanden Interesse, auch ist seine Aufmerksamkeit zur Gänze beim Analysanden.

Anders funktioniert der juristische Alltag. Meist abgelenkt durch vielfache Tätigkeit, quasi Multitasking sind Momente der Aufmerksamkeit eher rar. Theodor Reik spricht es Rechtsanwälten schlichtweg ab, mit der Technik der Psychoanalyse etwas anfangen zu können, beide Konzepte seien zu unterschiedlich.[402] Dennoch sind längst durch namhafte Institute und Universitäten psychodynamische Konzepte und Elemente in den Alltag von wirtschaftlichen Berufen eingedrungen. Es gehört beinahe zur Umgangssprache, dass man von Narzissten, Psychopathen und Egomanen spricht, wenn von Management und Leadership die Rede ist. Dazu gehören auch die Werkzeuge der Psychoanalyse wie freie Assoziation und gleichschwebende Aufmerksamkeit.

Führt die Integration von psychoanalytischer Technik in den juristischen Betrieb zu dem Schluss, dass die Annahme von unbewussten menschlichen Prozessen und das Verstehen von Gefühlen und psychischen Abläufen eine wesentliche Bedeutung für juristische Abläufe haben könnte? Hierzu sind die psychoanalytische Ausbildung und nicht zuletzt die eigene Analyse ein wertvolles Instrument und Schlüssel. Das Verstehen von eigenen und fremden Fähigkeiten, Gefühlen und psychoanalytischen Werkzeugen, vor allem dem Zugang zum Unbewussten, öffnet auch in rechtlichen Berufen und deren Alltag neue Türen. Mit Hilfe der psychoanalytischen Tools hat auch der Jurist die Möglichkeit, das Unbewusste des Mitarbeiters, der Organisation, eines Konflikts zu begreifen und zu einer anderen Konfliktlösung beizutragen. Diese

---

402 Reik, 1948, S. 58.

Herangehensweise hat viel mit Übertragung, Traumarbeit, freier Assoziation und gleichschwebender Aufmerksamkeit sowie Abwehrmechanismen gemeinsam. Diese Form der psychoanalytischen Haltung kann dem Juristen in seiner Arbeit zugutekommen.

6.5.1 In der juristischen Ausbildung kommt der Mensch zu kurz

Nun ist gerade bei komplexen Fragestellungen und Verhandlungssituationen eine der Kernaufgaben eines Juristen, sich auf wesentliche Bestandteile so zu konzentrieren, dass am Ende eine Lösung im Interesse aller Beteiligten erzielt werden kann. Dieser Fokus verlangt Erfahrung, Ausbildung, die Fähigkeit, andere Menschen zu verstehen und auch über sich selbst nachzudenken. Was ein Jurist mitbringen muss, ist vergleichbar mit der gleichschwebenden Aufmerksamkeit des Psychoanalytikers. Diese ist vergleichbar mit einer Mischung aus Intuition und Erfahrung; es geht um eine ganz eigene Haltung, gleichzeitig konzentriert zu sein auf die eigenen Ziele und gleichzeitig der Gegenseite genug Raum zu lassen, ihre Sicht vorzubringen und Vertrauen zu entwickeln. Dies ist im Sinne von Bions Container-Metapher zu verstehen, also dem Gesprächspartner eine Fläche zu geben, die es ermöglicht, sich zu öffnen und einen eigenen Raum zu gestalten. Wenn wir zusätzlich zu fachlicher und technischer Qualität und unserer beruflichen Erfahrung auch dem vertrauen, was unter psychoanalytischer Technik verstanden wird, dann können wir uns menschlich und beruflich weiterentwickeln und so auch unseren beruflichen Alltag vielschichtiger gestalten. Psychoanalytische Technik kann etwa in Verhandlungen Anwendung finden und maßgeblich zum wirtschaftlichen Erfolg beitragen; Entscheidungsprozesse können verkürzt, Lösungen können herbeigeführt werden, ohne hohe Rechtskosten und Reibungsverluste für die Organisation. In anderen Worten: Das Spielfeld bloß der Ratio zu überlassen, hieße auf Fähigkeiten zu verzichten, die wir Menschen in uns haben.

Rechtliche Konflikte laufen meist anders ab als in der Theorie angenommen. In solchen Konflikten geht es um Inhalte, um Positionen, um Geld, Macht und Einfluss, und der Mensch gilt bloß als Mittel zum Zweck. Es wird meist derjenige in eine Verhandlung geschickt, der sich am besten auskennt. Vielleicht ist der Fachexperte aber nicht immer auch der jeweils passende für die ideale Verhandlungssituation. Neben den Inhalten geht es auch um die Art, wie man sein Ziel erreichen will. Dabei geht es darum, die Situationen und die Menschen einschätzen zu wollen und zu können. Einzelne Elemente in der Verhandlung können beeinflusst werden. Thaler hat für seine Erkenntnis, dass diese „Nudges", diese kleinen Anstöße, die Entscheidungen erleichtern[403], im Jahr 2017 den Wirtschaftsnobelpreis erhalten.

Daher sollten jene Aspekte auch im Zuge einer juristischen Ausbildung gelehrt und geübt werden; vor allem die Reflexion der eigenen Persönlichkeit mit Hilfe von Selbsterfahrung kann in der Ausbildung einiges vertiefen. Die menschliche Intuition

---

403 Thaler, 2011.

und Lebenserfahrung werden trotz Rechenmaschinen und Algorithmen ein wesentlicher Baustein im Rechts- und Wirtschaftsleben bleiben. Denn Menschen sind situationsbedingt bzw. unterschiedlich vorhersehbar, und gerade die Fähigkeit zur gleichschwebenden Aufmerksamkeit und zur freien Assoziation haben Menschen den technischen, aber auch künstlich intelligenten Maschinen voraus. Trotz der ebenso erschreckenden wie erhellenden Vorhersehbarkeit des menschlichen Handelns scheint künstliche Intelligenz keine Option für die menschliche Fähigkeit der kommunikativen Aufmerksamkeit zu sein.

6.5.2 Die Zeit ist reif für eine psychojuristische Ausbildung

Alle Menschen brauchen Struktur, um sich zu orientieren und sich im Leben zurechtzufinden. Wenn man aber als Person und als Kunde, der einen Konflikt hat, ohne einschlägige Vorerfahrung oder Fachkenntnis zu einem Juristen geht, was geschieht dann? Juristen helfen dabei, eine Lösung zu finden, für den Klienten eine neue Struktur zu bauen. Oft sind auch gerade Juristen diejenigen, die nach einer Struktur suchen und dann in einer gestörten Situation eigentlich die Rolle von Experten einnehmen. Vielleicht können sich Juristen dann besonders gut in ihre Mandanten versetzen, wenn es sich um projektive Identifikation handelt. Die gestörte Situation wird in die Juristen „injiziert", denn nach Lloyd deMause ist die projektive Identifikation nichts anderes als eine Injektion.[404] Erfahrene Richter und Rechtsberater verändern nach ihren eigenen Angaben im Laufe ihrer Karriere die Einstellung und ihr Urteilsverhalten. Anfänglich agieren sie eher idealistisch, dann folgt die Flucht in die sichere Umgebung des „Wortlauts des Gesetzes"; auch ein umgekehrtes Verhalten ist nicht selten.

Der Grund dafür liegt in der Veränderung der Einstellung zum eigenen Beruf, vor allem in Bezug auf das Verhalten der Streitparteien. Oftmals führt das bei Juristen zur Frustration über das scheinbar „unehrliche" Verhalten von Streitparteien vor Gericht. Eine einschlägige Schulung der Juristen sowie das Bestreben, dass sie selbst – wenn auch oberflächlich – Einblick in die Seele der Mandanten und Streitparteien bekommen, wäre möglicherweise für eine Vielzahl von Zivilverfahren sowohl qualitativ als auch vom Aufwand her ein großer Schritt nach vorne.

Im Geschäftsleben werden oft ähnlich wie in der Psychoanalyse offensichtlich rational sinnvolle Wege durch persönliche Motive, Angst, Schuld, Scham, vielleicht auch Triebe überlagert und nicht zugelassen. Gerade in der Planung und im Moment der Verhandlung werden Aspekte von Abwehrmechanismen und Symptomen sichtbar oder spürbar, und aufmerksame Teilnehmer können darauf entsprechend reagieren. Der Umgang und das Verständnis für die Persönlichkeitmerkmale der Menschen, ihrer Vertreter und Organisationen sind gerade im juristischen Alltag oft ein entscheidender Wirkfaktor, wenn es darum geht, für die wirtschaftlichen Entscheidungen für alle Parteien akzeptable Lösungen, oft Kompromisse, zu finden.

---

404 deMause, 2000, S. 439.

Rechtswissenschaften geben Halt. Um das zu verstehen und berücksichtigen zu können, ist die psychoanalytische Ausbildung erforderlich.

Ein psychodynamisch ausgerichteter Lehrgang für juristische Berufe könnte dafür ein erster Schritt sein. Dieser sollte Inhalte eines Leadership-Programms mit Inhalten einer Ausbildung zum Psychoanalytiker aufweisen. Anbieter können daher sowohl Wirtschaft, Universitäten, Einrichtungen wie die SFU, aber auch eigene Ausbildungsstätten mit einer starken Spezialisierung sein. Für die entsprechende Herangehensweise können Erfahrungen bestehender Programme aus anderen Richtungen verwendet werden. Das Besondere daran ist jedoch die psychoanalytische Ausrichtung. Daher kann bei der Planung auch auf theoretische Konzepte, wie etwa das von Kernberg, zurückgegriffen werden.

> Diese Richtlinien bedeuten nicht, dass es für sämtliche Institute nur eine einzige, bestimmte Lösung gäbe. Wenn es zutrifft, dass die der psychoanalytischen Ausbildung zugrundeliegenden Probleme mit intrinsischen Merkmalen der psychoanalytischen Situation zusammenhängen, dann müssen wir bereit sein, mit Konflikten und mit der begrenzten Wirksamkeit aller Korrekturmaßnahmen zu leben.[405]

Dem Juristen soll dabei die psychoanalytische Grundhaltung des Zuhörens und der Bedeutung der Beziehungsebene nahegebracht werden. Weitere zentrale Inhalte einer solchen Ausbildung sind Selbsterfahrung, Gruppenarbeiten, Moot Courts, also nachgestellte Gerichtsverfahren, und eine Menge Reflexion und Diskussionen in der Gruppe. Wie kann Juristen oder Managern eine psychoanalytische Ausbildung helfen? Die eigene Analyse und die Arbeit an sich selbst verändern selbst schon seine Persönlichkeit; durch diese verbesserte Selbsterkenntnis ist es dem Manager auch möglich, zu verstehen, welche Problemanteile er bei sich selbst und welche er an seinen Mitarbeitern finden kann. Führung von Mitarbeitern hat viel mit der Reflexion der eigenen Vergangenheit zu tun; im Beruf werden frühere persönliche Erlebnisse – ähnlich wie in der Analyse – nachgespielt. Dies ist bei einer gelungenen Analyse durch das strenge Setting und die Ausbildung für den Patienten zumeist förderlich, da frühe Erfahrungen nachreifen und verändert werden können.

Im beruflichen Umfeld kann beobachtet werden, dass das spekulative, unerkannte Nachspielen, das Nachahmen von frühen Erlebnissen, für alle Beteiligten oft zu Unsicherheit führt. Hier geht es um das Nachahmen eigener, privater Erfahrungen und ihre durchaus problematische Übertragung ins professionelle Feld. Nachgeahmt wird etwa der strenge Vater, der unkontrollierte despotische Lehrer, der cholerische Großvater, die böse Stiefmutter etc. Die „good enough mother" tritt vermutlich auch in Erscheinung. Dieses wilde Nachahmen, also der hinkende Vergleich einer Firma mit einer Familie, kann allerdings immer wieder irreführend sein. Ein Beispiel ist die häufig repetierte Formel in der Weihnachtsansprache des Chefs: „Wir sind ja alle eine Familie". Gerade an diesem Beispiel sieht man: Die manipulative Gleichstellung in diesem Kontext ist nicht unbedingt wünschenswert.

---

405 Kernberg, 1998, S. 256.

Die Dynamik und die Umgebung des Berufs unterliegen eigenen Regeln. Ein analytisch ausgebildeter Jurist wird leichter erkennen, wie es seinen Mitarbeitern geht, wie er sie unterstützen und fördern kann. Wie kann er sie als Mitarbeiter zu einer lustvollen Wahrnehmung ihres Berufs und damit zur Verbesserung der Arbeitsfähigkeit hinführen? Ähnlich wie in der Psychoanalyse muss der Jurist schwierige Situationen und Aktionen aushalten. Er muss stets präsent sein und das Gefühl vermitteln, zu verstehen und zu beschützen. Auch hier besteht eine Parallele zwischen Juristen und Psychoanalytikern: Die Beziehungsfähigkeit steht ganz oben auf der Liste der Voraussetzungen, ebenso wie der Umgang mit der Selbstreflexion der Führungspersönlichkeit.

6.5.3 Transformations- und Leadershipskills auch für Juristen

Die Rolle der psychodynamischen Schulen im betrieblichen Bereich in Österreich ist gering. Anders ist das Bild außerhalb Österreichs. Es gibt zum Beispiel in London die Tavistock Clinic, die dortigen Experten arbeiten sehr viel und auch sehr erfolgreich in der Wirtschaft und mit Organisationen zusammen. Wilfred Bion war wohl ihr berühmtester Vertreter.[406]

Untersuchungen zur Organisationsentwicklung werden in Österreich eher systemtheoretisch im Management- und im Leadership-Bereich betrieben. Für die Psychoanalyse gäbe es hier sehr viel Potenzial, so etwa in der Bewältigung von ökonomischen bzw. betrieblichen Transformationsprozessen. Dies gilt etwa für die massiven organisatorischen Veränderungen im Zusammenhang mit der Digitalisierung und den betroffenen strukturellen und inhaltlichen Ebenen; durch Digitalisierung verändern sich die Inhalte von Berufen. Darüber hinaus haben diese Transformationsprozesse auch eine persönliche Tangente für die Beteiligten. Wenn der Büroalltag verändert wird, löst dies bei den betroffenen Menschen ein massives Gefühl der Bedrohung aus, weil ihnen etwa der Schutz des eigenen Arbeitszimmers, der eigene Rückzugsort genommen wird.

Schon wenn Kinder in den Kindergarten kommen, sind das Erste, was man ihnen zeigt, immer die Umgangsformen in der Garderobe: „Schau, da ist deine Ente. Und bei dieser Ente hängst du deinen Mantel hin und hängst auch deine Jausentasche hin." Das merken sich die Kinder, denn sie haben schon beim Betreten des Kindergartens eine Zuordnung, eine Struktur, mitbekommen. Wenn dann das Kind in die Volksschule kommt, sagt man ihm: „Das ist dein Schreibtisch. Da wirst du jetzt die nächsten vier Jahre lang sitzen. Und das ist dein Nachbar." Auch hier werden klare – meist räumliche – Strukturen vorgegeben. Und nun bricht die Digitalisierung über eine Firma herein und verwandelt das Umfeld in ein virtuelles. Damit nimmt man aber vielen Menschen ein wesentliches Stück an erlernter Struktur, plötzlich gibt es keinen Nachbarn und keinen eigenen Schreibtisch mehr.

---

406 Obholzer, 1994, S. 19.

Ganz ähnlich ist es psychoanalytisch betrachtet bei großen Veränderungen, sei es etwa von außen durch die Umwelt oder von innen, etwa durch eine Veränderung der Unternehmensstrategie. Bei einem solchen Transformationsprozess ist das Neue nebulös, noch unbekannt, und daher unheimlich. Eine Milderung dieses Defizits kann aber durchaus durch zwischenmenschliche Beziehungen erreicht werden. Eine Studie von Boston Consulting Group BCG kommt klar zu dem Schluss. „Leaders must personally lead the change." Die Führungskräfte müssen in solchen Fällen sichtbar werden und den Change-Prozess anführen. „When leaders truly embody the values and adopt the new ways, rather than merely decree them, they ensure that the change has meaning and purpose."[407]

Die Digitalisierung beschleunigt auch das Tempo der aktuellen Veränderungen in der juristischen Arbeitswelt. Woran kann man sich in Hinkunft aber binden, wenn uns die Menschen im virtuellen Raum verlorengehen? Es bleibt die Stimme, die Sprache, die in der Digitalisierung vielleicht das tragende Medium werden wird, um Beziehungen in der digitalen Welt aufrechterhalten zu können. Das betrifft Juristen unmittelbar, denn Roboter, Computer und artificial intelligence werden bald noch größere Teile der heutigen juristischen Arbeit übernehmen können. Für Juristen heißt das, sie müssen sich neu erfinden. Sie werden in Zukunft nur für den kreativen Teil der juristischen Arbeit einstehen.

6.5.4 Psychojuristische Schulung führt zu neuartigen Berufen

Wie eben ausgeführt, sollten psychodynamische Aspekte im Zuge einer wirtschaftlichen und juristischen Ausbildung gelehrt und geübt werden; mit Hilfe von Selbsterfahrung kann gerade die Reflexion der eigenen Persönlichkeit in der Ausbildung große Relevanz erhalten. Die menschliche Intuition und Lebenserfahrung werden in einer von Rechenmaschinen diktierten Welt ein wesentlicher Baustein im Wirtschaftsleben bleiben. Menschen sind situationsbedingt und unterschiedlich vorhersehbar, und gerade die Fähigkeit zur gleichschwebenden Aufmerksamkeit und zur freien Assoziation haben Menschen den technischen, aber auch künstlich intelligenten Maschinen voraus. Trotz der Vorhersehbarkeit des menschlichen Handelns scheinen die Möglichkeiten der künstlichen Intelligenz keine Konkurrenz zur menschlichen Fähigkeit der Aufmerksamkeit darzustellen.

Bei komplexen Zivilgerichtsverfahren könnte es sinnvoll sein, anstelle von Mediationen einen Experten beizuziehen, der sowohl juristisch als auch psychoanalytisch geschult ist, und diesen als gerichtlichen Experten einzusetzen. Das Dilemma der Mediatoren liegt oft im Umstand, dass er entweder fachlich oder psychologisch geschult, aber nicht dualistisch ausgebildet ist. Daher wird er in einem der beiden Gebiete Defizite aufweisen, die die Konfliktbewältigung in der gewünschten allparteilichen Form zumindest einbremst. In der Praxis erlebt man oftmals ein Scheitern der Mediatoren, da sie entweder juristisch keine einschlägige Erfahrung haben und

---

407 Mingardon, 2018, S. 2.

daher Argumente der Parteien nicht entsprechend einordnen können; oder aber aufgrund einer nicht vorhandenen psychodynamischen Ausbildung unfähig sind, die inneren Momente eines Konflikts professionell aufzuarbeiten. Im Gegensatz zu Mediatoren hat der psychodynamisch geschulte Jurist die Möglichkeit, neben dem manifesten Konflikt möglicherweise auch die latenten inneren Widersprüche aufzudecken. So wäre es denkbar, dass der latente Grundkonflikt vorab von den Parteien erkannt werden kann.

Wenn Freud beschreibt, dass es beim Verfahren der Psychoanalyse um gleichschwebende Aufmerksamkeit beim Analytiker gehe, kann dies gut auch auf juristische Arbeitsprozesse übertragen werden. Die Frage ist also, ob durch Befassung und Erforschung der einzelnen Elemente des Sachverhalts, durch die Betrachtung der handelnden Personen und der Eigenschaften des Konflikts so bislang unbekannte Elemente im Sachverhalt oder in der Rechtsfrage auftauchen und dergestalt die Bearbeitung des Themas profitieren kann. Die Tatsachenarbeit bekommt aus diesem Gesichtspunkt einen ganz anderen Stellenwert.

Eine genaue Analyse des Textes und des Wortes spielt in einem Konflikt eine wichtige Rolle. So wie Freud im Traum der Verschiebung, der Verdichtung, der Umwertung und Drehung ins Gegenteil entscheidende Bedeutung zuschreibt, ist es möglich, dass wir im Gesagten genauso wie im Nichtgesagten eine reiche Fundstelle für mögliche latente unbewusste Hinweise auf versteckte Motive der eigenen und der fremden Gedanken und Gefühle finden und so auch eine gezielte Auflösung eines Konflikts herbeiführen können. In einer Auseinandersetzung gibt es einige Indizien, die auch für die Aufmerksamkeitsdebatte von Interesse sein könnten: Die eigenen schwachen Stellen in einem Sachverhalt beziehungsweise im Argument werden typischerweise von der eigenen Partei gar nicht oder nur beiläufig wahrgenommen. Durch entsprechende Schulung kann eine „Aufmerksamkeitsanalyse"[408] diese Schwachstellen herausfiltern und die eigene Argumentation verbessern. Ähnlich wie in der Traumarbeit werden also Inhalte, die nicht wiedergefunden werden sollen, verschoben beziehungsweise verdrängt.

Es stellt sich in rechtlichen Konflikten immer wieder die gleiche Frage: Wer ist für die Konfliktlösung geeignet? Aus all diesen Gründen scheint es sinnvoll zu sein, über eine Art „conflict audit" für Juristen nachzudenken. In regulierten Branchen gibt es solche Ansätze bereits, auf der formellen Ebene mit Fit&Proper-Prozessen werden entsprechende Schulungen angeboten: Dies ist auch anzudenken für Staatsanwälte, für Richter, für Staatsbeamte. Auch könnte von Behörden durch die Einführung eines „conflict-audit" die Einhaltung von Mindeststandards für persönliche und fachliche Eigenschaften und weiterer Kriterien überprüft werden.

---

408 Dazu könnte ein psychoanalytisch ausgebildeter Rechtsexperte die Argumente und Plädoyers der Parteien anhören (Freud'sche Versprecher, Stimmlage, Auffälligkeiten …) und gleichschwebend aufmerksam kommentieren und deuten. Siehe dazu auch 6.4.

6.6 Wirtschaftliche Vorteile einer psychojuristischen Vorgangsweise

In der Wirtschaft geht es um das Aufrechterhalten von Angebot und Nachfrage für Produkte und Dienstleistungen, die wir alle gewohnt sind und auf die wir nicht verzichten möchten. Der Wirtschaftskreislauf gibt vielen von uns Arbeitsplätze und Einkommen. Unser kapitalistisches System ist gewinnorientiert aufgebaut, nach dem Motto: Wenn ich leiste, möchte ich dafür etwas erhalten. Die Wirtschaft kann nicht aus Selbstzweck geschehen. Der in dieser Arbeit vorgestellte Weg kann für Unternehmen und juristische Berufe interessant und attraktiv sein, wenn er auch wirtschaftlich betrachtet Vorteile mitbringt. Die Stabilisierung für die berufstätigen Menschen, die durch die beschriebene institutionalisierte Abwehr profitieren, kann nur ein Nebeneffekt davon sein. Konfliktbewältigung in einer wirtschaftlichen Betrachtung ähnelt vereinfacht einem Businessplan.

Die Grundzüge der psychodynamischen Methodik liegen neben der Technik vor allem im zwischenmenschlichen Beziehungsbereich und im therapeutischen Können. Aufgrund der starken Beziehungsausrichtung sind diese Fähigkeiten auch übertragbar auf das Wirtschaftsleben. Dort können diese Fähigkeiten zu messbaren Vorteilen führen, um so zusätzliche Möglichkeitsräume zu schaffen, Konflikte anders zu strukturieren und die Dauer von Streitigkeiten zu begrenzen. Ein psychojuristisches Konfliktmanagement kann so ein Baustein zu größerem und effektiverem wirtschaftlichem Erfolg werden.

Welchen wirtschaftlichen Nutzen bringt diese vorgeschlagene neue Art der juristischen Konfliktbewältigung? Ähnlich einer Einnahmen-Ausgaben-Rechnung werden die maßgeblichen Elemente einander gegenübergestellt und berechnet. Die wesentlichen Faktoren sind:

- Eine sinnvolle Konfliktbearbeitung und Konfliktlösung geht Hand in Hand mit effizienterer Nutzung von Ressourcen. Personal kann schonend und für andere kreativere Tätigkeiten eingesetzt werden, und Budgets werden nicht für Konflikte verwendet, die entweder nicht gut ausgehen oder aufgrund ihrer Beschaffenheit zu viele Kosten verursachen.
- Durch das Investment in die Analyse des Falls und der wesentlichen Texte verhindert man teure Prozesse, weil man schon in einer frühen Phase bemerkt, was los ist, und eventuell chancenlose Verfahren gar nicht zu führen beginnt.
- Eine ausgewogene Fallbesprechung mit einer Risikoanalyse macht in der juristischen Arbeit immer Sinn, der Sachverhalt muss nach allen Richtungen abgeklopft und mit Beweisen untermauert werden. Die Rechtsfragen sind auszuarbeiten und Argumente dafür vorzubereiten.
- Selbst im Stadium der Vergleichsgespräche ist die Suche nach einer Lösung nur dann möglich, wenn all diese Aufgaben erledigt wurden. Ein Vergleich ist immer schmerzhaft, es gibt auch das Sprichwort unter Juristen, dass „ein guter Vergleich immer weh tut".
- Es ist nie zu spät für einen Vergleich, beziehungsweise in Fällen, wo die Chancen gegen einen selbst stehen, ist ein schnelles Ende und eine kürzere Prozessdauer

ein Vorteil, weil dadurch die Kosten geringgehalten werden können. Wenn jedoch ein Gerichtsverfahren nicht mehr aufzuhalten ist oder bereits eingeleitet wurde, macht es Sinn, sich die handelnden Personen der Gegenseite genau anzusehen, die Schlüsselspieler müssen identifiziert und analysiert werden. Welche Rolle spielen sie im Konflikt und im laufenden Verfahren? Es ist in einem transparenten Verfahren zu ermitteln, wie die eigene Seite die Prozesschancen einschätzt.

Die praktische Erfahrung lehrt, dass sowohl die gerechneten Effekte als auch die persönliche Anspannung eines Konflikts, der bei Gericht landet, in der Realität meist höher sind als kalkuliert. Neue Wege der juristischen Konfliktbewältigung, die dazu führen, weniger Konflikte in ihrer ganzen Bandbreite, also vor Gericht, austragen zu müssen, sind daher auch aus betriebswirtschaftlicher Sicht eindeutig zu beschreiten und zu unterstützen. Aus dieser Sicht ist psychojuristisches Konfliktmanagement eine attraktive Alternative zur herkömmlichen Betreibung eines Rechtsstreits.

7. Zusammenfassende Schlussfolgerungen

Juristen werden oft als trockene, verstaubte „Schreibtischtäter" gesehen, die als am Buchstaben des Gesetzes klebend wahrgenommen werden. Es gibt aber auch andere Facetten dieses Berufsbildes. Juristen können auch kreativ, künstlerisch und geistreich sein – Facetten, die die Vertreter der Zunft oft nicht zeigen oder geschickt zu verstecken gelernt haben. Vielleicht kann dieses Buch helfen und aufzeigen, dass in der juristischen Arbeit Persönlichkeit, der Umgang mit Menschen und mit eigenen bzw. fremden Gefühlen eine wichtige Rolle spielen. Das von der Berufsgemeinschaft der Juristen geschnürte Korsett kann damit vielleicht etwas aufgeschnürt werden und im Idealfall zu einer Veränderung des Berufsbildes und des alltäglichen Arbeitens sowie zu einer qualitativen Verbesserung des Umfeldes für Juristen führen. Juristen bekämen damit wieder die Chance, mehr auf sich selbst zu hören; eine rechtliche, strategische Entscheidung kann so vielleicht unter Einbeziehung von eigenen Gefühlen, der Intuition und der Empathie anders und womöglich umfassender gefällt werden.

Die Rechtswissenschaften sind für die Zivilgesellschaft ein wesentlicher Pfeiler, als Wegbereiter für Gerichtsbarkeit und Gesetzgeber ist Recht die Basis des modernen Rechtsstaates. Sigmund Freud hat in seinen Aufsätzen über „Das Unbehagen in der Kultur"[409] und „Warum Krieg?"[410] grundsätzliche Überlegungen zur Rolle des Rechts für die Kulturentwicklung und für die Gemeinschaft formuliert. Ziel des Rechts sei es, dass kein Einzelner mehr Opfer roher Gewalt werde. Freud ist der Überzeugung, dass Kultur die einzige Antwort auf den Aggressionstrieb der Menschen sei.

> Der Freudianer glaubt auch nicht an die Möglichkeit, den Todestrieb und die von ihm abstammende Aggressivität ausschalten zu können. Trotzdem sieht er es als sinnvoll an, mit seinem Analysanden in einen Prozess zu kommen, in dem Unbewusstes bewusst, in dem nie Gedachtes endlich symbolisiert werden kann. In diesem Prozess gibt es Zugewinn von Freiräumen für das Individuum, also von Freiheit.[411]

Gerade dieser Zugewinn an Freiheit steht am Beginn der Überlegungen zum Nutzen der Psychoanalyse und ihrer Einsatzmöglichkeiten für die juristische Berufssphäre. Die Entdeckung von unbewussten Prozessen und deren Akzeptanz kann bei Juristen zu einem Perspektivenwechsel, zu neuen Erkenntnissen und daher auch in der juristischen Arbeit zu einem Umdenken, in gewisser Weise zu einem Neudenken im Umgang mit rechtlichen Konflikten führen und dazu, dass Prozesse vermieden, zumindest aber abgekürzt oder aber effizienter gemacht werden. Es käme das richtige Personal am richtigen Platz bei der richtigen Gelegenheit zum Einsatz, was Kosten spart und Ressourcen schont.

---

409 Freud, Band 9, 1977, S. 191 ff.
410 Ebd., S. 271 ff.
411 Heenen-Wolff, 2010, S. 195.

Die Auseinandersetzung mit Sprache spielt eine zentrale Rolle. Sprache ist für verschiedene Arbeitsschritte im Recht von Bedeutung: in der Gesetzgebung, in der Vollziehung, klarerweise auch in der Ausgestaltung von Verträgen und der klassischen Rechtsberatung. Die systemgemäße Komplexität des Rechts verlangt eine klare Sprache; die genaue Analyse des gesprochenen Wortes spielt in einem Rechtsstreit eine wichtige Rolle: Das gilt für das manifeste Wort, aber auch für latente Inhalte. So wie Freud im Traum der Verschiebung, der Verdichtung, der Umwertung und Verkehrung ins Gegenteil eine wichtige Rolle zuschreibt, wurde deutlich, dass im Gesagten genauso wie im Nichtgesagten eine reiche Fundgrube von latenten, unbewussten Hinweisen auf versteckte Motive der eigenen und der fremden Gedanken und Gefühle zu sehen ist.

Der texthermeneutische Zugang ist daher für beide Wissenschaftsfelder wichtig und tief mit Sprache verwoben. Ähnlich funktionieren die Rhetorik und Argumentationslehre in den Rechtswissenschaften. Der juristische Anwendungsfall des hermeneutischen Zirkels manifestiert sich im Hin- und Herwandern zwischen Sachverhalt und Norm. Die Zeit ist auch ein Faktor bei der Lösung von Konflikten in der Jurisprudenz, was den Gerechtigkeitsanspruch unter Umständen einschränkt.

Für die Bewältigung von Konflikten und auch für Verhandlungen gibt es kein Patentrezept. Das würde auch einer psychoanalytischen Vorgangsweise widersprechen. Jedoch kristallisieren sich Phasen und Muster der Konfliktbewältigung heraus. Dabei wird auch deutlich, dass Psychoanalyse und Rechtswissenschaften über einige Gemeinsamkeiten verfügen. Nicht nur, wenn es um die Bearbeitung von Konflikten geht, sondern auch methodologisch überschneiden sich die beiden Gebiete durchaus. Neben der Bedeutung der Sprache geht es bei beiden Berufsbildern stark um Begriffe wie Erfahrung, Technik, Beziehungsfähigkeit und Selbstreflexion.

7.1 Ein Plädoyer für psychojuristisches Konfliktmanagement

Die Forschungsfrage eingangs lautete: Inwieweit beeinflusst das Unbewusste den Rechtsstreit, kann insbesondere ein psychojuristisches Zusammenspiel von Recht und angewandter Psychoanalyse durch die Berücksichtigung des Unbewussten im Management von Rechtsstreitigkeiten neue Klärungs- und Befriedigungsperspektiven für alle am Konflikt beteiligten Instanzen und Parteien eröffnen? Nun kann gefolgert werden, dass die Übertragung des szenischen Verstehens auf rechtliche Fragestellungen unter Anwendung der psychojuristischen Hermeneutik eine Erweiterung der Sichtweise ermöglichen kann, wie Juristen mit Konflikten in ihrem Bereich umgehen und solche Konfliktsituationen vorteilhaft managen.

Die so entstandenen Erkenntnisse können in der Praxis wesentliche Vorteile bringen, vor allem eine Öffnung hin zur Akzeptanz, dass vieles, was sich hinter einem rechtlichen Konflikt versteckt, auch andere Motive haben kann, in manchen Fällen viel mit den am Konflikt beteiligten Menschen zu tun hat. Es ist eine wesentliche Tätigkeit von Juristen, den (manifesten) rechtlichen Konflikt zu bearbeiten und die aus rechtlicher Sicht beste Lösung zu erarbeiten. Vielleicht lässt sich eine solche

7. Zusammenfassende Schlussfolgerungen

Lösung noch weiter verbessern, wenn man neben der manifesten juristischen Arbeit auch eine psychoanalytische Konfliktuntersuchung der latenten Mitteilungen durchführt. Ein psychodynamischer Zugang im beruflichen Alltag von Juristen kann für die Menschen und für die Unternehmen zu veränderten Ergebnissen führen. Eine rein vernunftmäßige und kognitive Herangehensweise an den beruflichen Alltag des Juristen kann sich weit von der psychologisch erfassbaren Alltagserfahrung entfernen. Psychoanalytische Technik kann in Konflikten Anwendung finden und maßgeblich zum wirtschaftlichen Erfolg beitragen.

Recht, wie wir es verstehen, ist nur eine von mehreren Möglichkeiten, gesellschaftliche Konflikte zu lösen und auf den ersten Blick nicht gerade die attraktivste – Geld und Macht sind Alternativen[412]. Mit der Unterstützung der angewandten Psychoanalyse und ihrer Werkzeuge können Entscheidungsprozesse verkürzt und optimiert werden. Lösungen können herbeigeführt werden, ohne hohe Rechtskosten und Reibungsverluste für die Organisation zu erzeugen. Durch diesen psychodynamisch unterfütterten Ansatz könnte man neben dem wirtschaftlichen Effekt auch den betroffenen Personen helfen, indem man sie psychisch entsprechend auf den Rechtsfall vorbereitet. Die Psychoanalyse scheint hier Antworten geben zu können, die auch Juristen helfen können. Grundwerte vermitteln, Verantwortung für das eigene Handeln übernehmen, Gelassenheit, Zuhören, Entscheiden, Kommunikationsverständnis schaffen Spielraum für den Umgang mit Konflikten. Damit ausgestattet sollten viele der auftretenden Konflikte für die betroffenen Personen und ihr Umfeld umfassender und bedachter gestaltet werden können.

Die Protagonisten eines Konflikts können identifiziert und analysiert werden, wenn es darum geht, welchen Stellenwert die Persönlichkeit der Keyplayer in einem Konflikt spielen. Gerade in der Einschätzung von Teams und der dort wirksamen Konfigurationen ist auf die richtige Zusammensetzung zu achten. Die Auswahl des Rechtsvertreters ist in vielfacher Hinsicht nicht nur inhaltlich, juristisch und wirtschaftlich, sondern auch für nicht sichtbare Elemente im rechtlichen Streit bedeutend. Bei der Auswahl der Teams ist nicht nur die Fachkompetenz des Beraters, sondern auch seine Persönlichkeit wichtig, etwa ob er die Gabe zu vergleichen mitbringt und ob er zur Gegenseite passt.

In der juristischen Praxis wird beim genauen Hinsehen und Zuhören klar, dass Auseinandersetzungen auch von persönlichen Motiven geprägt werden können, dass hinter Streitfällen oft mehr und anderes als nur eine Rechtsfrage steckt, oft auch ein persönlicher Konflikt, der für die Beteiligten von elementarer Bedeutung ist. Die bloße Berücksichtigung von Vernunftgründen und pragmatischen Nützlichkeiten allein bringt hier nicht weiter. Gefühle der Juristen werden in der beruflichen Wirklichkeit oft ausgeblendet. Dabei sind oft jene Menschen erfolgreich und wirksam, die mit Emotionen umgehen können, die Gefühle zeigen und Verständnis für Gefühle und Affekte anderer haben. Zu diesen Gefühlen gehören auch Wahrnehmung, Beobachtung und Beurteilung von „soft facts": zuhören können, das Gespür für das

---

412 Brugger et al., 2013, S. 107.

richtige Timing haben, dem Bauchgefühl vertrauen. All das ist auf der empirischen und rationalisierten Berufsbühne eher unerwünscht.

Es gibt Parallelen im Umgang mit Konflikten und in der Herangehensweise von Juristen und Psychoanalytikern. Die Beherrschung der jeweiligen Technik, der professionellen Kunst, eine entsprechende Erfahrung sowie die Fähigkeit zur Selbstreflexion und zum Eingehen und Verstehen von Beziehungen gehören dazu. Eine stabile Persönlichkeitsstruktur ist besser in der Lage, mit Konflikten umzugehen und sich diesen zu stellen. Konfliktkultur hat viel mit der Entwicklung der Menschheit und gleichzeitig mit der persönlichen Entwicklungsgeschichte jedes Menschen zu tun. Welche innerpsychischen Beweggründe für die Einlassung in den Konflikt zu berücksichtigen sind, wurde in unserer Darstellung in drei Phasen aufgeteilt. Psychodynamisch ist das Modell ein Hilfsmittel, um aufzuzeigen, wie sich viele Rechtsstreitigkeiten im jeweiligen Verlauf entwickeln.

Wie sehen die Menschen aus, die in juristischen Berufen tätig sind? Gerade in juristischen Berufen sind ausgeprägte „Verhaltensmerkmale" immer wieder zu beobachten. In der Praxis können Anteile solcher besonderen Typologien erkannt und nutzbar gemacht werden. Es ist eine große Hilfe, wenn man beobachtet und erkennt, was für Muster an Verdrängungsmechanismen und welche Persönlichkeitsanteile bei Menschen in ihrem beruflichen Auftreten in Erscheinung treten. Dementsprechend kann man auf diese Menschen möglicherweise besser eingehen, sie verstehen und so einem Konflikt präventiv aus dem Weg gehen. Jeder Mensch ist besonders, und es ist schwer zu prognostizieren, wie sich der Einzelne allein und innerhalb von Gruppen verhält, wie Personen und Gruppen in eine Konfliktsituation integriert werden können. Daher ist es naheliegend, dass neurotische Positionen wie innere seelische Konflikte und Abwehrmechanismen eine wichtige Rolle im juristischen Arbeiten spielen können, da sie eine perfekte Bühne für latente Inhalte bieten. Klarerweise wird es eine Vielzahl von Rechtsfällen und rechtlichen Fragestellungen geben, die klassisch manifest sind und nicht allzu viel für unsere Untersuchung hergeben.

Einem Modell Kernbergs folgend, wurde in dieser Arbeit untersucht, welche Eigenschaften und Fähigkeiten für Psychoanalytiker und Juristen gleichermaßen relevant sind. Vereinfacht und auf einzelne Begriffe reduziert, stehen für den Psychoanalytiker wie für den Juristen folgende vier Eigenschaften im Zentrum: Erfahrung, Fachkenntnis, die Fähigkeit zur Selbstreflexion und die Fähigkeit, in Beziehung zu treten und Beziehungen zu erhalten. Mit diesen Fähigkeiten ausgestattet, wird sich juristisches Arbeiten auch anders anfühlen und zu umfassenderen Lösungen führen. Dies ganz im Sinn von Rudolf:

> Die Verfügbarkeit über strukturelle Werkzeuge als menschliche Fähigkeit bedeutet nicht nur ein psychologisches Funktionieren, das, einmal in Gang gesetzt, verlässlich fortbesteht, es ist auch eine kulturelle Leistung. Es kann geschehen, dass eine Gesellschaft unter dem Einfluss vieler komplexer Einflüsse (Ökonomisierung, Modularisie-

rung, Flexibilisierung, Vereinzelung) die Pflege dieser Fähigkeiten, die zugleich Werte beinhalten, aus dem Blick verliert, weil sie anderes mehr beschäftigt.[413]

Der Umstand, dass psychojuristisches Konfliktmanagement betriebswirtschaftliche Vorteile bringen kann, wird sich durchsetzen und letztlich zu einer Öffnung hin zu einer höheren Akzeptanz von psychoanalytischen Werkzeugen führen. Die vorgeschlagene psychodynamische Herangehensweise kann so immer mehr zu einem sicheren Pfad für Juristen werden, die mit Rechtsstreitigkeiten zu tun haben.

7.2 Psychojuristische Ausbildung erweitert die berufliche Perspektive

Dieses Buch ist ein Plädoyer für die Integration von psychodynamischen Werkzeugen in die Ausbildung von Juristen, dort kommt in der Regel die Rolle des Juristen als Mensch zu kurz. Wenn wir zusätzlich zu fachlicher und technischer Qualität und unserer beruflichen Erfahrung auch dem vertrauen, was unter psychoanalytischer Technik verstanden wird, dann können wir uns menschlich und beruflich weiterentwickeln und so auch unseren beruflichen Alltag reicher gestalten. Um das zu verstehen und mit zu berücksichtigen, wäre eine professionelle psychodynamische Ausbildung erforderlich, die derzeit noch nicht angeboten wird.

Ein psychodynamisch ausgerichteter universitärer Lehrgang für juristische Berufe könnte dafür ein ernstzunehmender Versuch sein. Daraus können neue Berufe an der Schnittstelle zwischen Jurisprudenz und Psychoanalyse entstehen. Bei komplexen Zivilgerichtsverfahren könnte es beispielsweise sinnvoll sein, statt Mediatoren die Beiziehung eines Experten, der sowohl juristisch als auch psychoanalytisch geschult ist, vorzuschlagen. Vielleicht ein Wagnis, aber den Versuch ist es jedenfalls wert:

> Aber vielleicht der Hauptgrund, warum ich bereit bin, Wagnisse einzugehen, ist meine Erfahrung, dass ich dabei, ob ich Erfolg habe oder scheitere, etwas lerne. Lernen, insbesondere Lernen aus Erfahrung, ist eines der Hauptelemente, die mein Leben lebenswert gemacht haben. Solches Lernen hilft mir, über mich hinauszuwachsen. Deshalb fahre ich fort, Risiken einzugehen.[414]

Der Jurist kann durch Zuhilfenahme der psychoanalytischen Erkenntnismethode zwar seine Arbeitsmethodik verbreitern, die Versuchung, im wirtschaftlichen Umfeld stärker psychoanalytisch zu arbeiten, wird jedoch durch die Eigenheiten des Wirtschaftslebens in der Praxis laufend begrenzt. Eine psychodynamische Betrachtung von juristischen Aufgaben, vor allem im Management von Konflikten, gibt einem Juristen die Möglichkeit, andere Perspektiven als seine Mitbewerber zu sehen und daraus entsprechende Lösungsansätze zu entwickeln. Diese Fähigkeit ist komplementär zu einer rechtlichen Aufarbeitung und eröffnet neue Wege. Die Wechselseitigkeit des Lernens zwischen Psychoanalytikern und Juristen für ihren Beruf setzt

---

413 Rudolf, 2014, S. 180 f.
414 Rogers, 2007, S. 44.

voraus, dass man sich den Konzepten der anderen Wissenschaft gegenüber öffnet und bereit ist, einen anderen Zugang zu akzeptieren.

Juristen können von der Psychoanalyse lernen, wie man Konflikte und Problemstellungen aus unterschiedlichen Perspektiven betrachten kann, wie man zuhört. Man kann aber auch lernen, eigene Defizite anzuerkennen und mit ihnen umzugehen. Das Eisbergmodell zeigt das besonders eindrücklich. Auch im Alltag des Juristen ist der Eisberg der juristischen Aufgabenstellung viel größer, als er oberflächlich zu sein scheint. Ein erster Schritt ist zu verstehen, dass das, was wir im (Berufs-)Leben sehen und wahrnehmen, nur ein kleiner, nämlich der bewusste Teil unserer Wahrnehmung ist. Noch gibt es diese psychojuristische Ausbildung nicht, dabei erscheint eine spezifische Ausbildung zur Verknüpfung der beiden Disziplinen äußerst wünschenswert.

7.3 Allgemeine Grundsätze für Konfliktmanagement

Am Ende dieser Arbeit möchte ich einige Grundsätze für eine Kultur formulieren, die im privaten und beruflichen Umgang mit anderen Menschen helfen soll, Konflikte zu bewältigen. Das beginnt mit der Einsicht, dass Konflikte ein wesentlicher Teil unseres Lebens sind. Im Nachwort zu der Serie „Schuld" des deutschen Schriftstellers und Strafrechtlers Ferdinand von Schirach sagt der Protagonist:

> Die Schuld eines Menschen ist schwer zu wiegen. Wir streben unser ganzes Leben lang nach Glück. Aber manchmal verlieren wir uns selbst, und die Dinge gehen schief. Dann trennt uns nur das Gesetz vom Chaos. Eine dünne Eisschicht, darunter ist es kalt, und man stirbt schnell.[415]

In diesem Satz steckt die Rolle des Rechts bei Konflikten: diese feine Linie zwischen einem stabilen Leben in Frieden und Harmonie auf der einen Seite und dem Chaos auf der anderen Seite. In diesem Zitat wird deutlich, wie anfällig wir Menschen für Konflikte und Störungen sind, die uns aus der Bahn werfen können, und wie wichtig die stabile Mauer eines funktionierenden Rechtsstaates für jeden Einzelnen und seine Würde ist. Der Begriff der Würde hat in Artikel 1 (1) des deutschen Grundgesetzes eine herausragende Bedeutung: „Die Würde des Menschen ist unantastbar. Sie zu achten und zu schützen, ist Verpflichtung aller staatlichen Gewalt".[416]

Die Kulturentwicklung der Menschheit ist geprägt von Konflikten, die Etablierung des Rechts war ein Meilenstein für die Menschen, um miteinander friedlich umgehen zu können. Wir brauchen das Recht und seine Regeln, um Konflikte gewaltfrei ausgleichen zu können. Ein verständliches und akzeptables Rechtssystem trägt folglich die kulturelle Entwicklung in sich. Die Nutznießer des Rechtsstaates sind wir Bürger. Das Recht bringt uns voran und schafft das Gleichgewicht zwischen Gewalt, Aggression und Lebensfreude. Das Recht trägt also wesentlich dazu bei,

---

415 *Schuld* nach Ferdinand von Schirach, ZDF, Erstausstrahlung 2015.
416 Schall, 2022, S 4.

7. Zusammenfassende Schlussfolgerungen

dass sich die Gesellschaft trotz enormer Störungen verändern und weiterentwickeln kann. Vielleicht kann die Berücksichtigung der folgenden Regeln das Verständnis für innere und äußere Konflikte verbessern:

- Am Eingang des Apollo-Tempels in Delphi stand das Motto „Erkenne dich selbst" in Stein gemeißelt.[417] Damit ist auch gemeint, Selbstreflexion zu üben und zu hinterfragen, weshalb eigentlich nur der eigene Weg richtig sein soll.
- Die Arbeit an sich selbst und die stetige Weiterbildung umschließen sowohl in der Psychoanalyse als auch in juristischen Berufen das Erarbeiten von Beziehungsfähigkeit. Dazu gehört auch der Versuch, die Besonderheiten und Bewältigungsstrategien anderer Menschen zu erkennen und zu akzeptieren.
- Zu einer sorgfältigen und kreativen Konfliktlösung gehören Respekt und Umgang mit unseren Mitmenschen und diese auch an Überlegungen und Deutungen zu beteiligen.
- „Connecting the dots", das heißt, was wir von uns und wie wir uns im beruflichen und privaten Dasein zeigen, hat miteinander viel zu tun. Unser Innen und Außen sind eine Einheit.
- Eine Verbindung von auf den ersten Blick einander nicht nahestehenden Methoden und wissenschaftlichen Fachrichtungen führt oftmals zu einem Perspektivenwechsel und zu neuen Einsichten.
- Urteilsfähigkeit, Abgrenzen und Nein-Sagen sind in einer von Veränderungen geprägten Zeit nicht nur für Juristen und Psychoanalytiker wichtige und wertvolle Fähigkeiten.
- „Audiatur et altera pars" – dieser Leitspruch über das Zuhören wurde dieser Arbeit vorangestellt und ist genauso ihr Schlussstein.

---

417 Kandel, 2018, S. 12.

Literatur

Adler, Alfred (2010): *Der Sinn des Lebens*. Frankfurt, Fischer Taschenbuchverlag (Ersterscheinung 1933).
Alexy, Robert (2015): *Theorie der juristischen Argumentation*. Frankfurt, Suhrkamp.
Altmeyer, Martin (2016): *Auf der Suche nach Resonanz*. Göttingen, V&R.
Arbeitskreis OPD (Hrsg.) (2014): *Operationalisierte Psychodynamische Diagnostik*. Bern, Huber Verlag.
Augusta, Georg (2020): *Unter uns hieß er der Rattenmann*. Wien, Mandelbaum.
Baecker, Dirk (1994): *Postheroisches Management*. Berlin, Merve.
Barta, Heinz (2001): *Rechtswissenschaft und Psychoanalyse – Rechtsdenken als Kulturarbeit*. Vortrag vom 14.12.2001 im Rahmen der von der „Gesellschaft für Psychoanalyse Innsbruck-Brixen" veranstalteten Tagung „Psychoanalyse an der Universität", https://www.uibk.ac.at/zivilrecht/team/barta/psychoanalyse_an_der_universitaet.pdf (abgerufen am 21.01.2021).
Barth, Thomas (2011): *Wer Freud Ideen gab*. Dissertationsschrift, Wien, SFU.
Bettelheim, Bruno (2015): *Kinder brauchen Märchen*. München, dtv (Ersterscheinung 1975).
Bion, Wilfred (1992): *Elemente der Psychoanalyse*. Frankfurt, Suhrkamp (Ersterscheinung 1963).
Bion, Wilfred (2016): *Lernen durch Erfahrung*. Frankfurt, Suhrkamp (Ersterscheinung 1962).
Boerner, Reinhard J. (2015): *Temperament*. Berlin, Springer.
Boghosian, Paul (2019): *Angst vor der Wahrheit*. Frankfurt, Suhrkamp (Ersterscheinung 2013).
Bolognini, Stefano (2017): *Das Ereignis der Einfühlung*. Wien, Turia + Kant.
Braun, Christoph & Brüggen, Wilhelm (Hrsg.) (2017): *Psychoanalytische Narrationen*. Frankfurt, Brandes & Apsel.
Brugger, Winfried, Neumann, Ulfrid & Kirste, Stephan (Hrsg.) (2013): *Rechtsphilosophie im 21. Jahrhundert*. Frankfurt, Suhrkamp.
Bucci, Wilma (1997): *Psychoanalysis & Cognitive Science*. New York, The Guilford Press.
Buchholz, Michael B. (Hrsg.) (2005): *Das Unbewusste in aktuellen Diskursen*. Gießen, Psychosozial.
Bydlinski, Franz (2011): *Juristische Methodenlehre und Rechtsbegriff*. Wien, Springer.
Campbell, Joseph (2015): *Der Heros*. Berlin, Insel Taschenbuch (Ersterscheinung 1949).
Camus, Albert (2000): *Der Mythos des Sisyphos*. Frankfurt, Rowohlt.
Canetti, Elias (2001): *Masse und Macht*. Frankfurt, Fischer (Ersterscheinung 1960).
Deleuze, Gilles (2007): *Differenz und Wiederholung*. München, Wilhelm Fink (Ersterscheinung 1968).
deMause, Lloyd (2000): *Was ist Psychohistorie?* Gießen, Psychosozial.
de Mendelssohn, Felix (2014): *Der Mann, der sein Leben einem Traum verdankte*. Salzburg, Ecowin.
Derrida, Jacques (2015): *Die unbedingte Universität*. Frankfurt, Suhrkamp.

Literatur

Eckstaedt, Anita (2015): *Die Kunst des Anfangs*. Frankfurt, Suhrkamp (Ersterscheinung 1991).

Ehrenzweig, Albert A. (1971): *Psychoanalytische Rechtswissenschaft*. Berlin, Duncker & Humblot.

Einstein, Albert & Freud, Sigmund (1972): *Warum Krieg?* Zürich, Diogenes.

Ellenberger, Henri F. (2005): *Die Entdeckung des Unbewussten*. Zürich, Diogenes (Ersterscheinung 1970).

Engberg-Pedersen, Anders (2011): *Das Geständnis und seine Instanzen*. Wien, Turia + Kant.

Ermann, Michael (2014): *Träume und Träumen*. Stuttgart, Kohlhammer.

Ficara, Elena (2015): *Texte zur Hermeneutik*. Stuttgart, Reclam.

Figal, Günter (Hrsg.) (2011): *Hans-Georg Gadamer – Wahrheit und Methode*. Berlin, Akademie Verlag.

Fink, Bruce (2016): *Lacan buchstäblich*. Wien, Turia + Kant.

Flader, Dieter (2016): *Vom Mobbing bis zur Klimadebatte*. Gießen, Psychosozial.

Foucault, Michel (2015): *Wahnsinn und Gesellschaft*. Frankfurt, Suhrkamp (Ersterscheinung 1961).

Foulkes, Siegmund H. (2018): *Praxis der Gruppenanalytischen Psychotherapie*. Hohenwarsleben, Mediengruppe Westarp (Ersterscheinung 1978).

Freeman, Erika (1971): *Insights: Conversations with Theodor Reik*. New Jersey, Prentice-Hall.

Freud, Anna (2016): *Das Ich und die Abwehrmechanismen*. Frankfurt, S. Fischer (Ersterscheinung 1936).

Freud, Sigmund (1970–1977): *Studienausgabe*. Band 1–12, Zürich, Buchclub ex libris.

Freud, Sigmund (2005): *Die Traumdeutung*. Frankfurt, S. Fischer (Ersterscheinung 1900).

Freud, Sigmund (2007): *Vorlesungen zur Einführung in die Psychoanalyse*. Frankfurt, Fischer.

Freud, Sigmund (2008–2018): *Gesammelte Werke*. GW I–XVIII, chronologisch geordnet, Frankfurt, S. Fischer.

Fromm, Erich (1995): *Die Kunst des Liebens*. München, dtv (Ersterscheinung 1956).

Fromm, Erich (2017): *Haben oder Sein*. München, dtv (Ersterscheinung 1979).

Gabriel, Markus (2015): *Ich ist nicht Gehirn*. Berlin, Ullstein.

Gadamer, Hans-Georg (2010): *Wahrheit und Methode*. Tübingen, Mohr Siebeck (Ersterscheinung 1960).

Gigerenzer, Gerd (2008): *Bauchentscheidungen. Die Intelligenz des Unbewussten und die Macht der Intuition*. München, Goldmann.

Girard, René (2012): *Das Heilige und die Gewalt*. Ostfildern, Patmos (Ersterscheinung 1972).

Goetz, Rainald (2012): *Kontrolliert*. Frankfurt, Suhrkamp.

Greenson, Ralph R. (2007): *Technik und Praxis der Psychoanalyse*. Stuttgart, Klett-Cotta (Ersterscheinung 1967).

Guski, Andreas (2018): *Dostojewskij. Eine Biographie*. München, C. H. Beck.

Haas, Marie-Theres (2022): *Kreativität, Ästhetik und das Unbewusste*. Gießen, Psychosozial.

Hansen-Löve, Aage A. (2019): *Schwangere Musen – Rebellische Helden*. Paderborn, Wilhelm Fink.

Hartl, Lukas (2016): *Schönheit und Psychotherapie*. Berlin, Parodos.

Haubl, Rolf & Lamott, Franziska (Hrsg.) (2019): *Handbuch Gruppenanalyse*. Hohenwarsleben, Mediengruppe Westarp (Ersterscheinung 2007).

Haubl, Rolf & Schülein, Johann August (Hrsg.) (2016): *Psychoanalyse und Gesellschaftswissenschaften*. Stuttgart, Kohlhammer.

Heenen-Wolff, Susann (Hrsg.) (2010): *Psychoanalyse und Freiheit*. Frankfurt, Peter Lang.

Hesse, Jürgen & Schrader, Hans Christian (Hrsg.) (1994): *Die Neurosen der Chefs*. Frankfurt, Eichborn.

Hierdeis, Helmwart (Hrsg.) (2016): *Austauschprozesse: Psychoanalyse und andere Humanwissenschaften*. Göttingen, V&R.

Huber, Martin & Mittermayer, Manfred (Hrsg.) (2018): *Bernhard Handbuch*. Stuttgart, J. B. Metzler.

Indset, Anders (2019): *Quantenwirtschaft. Was kommt nach der Digitalisierung?* Berlin, Econ.

Jaffé, Aniela (1997): *Erinnerungen, Träume, Gedanken von C. G. Jung*. Zürich, Walter (Ersterscheinung 1971).

Joisten, Karen (2009): *Philosophische Hermeneutik*. Berlin, Akademie Verlag.

Joseph, Betty (1983): *Über Verstehen und Nicht-Verstehen. Einige technische Fragen*. In: *International Journal of Psycho-Analysis*, 64, S. 291–298.

Jung, Matthias (2001): *Hermeneutik, zur Einführung*. Hamburg, Junius.

Kafka, Franz (2016): *Der Prozess*. Hamburg, Nikol (Ersterscheinung 1925).

Kahnemann, Daniel (2017): *Schnelles Denken, langsames Denken*. München, Penguin (Ersterscheinung 2011).

Kandel, Eric (2018): *Was ist der Mensch?* München, Siedler.

Kelsen, Hans (2017): *Reine Rechtslehre*. Studienausgabe der 2. Auflage, Wien, Verlag Österreich (Ersterscheinung 1960).

Kernberg, Otto F. (2000): *Ideologie, Konflikt und Führung*. Stuttgart, Klett-Cotta (Ersterscheinung 1998).

Kernberg, Otto F. (2012): *Hass, Wut, Gewalt und Narzissmus*. Stuttgart, Kohlhammer.

Kernberg, Otto F. (2014): *Liebe und Aggression*. Stuttgart, Schattauer.

Kernberg, Otto F.: *Interview mit Otto Kernberg*, https://www.youtube.com/watch?v=zgQfqVZhvPk (abgerufen am 21.01.2021).

Kets de Vries, Manfred (2009): *Führer, Narren und Hochstapler*. Stuttgart, Schäffer-Pöschel.

Kets de Vries, Manfred (2016a): *You will meet a tall, dark stranger*. London, Palgrave.

Kets de Vries, Manfred (2016b): *Sex, Money, Happiness and Death*. London, Palgrave (Ersterscheinung 2009).

Kets de Vries, Manfred (2018): *Coach and Couch*. London, Palgrave.

Klein, Melanie (1955): *Neid und Dankbarkeit*. Übersetzung eines Vortrages auf dem 19. internationalen Kongress für Psychoanalyse in Genf 1955.

Klein, Melanie (2000): *Gesammelte Schriften*. Band III, Schriften 1946–1963, Stuttgart, Frommann-Holzboog (Ersterscheinung 1975).

Klug, Helga (2020): *Die Finanzkrise 2008 im Unbewussten.* Wiesbaden, Springer.
Kohut, Heinz (2014): *Narzissmus.* Frankfurt, Suhrkamp (Ersterscheinung 1971).
Koller, Peter (Hrsg.) (2016): *Jürgen Habermas: Faktizität und Geltung.* Berlin, De Gruyter.
Kramer, Ernst A. (2013): *Juristische Methodenlehre.* Bern, Stämpfli.
Kristeva, Julia (2013): *Schwarze Sonne. Depression und Melancholie.* Frankfurt, Brandes & Apsel (Ersterscheinung 2007).
Kunz, Karl-Ludwig & Mona, Martino (Hrsg.) (2015): *Rechtsphilosophie, Rechtstheorie, Rechtssoziologie.* Bern, utb.
Lacan, Jacques (2015): *Die vier Grundbegriffe der Psychoanalyse.* Berlin, Turia + Kant.
Laplanche, Jean & Pontalis, Jean-Bertrand (1973): *Das Vokabular der Psychoanalyse.* Frankfurt, Suhrkamp (Ersterscheinung 1967).
Larenz, Canaris (1995): *Methodenlehre der Rechtswissenschaft.* Berlin, Springer.
Le Bon, Gustave (2016): *Psychologie der Massen.* Köln, Anaconda (Ersterscheinung 1912).
Le Soldat, Judith (2015): *Grund zur Homosexualität.* Stuttgart, Frommann-Holzboog.
Lothane, Zvi (1995): Freudsche Fehlleistung. In: *Die Zeit* 18/1995. https://www.zeit.de/1995/18/Freudsche_Fehlleistung (abgerufen am 31.03.2020).
Lorenzer, Alfred (2002): *Die Sprache, der Sinn, das Unbewusste.* Stuttgart, Klett-Cotta.
Luhmann, Niklas (2017): *Legitimation durch Verfahren.* Frankfurt, Suhrkamp.
Lumet, Sidney (Regie) (1957): *12 Angry Men* [Film]. USA.
Matt, Peter von (2001): *Literaturwissenschaft und Psychoanalyse.* Stuttgart, Reclam (Ersterscheinung 1972).
Mauser, Wolfram & Pietzcker, Carl (2008): *Literatur & Psychoanalyse.* Würzburg, Königshausen & Neumann.
McDougall, Joyce (1988): *Theater der Seele.* Berlin, Verlag Internationale Psychoanalyse.
McDougall, Joyce (1997): *Die Couch ist kein Prokrustesbett.* Stuttgart, Verlag Internationale Psychoanalyse.
McDougall, Joyce (2015): *Plädoyer für eine gewisse Anormalität.* Frankfurt, Suhrkamp (Ersterscheinung 1978).
McGuire, William & Sauerländer, Wolfgang (Hrsg.) (2012): *Sigmund Freud/C. G. Jung Briefwechsel.* Frankfurt, Fischer Taschenbuch.
Mentzos, Stavros (2013): *Neurotische Konfliktverarbeitung.* Frankfurt, Fischer (Ersterscheinung 1984).
Mentzos, Stavros (2016): *Interpersonale und institutionalisierte Abwehr.* Frankfurt, Suhrkamp (Ersterscheinung 1976).
Mentzos, Stavros (2017): *Lehrbuch der Psychodynamik.* Göttingen, V&R.
Mertens, Wolfgang (1990): *Einführung in die psychoanalytische Therapie.* Band 1–3, Stuttgart, Kohlhammer.
Mertens, Wolfgang (Hrsg.) (2014a): *Handbuch psychoanalytischer Grundbegriffe.* Stuttgart Kohlhammer.
Mertens, Wolfgang (2014b): *Psychoanalyse im 21. Jahrhundert.* Stuttgart, Kohlhammer.
Mintzberg, Henry (2010): *Managen.* Offenbach, Gabal.
Mitchell, Stephen A. (2003): *Bindung und Beziehung.* Gießen, Psychosozial.
Montefiore, Simon Sebag (2012): *Titans of History.* London, Quercus.
Neri, Claudio (2006): *Gruppenprozesse.* Gießen, Psychosozial.

Noll, Alfred J. (2016): *Der rechte Werkmeister*. Köln, PapyRossa.
Obholzer, Anton & Roberts, Vega Zagier (Hrsg.) (1994): *The unconscious at work*. London, Routledge.
Ogden, Thomas H. (1998): Zur Analyse von Lebendigem und Totem in Übertragung und Gegenübertragung. In: *Psyche* 52 (11), S. 1067–1092.
Ogden, Thomas H. (2006): *Frühe Formen des Erlebens*. Gießen, Psychosozial (Ersterscheinung 1989).
Ortmann, Günther (2015): *Organisation und Moral*. Weilerswist, Velbrück Wissenschaft.
Panksepp, Jaak & Biven, Lucy (2012): *The archeology of mind*. New York, W. W. Norton.
Paulitsch, Klaus (2009): *Grundlagen der ICD-Diagnostik*. Wien, UTB Facultas.
Perls, Frederick S. (2014): *Gestalt-Therapie in Aktion*. Stuttgart, Klett-Cotta (Ersterscheinung 1969).
Peterson, Jordan B. (2018): *12 Rules for Life*. Toronto, Random House.
Piaget, Jean (1974): *Weisheit und Illusionen der Philosophie*. Frankfurt, Suhrkamp.
Potacs, Michael (2015): *Rechtstheorie*. Wien, utb.
Prandstetter, Joachim (2017): *Unser Problem mit dem Messie-Phänomen oder Der Wahnsinn ist das Fehlen des Objektes*. Dissertationsschrift, Wien, SFU.
Pritz, Alfred (Hrsg.) (1996): *Psychotherapie – eine neue Wissenschaft von Menschen*. Wien, Springer.
Reich, Wilhelm (2013): *Rede an den kleinen Mann*. Frankfurt, Fischer (Ersterscheinung 1948).
Reik, Theodor (1983): *Hören mit dem dritten Ohr*. Frankfurt, Fischer (Ersterscheinung 1948).
Reik, Theodor (1993): *Arthur Schnitzler als Psycholog*. Frankfurt, Fischer (Ersterscheinung 1913).
Ricoeur, Paul (1974): *Die Interpretation*. Frankfurt, Suhrkamp (Ersterscheinung 1965).
Rieken, Bernd (2017a): Das Analogiedenken als Element einer psychodynamischen Psychotherapiewissenschaft. In: *SFU Forschungsbulletin* 5/2.
Rieken, Bernd (2017b): Im Stehen auf der Couch oder: Zwischen „Oblomow" und „Faust". Überlegungen zur individualpsychologisch-analytischen Körperpsychotherapie. In: Peter Geißler & Bernd Rieken (Hrsg): *Der Körper in der Individualpsychologie. Theorie und Praxis*. Gießen, Psychosozial 2017, S. 239–259.
Riemann, Fritz (2017): *Grundformen der Angst*. München, Reinhardt (Ersterscheinung 1961).
Rogers, Carl R. (2007): *Der neue Mensch*. Stuttgart, Klett-Cotta.
Rost, Wolf-Detlef (2009): *Psychoanalyse des Alkoholismus*. Gießen, Psychosozial.
Rudolf, Gerd (2014): *Psychodynamische Psychotherapie*. Stuttgart, Schattauer.
Rüthers, Bernd, Fischer, Christian & Birk, Axel (Hrsg.) (2016): *Rechtstheorie mit juristischer Methodenlehre*. München, C. H. Beck.
Sacks, Oliver (2015): *Der Mann, der seine Frau mit einem Hut verwechselte*. Hamburg, Rowohlt.
Safranski, Rüdiger (2015): *Zeit*. München, Hanser.
Schall, Alexander (2019): Recht geht vom Volk aus. In: *Die Presse* 25.01.2019. https://www.diepresse.com/5568853/recht-geht-vom-volk-aus?from=rss

Schall, Alexander (2022): Rechtsstaatlichkeit am Prüfstand. In: *LGP news* 3/2022, S. 4–5.

Schirrmacher, Frank (2013): *Ego, der Sinn des Lebens.* München, Blessing.

Schmitz, Michael (2012): *Psychologie der Macht, Kriegen, was wir wollen.* Wien, Kremayr & Scheriau.

Schmitz, Oscar A. (2007): *Durch das Land der Dämonen.* Berlin, aufbau.

Schreber, Daniel Paul (2016): *Denkwürdigkeiten eines Nervenkranken.* Berlin, Berliner Ausgabe.

Scorsese, Martin (Regie) (2013): *The Wolf of Wall Street* [Film]. USA.

Sedlacek, Tomas & Tanzer, Oliver (2015): *Lilith und die Dämonen des Kapitals: Die Ökonomie auf Freuds Couch.* München, Hanser.

Shaked, Josef, (2011): *Ein Leben im Zeichen der Psychoanalyse,* Gießen, Psychosozial.

Sheldrake, Rupert (2012): *Der Wissenschaftswahn.* München, O. W. Barth.

Shimosawa, Shintaro (Regie) (2016): *Misconduct* [Film]. USA.

Singer, Wolf, Ricard, Matthieu (2015): *Hirnforschung und Mediation.* Frankfurt, Edition Unseld.

Solomon, Andrew (2006): *Saturns Schatten.* Frankfurt, Fischer.

Strenger, Carlo (2017): *Abenteuer Freiheit.* Frankfurt, Suhrkamp.

Szondi, Peter (1961): *Versuch über das Tragische.* Frankfurt, Insel.

Thaler, Michael (2014): *Rechtsphilosophie.* Wien, facultas.

Thaler, Richard H. (2015): *Misbehaving – The Making of Behavioral Economics.* New York, Norton.

Thaler, Richard H. (2017): *Nudge – Wie man kluge Entscheidungen anstößt.* Berlin, Ullstein.

Türcke, Christoph (2008): *Philosophie des Traums.* München, C. H. Beck.

Weber, Max (1991): *Die protestantische Ethik I und II.* Gütersloh, GTF Siebenstern.

Winnicott, Donald W. (2019): *Der Anfang ist unsere Heimat.* Gießen, Psychosozial (Ersterscheinung 1990).

Winnicott, Donald W. (2020): *Reifungsprozesse und fördernde Umwelt.* Gießen, Psychosozial (Ersterscheinung 1974).

Wirth, Hans-Jürgen (2015): *Narzissmus und Macht.* Gießen, Psychosozial.

Wittgenstein, Ludwig (2013): *Philosophische Untersuchungen.* Frankfurt, Suhrkamp (Ersterscheinung 2003).

Wolf, Michael (2017): *Krieg, Trauma, Politik.* Frankfurt, Brandes & Apsel.

Wöller, Wolfgang & Kruse, Johannes (2015): *Tiefenpsychologisch fundierte Psychotherapie.* Stuttgart, Schattauer.

Yalom, D. Irvin (2005): *Im Hier und Jetzt.* München, btb.

Yalom, D. Irvin (2013): *Die Liebe und ihre Henker.* München, btb.

Zoja, Luigi (2018): *Männlichkeit und kollektive Gewalt.* Gießen, Psychosozial.

Zwiebel, Ralf (2015): *Von der Angst, Psychoanalytiker zu sein.* Stuttgart, Klett-Cotta.

Bernd Rieken,
Manfred Gehringer (Hrsg.)

Macht und Ohnmacht aus individualpsychologischer Sicht

Psychodynamische und gesellschaftliche Zugänge

Psychotherapiewissenschaft in Forschung, Profession und Kultur, Band 37, 2022, 182 Seiten, br., 29,90 €, ISBN 978-3-8309-4593-2

E-Book: 26,99 €, ISBN 978-3-8309-9593-7

Mit Beiträgen von
Manfred Gehringer, Bernd Rieken, Gisela Eife, Heiner Sasse, Roland Wölfle, Dorothea Oberegelsbacher, Sarah Neumeier, Patrick Stark, Reinhold Popp, Brigitte Sindelar und Heidrun Schumitz

Macht und Ohnmacht sind seit jeher zentrale Begriffe im politischen und gesellschaftlichen Diskurs – und in der Gegenwart von herausragender Bedeutung, wenn man an aktuelle Phänomene wie die Corona-Pandemie, den Ukraine-Krieg oder den Klimawandel denkt.

Im psychotherapeutischen Alltag begegnet man dieser Polarität ebenfalls. Das gilt zum Beispiel für depressive oder traumatisierte Patientinnen und Patienten, doch genauso für solche, die etwa infolge eines übersteigerten Narzissmus glauben, grandios und besonders mächtig zu sein.

Macht und Ohnmacht sind aber auch und vor allem Kernelemente in der Individualpsychologie Alfred Adlers, denn zentrale Begriffe seiner Theorie sind insbesondere „Minderwertigkeitsgefühl", „Kompensation" und „Geltungsstreben". Damit ist die Bandbreite dieses Sammelbandes umrissen: Macht und Ohnmacht wird schwerpunktmäßig einerseits im individuellen, andererseits im gesellschaftlichen Kontext thematisiert.

WAXMANN
www.waxmann.com
info@waxmann.com